실천중심

영유아인성교육

이론과 실제

김승희 저

양성원

머리말

저는 유치원 현장에서 10년 교사생활을 했습니다. 10년을 지내며 제게는 어느날부터 작은 교육적 소망이 생겼습니다. 용기, 정직, 인내, 책임감, 공정, 배려……. 이런 귀한 가치들을 영유아들의 마음에 심어주고 싶었습니다. 그래서 제가 선택한 한 가지 교육활동이 〈달란트 나무〉 활동이었습니다. 그 활동이 끝날 때쯤 한 여자아이가 제게 달려왔습니다.

"선생님 오늘 이거 끝나나요?"

저는 미소지으며 그렇다고 말했습니다. 그런데 그 말을 들은 그 아이의 반응은 저를 충격에 빠뜨렸습니다.

"휴 ~~~~~~ !!!!"

길게 안도의 숨을 쉬는 그 아이의 모습을 보며 저는 영유아들의 가슴에 재미있는 놀이의 즐거움이 아니라 큰 짐을 안겨주었다는 생각에 어쩔 줄을 몰랐습니다.

그때부터 저는 그 귀한 가치들을 영유아들이 자신이 좋아하는 사탕을 집듯 선택할 수 있는 교수방법이 없을까를 고민했고 가치, 도덕 그리고 인성교육에 이르는 공부를 하게 되었습니다. 이 책은 그 고민과 노력에 대한 하나의 결실입니다.

먼저 실천이 전제되지 않은 이론은, 즉 인성은 아무 의미가 없음을 강조하고자, 이 책의 제목을 〈실천중심 영유아 인성교육의 이론과 실제〉라고 정했습니다. 그리고 총 4부인 이 책의 구성은 다음과 같습니다.

1부 영유아 인성교육이란 무엇인가?에서는 제1장과 제2장을 통하여 인성과 인성교육의 기본개념을 바탕으로 영유아 인성교육의 중요성과 접근방법을 개관하였습니다.

2부 왜 영유아 인성교육을 해야 하나?에서는 제3장과 제4장을 통하여 영유아 인성교육이론과 영유아발달과 인성과의 관계를 탐구하였습니다.

3부 어떻게 영유아 인성교육을 하는가?에서는 제5장부터 제10장까지 영유아 인성교육의 수행을 유치원 현장에서 실천할 수 있는 이론적 근거들을 영유아 인성교육의 목적, 내용, 교수학습방법 및 평가, 국내 · 외 영유아 인성교육, 영유아 인성교육 영향요인, 영유아 인성교육과 관계, 영유아 인성교육과 교육과정, 영유아 인성교육과 교사측면에서 서술하였습니다.

마지막 4부 영유아 인성교육의 실제는 처음 서두에 밝힌 제 고민의 실마리를 푼 게임활동을 중심으로 현장에서 활동가능한 대집단 편 게임 교육계획안과 교수자료 및 흥미영역 게임교구 활동 소개 계획안을 제시함으로써 본 서를 열게 될 독자들이 현장에서 인성교육의 실천을 돕고자 하였습니다.

한 가지, 4부를 펼치시는 독자분들께 자랑삼아 말씀드리는 것은 수록되어진 모든 계획안으로 재미있는 인성교육 수업을 준비하고 수행했던 저의 백석문화대학교 유아교육과 학생들의 성실함과 끈기, 그리고 창의적인 도전력입니다. 언제, 어디서고 최선을 다할 때 모두가 수긍하는 인정을 받을 수 있는 귀한 깨달음을 함께 나누고자 계획안 상단에 계획안 작성자이자 저의 지도학생의 이름을 학생들의 동의하에 넣었습니다.

"좋은 책"으로 다른 사람의 손에 들릴 것을 기대함으로 저는 학생들을 가슴에 안고 꿈을 꿉니다.

이런 귀한 꿈을 꿀 수 있도록 배려해 주신 양성원 강철원 대표님과 여러모로 이 책이 나오기까지 아낌없는 성원을 주신 임직원분들께 깊은 감사를 드립니다.

이 책 〈실천중심 영유아 인성교육 이론과 실제〉를 통하여 저와 같이 가슴 먹먹한 행복이 배가되시기를 바랍니다.

2017년 2월

저자 김승희

목 차

제 1 부 | 영유아 인성교육이란 무엇인가?

제1장 인성 및 인성교육 11

1. 인성의 개념 및 특성 11
2. 인성교육의 개념 및 필요성 14
   1) 인성교육의 개념 14
   2) 인성교육의 필요성 16
3. 영유아 인성교육의 중요성 25
   1) 영유아 인성교육의 의미 25
   2) 인성교육진흥법 28

제2장 영유아 인성교육의 주요 접근과 최근 동향 31

1. 영유아 인성교육의 주요 접근 32
   1) 전통적 접근(Traditional Perspectives) 32
   2) 아동발달적 관점(Child Development Perspectives) 34
   3) 배려 공동체적 접근(Community of care) 35
   4) 구성주의적 접근(Constructivist approach to sociomoral development) 37
   5) 절충적 관점(Ecletic Perspectives) 39
2. 인성교육 접근의 최근 동향 41
   1) 배려윤리 접근(Ethics of care) 41
   2) 사회정서학습(Social and Emotional Learning) 42
   3) 뇌 과학적 측면에서의 인성교육 44
   4) 내러티브적 접근(narrative approach) 45

제 2 부 | 왜 영유아 인성교육을 해야 하나?

제3장 영유아 인성교육이론 51

1. 우리나라의 영유아 인성교육이론 51
   1) 유교사상적 관점 51
   2) 노장사상적 관점 54
   3) 불교사상적 관점 55
   4) 동학사상적 관점 56
   5) 무교적 관점 56
2. 서양의 영유아 인성교육이론 57
   1) 도덕성발달이론 57
   2) Lickona 이론 64

제4장 영유아발달과 인성 73

1. 신체 · 운동영역 73

2. 언어 · 인지영역 76
1) 언어발달과 인성 76
2) 인지발달과 인성 77

3. 사회 · 정서영역 80
1) 사회성발달과 인성 80
2) 정서발달과 인성 85

제3부 | 어떻게 영유아 인성교육을 해야 하나?

제5장 영유아 인성교육의 목적, 내용, 방법 그리고 평가 95

1. 영유아 인성교육의 목적 95

2. 영유아 인성교육의 내용 97
1) 영아 인성교육의 내용 97
2) 유아 인성교육의 내용 102

3. 영유아 인성교육의 교수학습방법 106
1) 유치원 기본과정 내실화를 위한 인성교육 프로그램 106
2) 게임을 활용한 영유아 인성교육 112

4. 영유아 인성교육의 평가 115

제6장 국내 · 외 영유아 인성교육 119

1. 국내 영유아 인성교육 119
1) 이원영, 박찬옥, 노영희 사회성 발달 프로그램 121
2) 좋은나무 성품학교 프로그램 122

2. 국외 영유아 인성교육 127
1) 미국 인성교육 127
2) 독일 인성교육 131
3) 핀란드 인성교육 133
4) 프랑스 인성교육 134
5) 중국 인성교육 134
6) 캐나다 인성교육 135
7) 일본 인성교육 135

제7장 **영유아 인성교육 영향요인** 137

1. 자아존중감 137
    1) 자아존중감의 개념 및 구성요소 137
    2) 자아존중감의 발달 140
    3) 자아존중감에 영향을 미치는 언어적 환경 141
2. 조망수용능력 147
    1) 조망수용능력의 개념 및 발달 147
    2) 조망수용능력의 유형 149
3. 자기조절능력 155
    1) 자기조절능력의 개념 및 구성요소 155
    2) 자기조절능력의 발달 156
    3) 자기조절능력의 중요성 157

제8장 **영유아 인성교육과 관계** 161

1. 부모와의 관계 161
    1) 부모의 역할 161
    2) 부모-자녀관계 164
    3) 인성교육을 위한 가정과의 연계 167
2. 교사와의 관계 170
    1) 교사-영유아관계의 개념 및 중요성 170
    2) 인성발달 촉진을 위한 상호작용 172
3. 또래와의 관계 174
    1) 또래 갈등의 중요성 174
    2) 또래 갈등에 대한 견해 177

제9장 **영유아 인성교육과 교육과정** 181

1. 교육과정의 중요성 181
    1) 교육과정과 영유아 교육과정 181
2. 우리나라의 교육과정과 인성교육 186
    1) 표준보육과정과 인성교육 186
    2) 만 3~5세 연령별 누리과정과 인성교육 191
3. 표면적 교육과정과 잠재적 교육과정의 관계 198
    1) 표면적 교육과정(manifested curriculum) 199
    2) 잠재적 교육과정(hidden curriculum) 199

제10장 영유아 인성교육과 교사 201

1. 영유아 인성교육에 대한 교사의 인식 201
   1) 영유아 인성교육에 대한 교사의 인식 및 실태 201
   2) 영유아 인성교육에 대한 교사의 어려움 205
2. 영유아 인성교육에서 교사의 중요성 206
   1) 영유아교사로서의 책무성 206
   2) 영유아교사로서의 전문성 208
3. 영유아 인성교육을 위한 교사의 준비 210
   1) 자격 및 발달 210
   2) 지식 216
   3) 자질 219
   4) 역할 227

제4부 | 영유아 인성교육의 실제

대 · 소집단 활동 – 게임 (1) 캥거루처럼 콩콩콩! 235

대 · 소집단 활동 – 게임 (2) 꿀을 옮겨보아요! 240

대 · 소집단 활동 – 게임 (3) 여러 가지 교통수단 245

대 · 소집단 활동 – 게임 (4) 눈이 내려요 250

대 · 소집단 활동 – 게임 (5) 준비물을 챙겨보아요 255

대 · 소집단 활동 – 게임 (6) 가을 열매 따기 261

대 · 소집단 활동 – 게임 (7) 투호놀이를 해보아요 265

대 · 소집단 활동 – 게임 (8) 꼬르륵 꼬르륵 배고픈 개구리 269

대 · 소집단 활동 – 게임 (9) 추수하러 가요! 274

대 · 소집단 활동 – 게임 (10) 사과를 나누어 주어요! 279

자유선택 활동 – 게임 (1) 수 · 조작영역 : 맑은 공기가 좋아요! 285

자유선택 활동 – 게임 (2) 수 · 조작영역 : 나무를 심어요 289

참고문헌 293

찾아보기 302

제 1 부

영유아 인성교육이란 무엇인가?

1장

인성 및 인성교육

바람직한 인성특성과 그러한 인성을 함양시키는 인성교육은 보는 사람의 기준이나 시각, 관점, 철학에 따라 다를 수 있다. 또는 시대나 상황, 장소에 따라서도 사람들이 인정하고 수용하는 인성은 다르게 제시될 수 있다. 하지만 궁극적으로 우리가 발견해야 할 핵심은 한 개인이 속한 시대와 사회에서 요구하는 인성에 대한 구체적인 인식과 그 인성이 실생활에 합리적으로 구현되기 위한 인성교육의 지속적인 강조가 필요하다는 것이다.

1. 인성의 개념 및 특성

'사람의 됨됨이'를 의미하는 인성(박찬옥, 2009)은 두 가지 의미를 지닌다. 하나는 사람이라면 누구나 가지고 있는 본성으로서의 공통의 자질이고, 다른 하나는 사람이 저마다 각 개인으로서 가지고 있는 속성으로서의 다른 자질이다(김선월, 2015). 정창우 외(2013)는 인성을 '개인적 차원'과 '타인 · 공동체 · 자연과의 관계 차원'에서의 인간이 가지는 인간다운 성품과 역량이라고 말한다.

인성의 개념은 학문영역에 따라 약간씩 다른 의미로 접근되는데, 심리학에서는 개인이 가지는 성격의 일반성과 독특성을 강조하여 설명하면서, 한 개인의 신체적, 정신적, 기질적인 특성들이 총합을 이룬 심리적인 반응시스템이라고 정의한다. 그리고 사람이 나타내는 보편적인 성질에 초점을 맞추어 주로 가치중립적인 의미로 'personality'를 사용한다. 철학, 특히 도덕철학적 측면에서는 인성이란 인간이 추구하고 실현해 나가야 할 바람직한 인간다운 품성으로서 가치 지향적인 'character' 또는 'morality'의 의미로 사용된다. 교육학에서는 personality, character, morality, 이 셋의 의미를 포괄하여 도덕적 가치가 포함된 인격과 개인이 지닌 독특한 심리적 특성을 가진 총체적 성격으로서 인성을 정의한다(김영옥, 2005).

이 중 'personality'와 'character'는 문헌에서도 의미상 명확한 구분을 하기가 어렵지만, 대체로 'personality'가 각 개인이 가지는 원활한 관계에 도움을 주는 외적인 특성과 행동적 특성을 나타낸다면, 'character'는 사람이 가지고 있는 기본적인 내적 원칙과 윤리적 기준, 도덕적 특성을 나타내는 것으로 구분하여 사용한다(Covey, 1989). 도덕과 인성의 유래가 '습관'이라고 하여 그 기원에 있어서의 근거가 같지만 도덕은 그 과정적인 성격의 중요함으로 인성의 충분조건이라고 하며(김민수 2014), 정창우(2010)는 'morality'를 기준으로 했을 때 'personality'에서 'character' 그리고 'morality'로 갈수록 도덕적 의미가 강해진다고 말한다. 그래서 문맥에서 드러나는 'character'와 'personality'를 비교해 보면, no character는 유혹에 쉽게 넘어가는 사람, 기존 관습에 순응하는 사람, 도덕적으로 믿을 수 없는 사람을 뜻하는 반면, no personality는 말이나 행동에 특징이 없어 매력이 없는 사람을 뜻한다고 할 수 있다.

이러한 인성의 의미는 학자들에 따라 다양하게 정의되고 있다. [표 1-1]은 학자들에 의해 제시된 인성에 대한 다양한 정의를 정리한 것이다.

표 1-1 학자들에 따른 인성의 개념

학자	인성의 개념
정범모(1988)	성품, 기질, 개성, 인격
이윤옥(1998)	한 사람이 타인에게 전해지는 전체적인 인상으로 기질, 인격, 개성, 성품 등의 의미를 포함
한국교육학회(1998)	사람의 마음의 바탕이 어떠하며 사람된 모습이 어떠하다는 것을 말하는 개념으로 사람의 '마음'과 '사람됨'이라는 두 가지 요소로 이루어진다.
남궁달화(1999)	사람의 마음과 사람됨
계영애, 강정원(2001)	한 사람이 속한 공동체 안에서 타인에게 인간다운 모습으로 인정받고, 윤리적 또는 도덕적으로 행동하는 것
조난심, 윤현진, 이명준, 차우규(2003)	선천적으로 타고나는 성격의 개념이 아니라, 의도적으로 교육 또는 학습을 통해 습득되거나, 변화될 수 있는 인간의 성품
강선보 등(2008)	인간이 도달해야 하는 이상적인 인간다운 성품. 인간 본연의 모습
김영옥, 장명림, 유희정 (2009)	인간 존재의 방식에 따라 특정한 수준과 요인에 의해 표현되는 인격, 성격, 도덕 그리고 사회화의 복합적 의미를 지니는 인간마음의 구조
박찬옥(2010)	변화하는 시대에서 사회적 환경과 시대적 요청에 따라 사람다움을 갖추는 능력
교육과학기술부(2011)	개인의 독특한 특성을 바탕으로 길러지는 그 사람의 사람됨
김영옥(2014)	도덕적 가치가 개입된 인격과 개인이 지닌 독특한 특성의 총체를 가리키는 성격의 결합
Locke(1952)	어떤 사람이 자신의 욕구와 기분을 억제하고 이성의 명령을 따르는 것
Erikson(1965)	인간은 일생 동안 여러 단계의 심리 사회적 위기를 당면한다고 보고 인성이란 그에 따른 결과로서 기능을 하는 것
Sullivan(1968)	인간생활을 특징짓는 재현적, 인간 상호적 장면의 지속적 유형
Rogers(1977)	우리 모든 경험의 중심이 되는 자아, 즉 조작된 탐구적인 그리고 주관적으로 지각된 실체
Guilford(1988)	인간의 모든 개인적 특성을 인성의 요소로 보고 신체적 특성, 지능, 지식, 정서, 동기, 흥미 등을 포함
Lickona(1991)	도덕적 인지, 정서, 행동을 포함하는 능력
Berkowitz&Grych(2000)	생애 초기 형성되는 생득적인 것
미교육부(2007, 2008)	존중, 공정성, 보살핌 등의 도덕적, 윤리적 가치와 책임감, 신뢰, 시민성 등을 망라하는 개념으로, 개인 또는 집단의 정서적, 지적, 도덕적 자질은 물론 이러한 자질들이 친사회적 행동으로 발현되는 것 포함

따라서 이러한 여러 학자들의 견해를 종합해보면, 인성이란 개인이 사회구성원으로서 공통된 특성이며 또 개인만이 가지는 독특한 자질로서 다른 사람과 바람직한 관계를 맺는 데 필수적인 인지적 · 정의적 · 행동적 양식의 총체라고 할 수 있다.

2. 인성교육의 개념 및 필요성

1) 인성교육의 개념

인성을 '다른 사람과 구분할 수 있는 사고, 태도 그리고 행동의 특성'이라고 보았을 때, 인성교육은 각 개인이 가지고 있는 성장 잠재력을 충분히 실현시키는 것, 즉 '자아실현'에 목적을 두고 각 개인이 가진 재능, 능력, 잠재력을 계발함과 동시에, 학습자가 속한 공동체 구성원으로서 바람직한 품성의 발달을 이루도록 돕는 가정, 학교, 사회의 의도적인 노력과정이라고 할 수 있다(김길례, 2002).

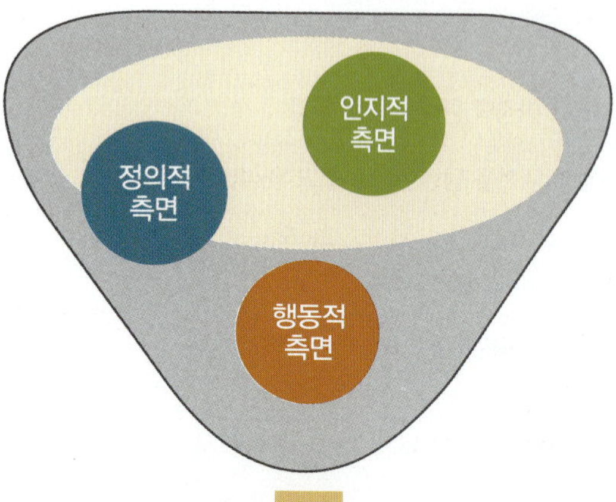

그림 1-1 인성의 개념

일반적으로 인성교육은 학습자가 가지는 인성적 요소를 개발하고 지적 · 정의적 능력을 조화롭게 하는 교육으로 인성교육을 인간다운 품성을 함양하도록 돕는 것으로 보는 맥락에서 인간성계발 교육, 인간됨 교육으로 표현하기도 한다. 그래서 인성교육을 인간성을 기르는 교육이라고도 말한다. 인간교육, 도덕교육, 가치교육 모두 인간다운 인간이 되도록 가르치는 교육을 포함하는 개념으로서, 가치관교육, 기본생활습관교육과도 유사한 의미로 사용된다. 인성교육은 지식교육에 대비되는 개념으로 지식교육처럼 어느 한 방향으로 치우치거나 기울어진 가르침이 아니라 한 사람이 갖추어야 할 전 측면이 골고루, 균형적으로 발달되도록 가르치는 것이라 하였다. 다시 말하면, 사람이 한 인간으로서 갖추어야 하는 지(知) · 덕(德) · 체(體)에 대한 다양한 측면을 골고루 발달시키는 교육이라고 할 수 있다. 따라서 인성교육을 도덕교육, 인성계발교육, 품성교육, 가치관 형성교육 등으로도 함께 지칭하기도 한다(김영옥 외 2009). 이와 같은 인성교육에 대한 다양한 학자들의 정의를 [표 1-2]에 제시하였다.

표 1-2 인성교육의 개념

학자	내용
한국교육개발원(1994)	덕성을 바탕으로 교양과 능력을 갖춘 인간으로 기르는 교육
손봉호(1995)	개인의 자아발견, 사회에서 자신의 위치 인식, 심미적 소양, 긍정적 생활 태도, 정사(正邪)와 선악의 구별, 도덕적인 책임의식, 윤리적으로 일관성 있게 행동할 수 있는 판단력과 용기, 타인에 대한 이해와 동정, 사회의식과 희생정신, 인권과 정의의 존중 등의 소양을 배양하는 것
허경철, 조난심(1995)	사람답고 도덕적 인격을 갖춘 사람으로 기르려는 교육
교육부(1996)	정서, 도덕성, 사회성을 포함한 바람직한 성품을 기르는 교육
신극범(1998)	마음의 발달을 위한 정서교육, 자아 실현을 위한 가치교육, 더불어 살기 위한 도덕교육
남궁달화(1999)	인간다움을 갖추도록 돕는 교육
강기수(2007)	마음과 사람됨의 교육이며, 지 · 정 · 의가 포함된 인격, 성격, 태도, 습관, 행동, 가치관 등을 바르게 기르기 위한 교육
교육과학기술부(2009)	21세기 글로벌 인재를 위하여 필요한 인성을 길러주기 위하여 기존의 가치교육이나 가치 전수가 아닌 창의성과 인성을 유기적으로 연결 또는 통합하는 교육으로서 주로 인간관계와 관련된 덕목과 도덕적인 판단에 필요한 능력을 교육하는 것
정창우(2010)	인간다운 면모와 자질을 갖추기 위한 교육으로, 자기 중심성에서 벗어나 타인과 바람직한 관계를 형성할 수 있도록 하는 가치교육, 인격교육, 도덕교육, 시민성교육
Lickona(1991)	좋은 인성을 발달시키기 위한 의도적인 노력
Murphy(2002)	민주적 가치, 윤리적 판단력, 자존감, 자제력 등을 발달시키기 위한 교육

2) 인성교육의 필요성

(1) 시대적 요구

최근 제4차 산업혁명의 도래와 급변하는 가족구조의 변화는 우리 사회에 큰 교육개혁의 요구를 제안하고 있다.

첫째, 제4차 산업혁명은 바람직한 인성을 갖춘 인재의 육성을 필요로 한다.

정보통신기술(ICT)의 융합으로 인공지능, 로봇기술, 생명과학이 주도하는 차세대 산업혁명인 제4차 산업혁명(fourth industrial revolution)은 미래사회에 우리가 감당해야 할 직업의 종류와 그 직업에 종사하기 위하여 필요한 능력들을 예측하게 한다. 제4차 산업혁명이란 디지털 세계, 생물학적 영역, 물리적 영역 간 경계가 허물어지는 '기술융합' 시스템인 사이버물리시스템(Cyber−physcal system: CPS)에 의해 로봇, 의료기기, 산업장비 등 현실 속 제품을 뜻하는 물리적인 세계(physical system)와 인터넷 가상공간을 의미하는 사이버 세계(cyber system)가 하나의 연결망으로 모아진 데이터 분석과 활용, 사물의 자동제어를 가능하게 하는 산업혁명이다. 1784년 증기기관의 발명과 기계화에 의한 영국의 제1차 산업혁명, 1870년 전기 에너지원의 등장과 대량생산에 의한 미국의 제2차 산업혁명, 1969년 반도체 이용과 자동화 시대를 연 제3차 산업혁명에 이어 도래한 제4차 산업혁명은 인공지능(AI)의 발전으로 인하여 전 세계 만 5세 아이들 65%가 지금 없는 직업을 가질 것이라고 예측하게 할 뿐만 아니라 그로 인하여 세계 많은 교육학자들은 교육에도 주입식이 아닌 새로운 교육의 혁명을 이루기 위하여 '인성'을 강조하고 있다(제주일보, 2016; 문화일보, 2016).

4차 산업혁명에 따른 일자리 변화

- ◆한국 일자리의 컴퓨터화 가능성
  - – 미국 직업종사자 중 47% 고위험군
  - – 한국은 63%가 고위험군
- ◆컴퓨터에 대체될 고위험 직업: 세무사, 관세사, 경기심판, 치과 기공사, 신용추심원, 회계사, 택배원
- ◆컴퓨터에 의해 대체될 저위험 직업: 의사, 초등학교 교사, 성직자, 간호사, 정보시스템 설계 및 분석가, 사회복지사, 데이터베이스 개발자
- ◆2018년 종업원보다 스마트기계가 많은 회사 50%에 이를 것
- ◆5년간 710만개 일자리 소멸, 210만개 생성
- ◆전세계 7세 아이들 65%는 지금 없는 직업 가질 것
- ◆가트너 "2023년 의사, 변호사, 중개인, 교수 등 전문직 수행 고급기술업무의 ⅓대체. 2030년 현 일자리의 90% 스마트기계로 대체"

자료: 세계경제포럼, 프레이&오스본, 소프트웨어정책연구소 등

출처 : http://m.post.naver.com/viewer/postView.nhn?volumeNo=4367316&memberNo=997329&vType=VERTICAL#

그림 1 – 2 제4차 산업혁명에 따른 직업의 변화

그런데 이제 제4차 산업혁명시대에는 이처럼 '사물지능시대'가 되기 때문에 연결성, 지능화, 자동화가 이루어져 우리가 상상도 못할 문명의 이기를 누릴 뿐 아니라 그로 인하여 인간의 존엄이 어떤 위상을 갖게 될지 가늠하기 어렵게 된다. 따라서 바람직한 인성을 갖춘 인력의 양성이야말로 제4차 산업혁명으로 인하여 '기계가 인간처럼 되고 인간이 기계처럼 되어버릴 수 있는(한국교원교육학회, 2016)' 미래사회를 위한 가장 필수불가결한 준비가 될 것이다.

Navigating the next industrial revolution

WORLD ECONOMIC FORUM
COMMITTED TO IMPROVING THE STATE OF THE WORLD

Revolution	Year	Information
1	1784	Steam, water, mechanical production equipment
2	1870	Division of labour, electricity, mass production
3	1969	Electronics, IT, automated production
4	?	Cyber-physical systems

출처 : http://m.post.naver.com/viewer/postView.nhn?volumeNo=3397757&memberNo=6761635&vType=VERTICAL#

[그림 1-3] 산업혁명의 변화

둘째, 급변하는 가족구조는 유아들에게 긍정적인 관계에 대한 경험의 필요성을 요구한다.

2015년 기준 우리나라 가족구조의 현황을 살펴보면, 전체 가족 1,862만 2,000명에 대하여 부부와 미혼자녀가 이루는 2세대 가족이 822만 4,000명으로 1순위이고, 1인 가족이 397만 명으로 2순위이며, 부부로 이루어진 1세대 가족이 296만 9,000명, 모와 미혼자녀로 이루어진 2세대 가족이 137만 명으로 3, 4순위를 차지하고 있다.

[표 1-3] 에서 알 수 있듯이 우리나라 가족의 구조는 예전 우리나라 전통가족의 형태인 대가족의 구조와는 다른 양상을 띠고 있는데, 부부(296만 9,000명), 부부와 미혼자녀(822만 4,000명), 모와 미혼자녀(137만 명), 그리고 부와 미혼자녀(36만 8,000명)로 핵가족화뿐만 아니라 현대의 특별한 가족의 형태인 1인 가족으로 큰 변화를 겪고 있음을 알 수 있다. 이에 대하여는 앞에서 밝힌 산업혁명으로 인한 여성의 사회참여 등으로 인한 맞벌이 부부의 증가 또는 이혼 등 많은 원인

이 있겠으나, 그로 인하여 전통가족이 행해왔던 역할로서 가정교육이 예전처럼 이루어지지 않음과 관계의 깨어짐으로 경험되는 영유아들의 개인적 갈등으로 영유아들의 인성에 많은 영향을 미치고 있음을 예측해 볼 수 있다. 또한 많은 연구들(강정순, 2007; 권희정, 2013; 김연우, 2010; 김은정, 백혜정, 2007; 양선미, 조인숙, 2008; 이창배, 전혜성, 2015; 한명숙, 2015; 한명숙, 2016; 한상태, 김정훈, 1993)에서도 가족, 특히 부모가 자녀의 인성에 미치는 영향을 밝히고 있다.

표 1-3 가족의 구조 및 구성 형태

세대별	가족구조	2015년		
		빈도(천 명)	가구구성비(%)	세대구성비(%)
전체 가족	전체 가족	18,622	100	100
1세대	부부	2,969	15.9	16.6
	가구주와 미혼형제자매	116	0.6	16.6
	1세대 기타	11	0.1	16.6
2세대	부부와 미혼자녀	8,224	44.2	56.4
	부와 미혼자녀	368	2	56.4
	모와 미혼자녀	1370	7.4	56.4
	부부와 양친	17	0.1	56.4
	부부와 한부모	73	0.4	56.4
	부부와 미혼자녀와 부부미혼형제자매	39	0.2	56.4
	조부모와 미혼손자녀	63	0.3	56.4
	한조부모와 미혼손자녀	86	0.5	56.4
	2세대 기타	255	1.4	56.4
3세대	부부와 미혼자녀와 양친	148	0.8	5.7
	부부와 미혼자녀와 부	79	0.4	5.7
	부부 미혼자녀와 모	503	2.7	5.7
	3세대 기타	323	1.7	5.7
4세대	4세대	7	0	5.7
1인 가구	1인 가족	3,970	21.3	21.3

출처 : 여성가족부(2015). 가족실태조사.

또한 그러한 개인적 문제를 가지고 있는 영유아들이 성인이 되어 사회구성원으로서 갈등을 해결하지 못함으로써 발생되는 사회적 문제로 인하여 우리나라는 심각한 사회적 불안을 겪고 있다. [표 1-4] 는 우리나라 국민들이 사회의 안전상태 변화에 대하여 2014년 11월 기준으로 5년 전과 비교했을 때와 5년 후에 대한 예측치를 나타낸 것이다.

표 1-4 연령별 우리나라 국민의 사회의 안전상태 변화에 대한 예측

구분		계	매우 안전	약간 안전	변화 없음	약간 위험	매우 위험
5년 전	13~19세	100.0	1.3	14.1	41.7	30.1	12.8
	20~29세	100.0	0.5	9.4	42.5	32.0	15.5
	30~39세	100.0	0.6	8.1	42.0	33.9	15.4
	40~49세	100.0	0.5	8.2	44.4	33.6	13.4
	50~59세	100.0	0.7	11.9	43.5	35.8	8.2
	60세 이상	100.0	0.9	13.9	40.6	38.3	6.4
	65세 이상	100.0	0.9	14.4	40.4	38.1	6.3
5년 후	13~19세	100.0	2.2	17.2	40.3	20.2	9.1
	20~29세	100.0	1.0	15.8	43.5	19.1	11.6
	30~39세	100.0	0.8	15.5	45.7	18.6	11.0
	40~49세	100.0	1.1	18.2	46.1	18.2	8.6
	50~59세	100.0	1.7	21.9	42.6	18.8	6.2
	60세 이상	100.0	1.8	22.8	38.4	18.9	4.5
	65세 이상	100.0	1.5	23.1	37.8	18.8	4.4

출처 : 통계청(2014), 사회조사.

이에 따르면 우리나라 국민들은 사회의 안전상태에 대하여 5년 전보다 그리고 향후 5년 후에도 변화가 없을 것이라고 예측하고 있다.

[그림 1-4]는 우리나라 국민(13세 이상 인구)의 전반적인 사회 안전에 대한 인식 정도(통계청, 2014)를 제시한 것이다.

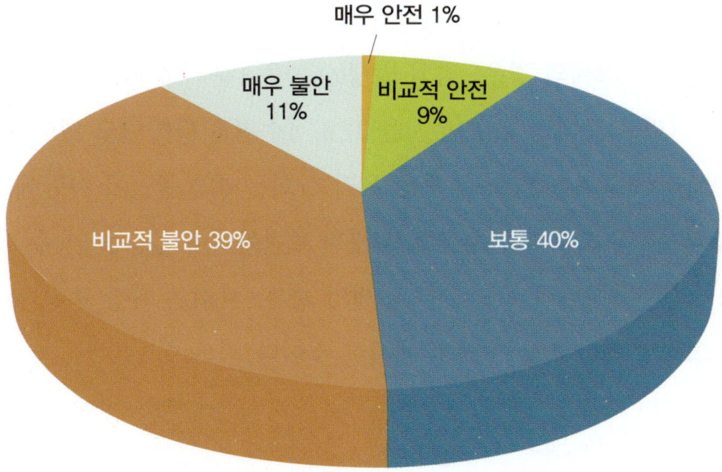

그림 1 – 4 전반적 사회 안전에 대한 인식 정도

[그림 1–4] 에서 알 수 있듯이 우리나라 13세 이상의 국민들은 전반적인 사회 안전에 대하여 '매우 안전하다'고 느끼는 정도가 1%인 데 비하여 '비교적 불안하다'고 느끼는 정도가 39%에 달하는 것을 알 수 있다.

[표 1–5]는 우리나라 국민들이 사회의 가장 주된 불안요인에 대하여 복수 응답한 것(통계청, 2014)을 제시한 것이다.

표 1 – 5 연령별 우리나라 사회의 가장 주된 불안요인

연령	국가 안보	자연 재해	환경 오염	인재	경제적 위험	자원 고갈	도덕성 부족	신종 질병	범죄 발생	빈부격차로 인한 계층갈등
13~19	38.4	14.6	20.0	43.9	19.8	6.5	36.3	12.2	61.2	13.9
20~29	36.6	13.9	15.3	45.6	28.7	3.0	39.0	11.9	55.0	19.7
30~39	31.3	13.9	18.0	49.5	27.0	2.1	37.6	14.9	54.6	19.8
40~49	32.7	15.8	17.2	46.8	30.4	2.6	37.4	12.2	48.8	21.3
50~59	3.6	17.7	20.2	43.8	26.7	2.8	33.3	13.2	43.5	20.9
60세 이상	42.4	21.7	16.7	45.7	17.3	2.0	26.7	14.2	41.2	14.9
65세 이상	44.0	22.8	15.8	47.0	15.9	1.9	24.4	14.4	40.0	13.3

출처 : 통계청(2014), 사회조사.

[표 1-5]에서 알 수 있듯이, 우리나라 국민들이 사회 불안의 주된 요인으로 인식하는 것은 13~19세의 경우, 범죄 발생(61.2)을 1순위로 하여 인재(43.9), 국가안보(38.4), 그리고 도덕성 부족(36.3)을 2, 3, 4순위로 나타내고 있다. 특히, 1순위 범죄 발생과 4순위 도덕성 부족은 우리 사회문제의 원인이 사람에게 있다는 것으로 볼 때, 우리 사회의 인성문제가 매우 표면화되어 있음을 알 수 있다.

[그림 1-5]는 우리나라 국민 13~19세의 경우, 사회의 가장 주된 불안요인을 주된 응답으로 분석한 것을 도표로 제시한 것이다.

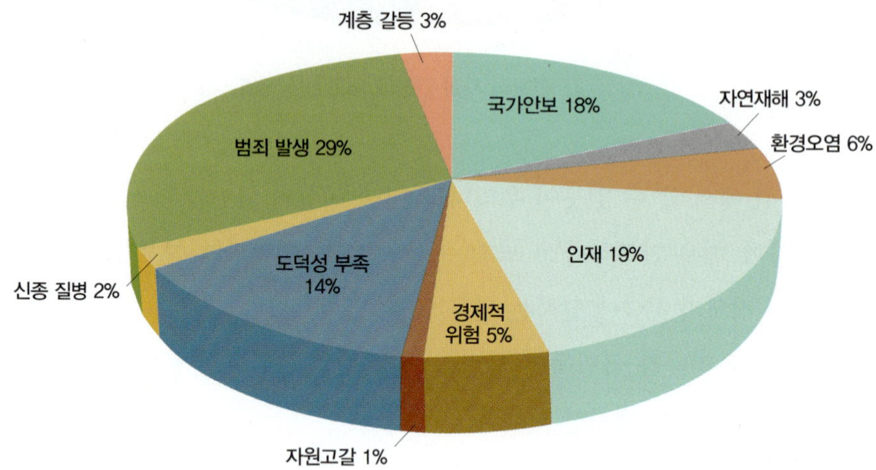

그림 1-5 사회의 가장 주된 불안요인(13~19세)

또한 [그림 1-6]에서 알 수 있듯이 통계청 '2014년 사망원인통계 결과'에 의하면 우리나라에서 2014년 한 해 동안 자살한 사망자 수는 총 1만 3,386명이며, 인구 10만 명당 27.3명이 자살로 사망하고 있다. OECD 회원국 중 1위로 2013년 기준 표준인구 10만 명당 28.7명이 자살로 사망하는 것으로 조사되었다. 이는 OECD 평균인 12.0의 2배 이상 수준이다(보건복지부, 2015).

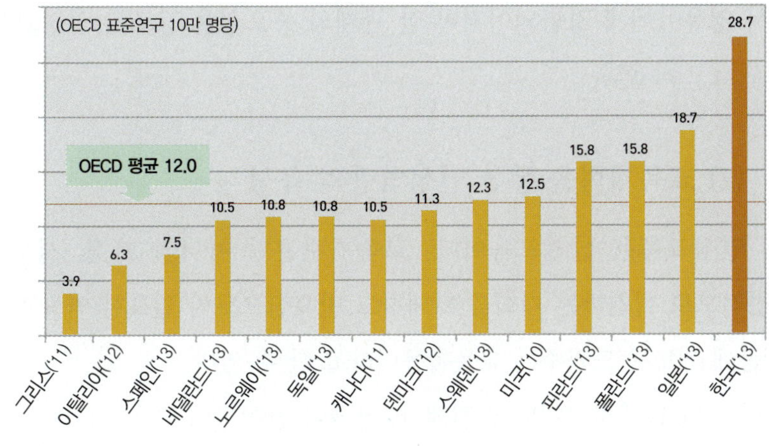

그림 1-6 국가 자살률 비교

현재 우리 사회는 핵가족과, 이혼, 그리고 가족의 부양 및 양육 부담감의 증가, 출산 감소로 나타나는 가족구조의 변화에 주목해야 할 것이다. 가족의 개념도 혈연이나 결혼 혹은 이에 준하는 인연, 예를 들면 입양을 통해서 가족관계를 맺은 사람들이 함께 주거하면서 공동의 경제를 꾸리거나 이런 것들을 추구하는 집단으로 정의된다. 정상적으로 형성된 기존의 가족 내에서의 구성원의 역할에도 변화가 생겨서 일자리에 따라 구성원들의 시간, 공간의 위치가 이동되어 가족의 정서적 유대가 약화될 만큼 가족의 안정된 관계가 위태롭다.

이러한 상황에서, 영유아들은 다양한 문제점에 노출되기 쉽고 가족 해체를 통해 가족공동체로서의 순화작용이 불가능해지면서 아이들의 고독이 심화되며 사회불안증이 생기고 비행이나 일탈행동에 더욱더 손쉽게 접근하는 유혹을 받게 된다.

가족 규모의 축소, 확대가족의 핵가족화로 이행되는 가족세대의 단순화, 편부 및 편모가족, 조손 가족, 새싹가정 등의 가족구조의 변화는 긍정적이고 바람직한 관계의 기초를 경험해야 할 영유아에게 큰 영향을 미치게 된다. 관계를 통한 바람직한 인성의 습득이 이루어지지 않는 영유아는 장차 미래사회에서 심각한 사회적 문제를 야기할 가능성이 매우 크다.

따라서 영유아에게 경험되어져야 할 관계의 중요성을 강조한 인성교육이 또한 요구된다고 하겠다.

(2) 교육개혁을 통한 인성역량의 육성

인성교육은 실천교육이다. 교육기관뿐만 아니라 가정, 사회에서도 직·간접적으로 실천하는 기회를 확대하고 반복함으로써 필요한 역량과 자질과 태도가 몸에 배도록 도와주는 교육활동이라고 할 수 있다.

1997년 OECD에서 7개년에 걸쳐 12개국이 참여하여 DeSeCo(Definition and Selection of Key Competencies)를 추진하였는데, 삶의 질을 결정하는 데 필요한 핵심 역량을 탐색하였다. '건강한 시민으로 성장하고 올바른 시민사회 형성을 위해 필요한 핵심 역량을 전반적인 일상생활 장면에서 발휘되어야 할 능력'으로서 ① 지적도구 활용 역량, ② 이질적인 상대와의 협력 역량, ③ 자율적인 행동 역량으로 보았다(서정화, 2015). [표 1-6]은 DeSeCo 프로젝트 핵심 역량과 교육부 7대 인성교육 핵심 덕목을 비교하여 제시한 것이다.

표 1-6 DeSeCo 프로젝트 핵심 역량과 교육부 7대 인성교육 핵심 덕목 비교

DeSeCo 프로젝트		vs	교육부 인성교육 7대 덕목	
범주	역량		영역	덕목
자율적 행동능력	1. 전체적 조망 속에서 행동하는 능력 2. 생애 계획을 수립하고 실천하는 능력 3. 권리, 이익, 한계, 요구를 주장하는 능력	개인 내 역량	나 (나-나)	정직, 책임
사회적 상호작용능력	1. 타인과 원만한 관계 맺기 능력 2. 협력하는 능력 3. 갈등관리 및 해결능력	대인관계 역량	우리 (나-타인) (나-나)	존중, 배려, 공감
지적 도구 활용능력	1. 상호 교감하며 언어, 상징, 텍스트를 사용하는 능력 2. 상호 교감하며 지식과 정보를 사용하는 능력 3. 상호 교감하며 기술을 사용하는 능력	사회적 관계 역량	사회 (나-세계) (나-타인)	소통, 협동

출처 : 교육부(2013).

OECD의 SERI에서도 2012년부터 시작한 사회적 진보 프로젝트(ESP : Education and Social program Project)에서 교육의 목표를 인지적 역량과 비인지적 역량으로 구분하였다. 인지적 역량은 전통적인 교육의 목표로서 기본 인지 역량, 지식 획득, 지식 추정 등이고, 비인지적 역량은 [그림 1-7]과 같이 제시하였는데, 그 교육의 목표가 인성교육의 목표와 강조점에 있어서 같은 맥락을 가지고 있다. 그 강조점은 ① 공감과 소통능력, ② 자율과 책임의 태도, ③ 감정의 관리, 그리고 ④ 민주적 태도 등이다(한국교총한국교육연구소, 2013).

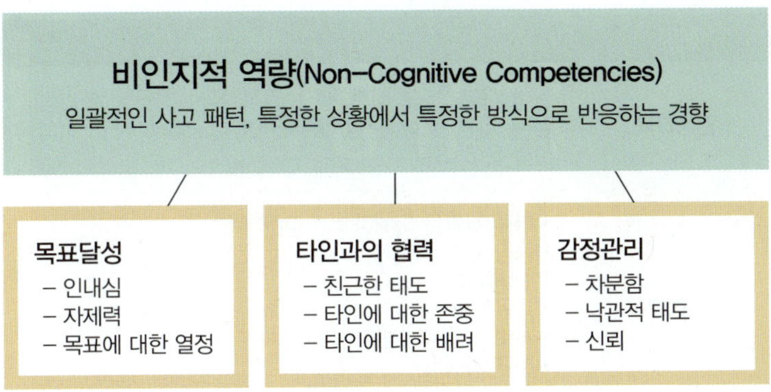

그림 1-7 비인지적 역량 = 삶의 질 결정요인들

3. 영유아 인성교육의 중요성

1) 영유아 인성교육의 의미

교육기관에 다니고 있는 영유아들의 연령은 점점 낮아지고 있고 가정에서 담당했던 인성교육의 기능은 영유아교육기관으로 빠르게 옮겨지고 있다. 영유아들은 인성의 기초를 마련하는 출발점에 서 있다. 다른 발달 영역과 마찬가지로 인성 역시 영유아기가 결정적 시기이다(김순화, 남옥선, 박선혜, 2014; 김영옥 외, 2007; Berkowitz & Grych, 2000). 따라서 그러한 영유아들에게 영유아교육기관에서 지원하는 교육과정의 의미는 매우 크다고 할 수 있다.

최민수(2008)는 학부모들에게 유아교육기관에서 가장 중요하게 가르쳐주어야 할 내용에 대해서 세 가지를 쓰도록 한 개방형 설문조사연구를 실시하였다. 학부모들은 그 연구에서 유아교육현장에서 유아들에게 이루어지기를 바라는 교육의 1순위로 인성교육을 꼽았고, 이에 대해 [표 1-7]과 같이 제시하였다.

표 1-7 학부모가 기대하는 유아교육기관의 교육

순위	분류	세부 내용
1순위	인성교육	인내, 용기, 사랑, 배려, 봉사, 정직, 우정, 자율성, 독립심, 타인존중, 책임감, 희생, 평화, 관심, 풍부한 감성, 긍정적 사고, 이타적인 행동, 감정과 욕구 조절
2순위	사회성교육	• 다른 사람을 이해하고 존중하기 • 공공 규칙 지키기 • 협력하기 • 화목하게 지내기 • 서로 도움 주고받기 • 친구 사귀기 • 의사소통하기
3순위	기본생활습관교육	• 예절 바르게 생활하기 • 인사 잘하기 • 존댓말 사용하기 • 정직하게 말하고 행동하기 • 고마운 마음 표현하기 • 사과하기 • 질서 지키기 • 정리정돈하기 • 차례를 지키기 • 아껴 쓰기 • 규칙적인 생활하기
4순위	취학 전 기본 학습	읽기, 쓰기, 셈하기, 한글, 발달에 적합한 기초 교육과정, 대근육 · 소근육 활동
5순위	기타	창의력 교육, 예체능 교육, 다양한 체험학습, 외국어교육, 독서교육, 교구 교재수업

출처 : 최민수(2008). 학부모 측면에서 본 글로벌 시대의 유아교육 트렌드 분석.

홍익인간을 교육의 기본 이념으로 하고 있는 우리나라에서는 정부 수립 초기부터 인성교육을 강조하기 시작하였다. 현재는 한 사람의 인성의 기본이 형성되고 평생에 걸쳐 영향을 미치게 되는 유아기 인성교육의 중요성이 강조되고 있고 유치원이나 어린이집에 다니는 우리나라의 모든 유아를 대상으로 최근 제정된 국가수준 교육과정인 3~5세 연령별 누리과정에서도 학교와 가정, 그리고 사회가 함께 하는 인성교육의 실천이 교육과정 구성의 중요한 방향으로 제시되고 있다. 따라서 이를 위하여 인성교육활동을 누리과정의 각 영역별로 통합적으로 구성하여 적용할 것을 제안하고 있다(교육과학기술부, 2013).

정신분석이론에서는 영유아들이 놀이를 통하여 자신의 내적인 감정을 표출하고, 부정적인 정서, 갈등, 긴장, 적대감 등을 해소시켜 건전한 인성으로 성장할 수 있는 기초를 다지게 된다고 주장하고 있다. 영유아들이 충분한 놀이를 할 수 없을 때 인성에 왜곡이 생겨 건전한 인간으로 성장하는 데 어려움을 겪게 된다.

또한 인지발달론적 관점에서 도덕적 문제 상황 또는 갈등에 대한 토의 활동이 유아의 도덕성 함양에 효과가 있음을 밝히는 연구들(김정준, 1992; 홍용희, 1999; Buzzelli, 1996; DeVries & Zan, 1994)은 유아들도 청소년과 마찬가지로 토의를 통해 도덕적 갈등이나 문제 상황의 원인을 인지하고, 도덕적 판단을 하며, 도덕적 행동의 실천능력을 기를 수 있음을 밝힌 것이다.

우영효(2010)는 영유아기에 인성교육을 강조해야 하는 이유를 발달심리학적 측면, 개인적 측면, 사회국가적 측면에서 살펴보았다.

첫째, 발달심리학적 측면에서 영유아기의 인성은 다양한 환경과의 상호작용에 의해서 형성되며, 영유아들이 성장하는 과정에서 다양한 경험이 쌓여 인성이 형성되기 때문에 영유아기에 바람직한 도덕적 경험을 할 수 있도록 실천 위주의 인성교육이 필요하다.

둘째, 개인적 측면에서 인간은 자기 스스로를 존중하고 타인을 존중할 때 행복감과 소속감을 느끼기 때문에, 어린 시절부터 영유아들에게 타인의 입장에서 생각하고 예절을 지키며 함께 더불어 살아가는 존재라는 것을 가르쳐 주어야 한다. 또한 타인과 더불어 살아가기 위해 자신의 감정을 조절하고 타인의 감정을 이해하여 원만한 대인관계를 유지해 나갈 수 있도록 영유아 수준에서 다양한 경험을 할 수 있는 인성교육이 필요하다.

셋째, 사회국가적 측면에서 영유아들은 지식의 증가와 국경 없는 시대에 살아가야 하기 때문에 더욱 바른 인성이 필요하다. 세계화와 개방화가 될수록 어른에 대한 우리 고유의 예절과 공경 정신은 공동체의식을 높여 주기 때문에 국가경쟁력의 중요한 요소이다. 이처럼 영유아기는 인성교육의 틀을 형성하는 결정적 시기이기 때문에 인성교육의 중요성을 강조한다.

2) 인성교육진흥법

(1) 인성교육진흥법 입법 취지

「인성교육진흥법」이 2014년 5월에 발의된 다음의 제안 이유에서 입법 취지를 알 수 있다.

- 오늘날 고도의 과학기술 및 정보화 시대에 강조되는 정보기술의 발전과 활용의 원천은 인간에게 있고, 인간의 건전하고 올바른 인성 여하에 따라 그 의미와 가치가 달라진다는 점에서 보다 장기적이고 진정한 경쟁력은 인성에 달려 있다고 하겠다.
- 이런 점에서 인성교육은 학교를 포함한 사회적 차원에서 종합적 · 상호 유기적 · 체계적으로 실시되어야 하며 이에 대한 국가와 지역사회 차원의 노력과 지원이 필요하다고 하겠다.
- 이에 인성교육을 활성화할 수 있는 국가 · 사회적 기반을 구축하고, 인성교육의 틀을 가정 · 학교 · 사회가 협력하는 구조로 개편하며 효과적인 인성교육을 수행할 수 있도록 하기 위하여 이 법을 제정함으로써

장기적 비전과 일관성 있는 인성교육정책을 추진하는 한편, 인성 중심의 미래사회 핵심 역량을 강화하려는 것이다.

(2) 인성교육진흥법의 내용

2015년 7월부터 시행되고 있는 인성교육진흥법(2015)은 인성교육의 핵심요소를 인성 역량으로 설명하며, 개인, 관계, 공동체 차원의 연결선상에서 자기관리 역량, 심미적 · 감성 역량, 의사소통 역량, 갈등관리 역량, 공동체 역량을 균형 있게 교육하고자 하는 것으로 이는 우리 사회가 안고 있는 다양한 문제를 해결할 수 있는 핵심적인 열쇠가 인성교육에 있음을 말하는 것이다.

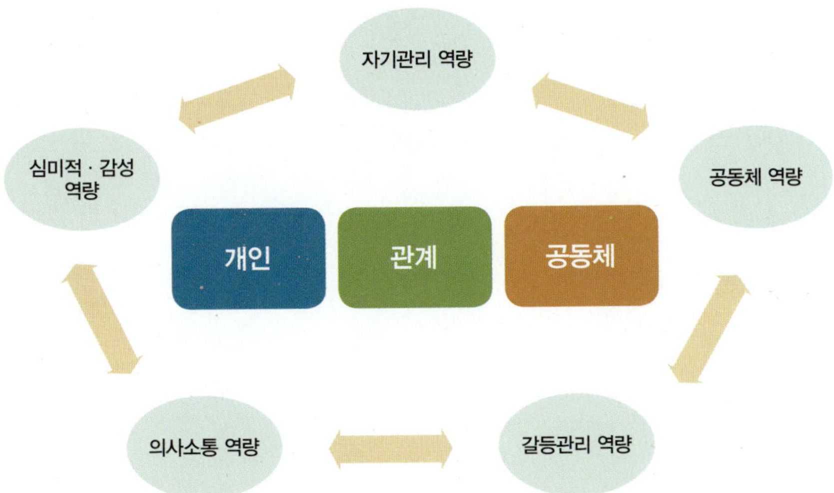

그림 1-8 「인성교육진흥법」의 인성교육

2장

영유아 인성교육의 주요 접근과 최근 동향

영유아 인성교육은 그 궁극적 목적을 어디에 두고 어떤 방법을 통하여 그 목적을 달성하고자 하느냐에 따라 그 접근을 달리하고 있다. 인성교육에 대한 접근은 주로 덕목 중심 접근, 발달론적 접근, 배려에 기반한 접근으로 논의되어 왔는데(김민성, 2014; Howard, Berkowitz & Schaeffer, 2004), 김수진(2014)은 미국 인성교육협회(Character Education Partnership: CEP)의 1999년에 발간된 〈Character education : The foundation for teacher education〉 의 국가 인성교육위원회의 보고서를 통하여 인성교육에 대한 주요 접근을 다섯 가지로 나누어 설명하였다. 그 다섯 가지 주요 접근과 인성교육을 바라보고 수행하는 최근 동향을 살펴보는 것은 인성교육의 실제적 적용에 있어서 매우 의미 있는 일이라 할 것이다.

1. 영유아 인성교육의 주요 접근

1) 전통적 접근(Traditional Perspectives)

Ryan으로 대표되는 이 관점은 인성이 일련의 사건이나 상황에 따라 행동의 양식을 결정하게 하는 것으로서 그동안 축적되어 온 습관의 모음(profile of habits)이다(Williams & Schaps, 1999). 따라서 전통적인 관점에서는 좋은 인성에 대한 습관이 형성되면 특정한 상황에서 자연스럽게 옳은 행동을 나타낸다고 가정한다. 즉, 좋은 인성에 대한 습관 형성이 인성교육의 주 내용이 됨을 강조한다(Nucci & Narvaze, 2008).

따라서 전통적인 관점에서는 인성이 태어날 때부터 선천적으로 형성된 것이라기보다는 내면에 잠재력만을 가지고 있는 상태로 본다. 그래서 인성을 함양하기 위해서 무엇보다 중요한 것은 습관적으로 생각하고 행동하는 것이며, 두 번째로는 관계를 통하여 다른 사람으로부터 학습하는 것이다(Williams & Schaps, 1999). 이를 통하여 알 수 있는 것은 이 관점에서 좋은 인성이 자연스럽게 형성되는 것이 아니라면, 좋은 인성습관을 형성하려는 개인의 노력 뿐 만 아니라 그 개인을 둘러싼 주변 환경인, 사회공동체의 책임 역시 뒤따른다는 것이다. 또한 이 관점은 행위와 습관을 지식과 느낌보다는 핵심적인 것으로 보았던 Aristotle의 전통에 기반하고 있는데, 교사가 읽기와 셈하기를 가르치는 것 이상으로 학습자에게 강조하는 것은 인생에서 가치 있는 덕목을 지식적으로 아는 것보다 생활에서 행동으로 옮기고 실천하여 바람직한 삶을 가꾸는 사람이 되는 것이다(Williams & Schaps, 1999).

표 2-1 조셉슨연구소의 '인성이 중요하다' 프로그램의 여섯 기둥 덕목

주요 덕목	하위 덕목	포함요소
진실성 (trust-worthiness)	① 정직하기, ② 속이거나 훔치지 말기, ③ 믿을 만하기 : 약속 지키기, ④ 옳은 일을 할 수 있는 용기 갖기, ⑤ 좋은 평판 다지기, ⑥ 충성 : 가족, 친구, 국가에 대하여	용기 충성
존중 (respect)	① 타인을 존중하기(황금률에 따라), ② 차이를 관용하고 수용하기, ③ 예의를 갖추고 나쁜 말을 쓰지 말기, ④ 다른 사람의 감정을 고려할 것, ⑤ 위협하거나 때리거나 상처 입히지 말기, ⑥ 화냄, 모욕, 반대에 평화롭게 대처할 것	관용 인내
책임 (responsibility)	① 할 일을 할 것, ② 미리 계획할 것, ③ 끈기 있게 해 볼 것, ④ 항상 최선을 다할 것, ⑤ 자기 통제, ⑥ 자기 수양, ⑦ 결과를 생각하고 행동할 것, ⑧ 책임 있는 말과 행동, 태도를 가질 것, ⑨ 좋은 모범이 될 것	인내 절제 신중함
공정성 (justice)	① 규칙대로 놀기, ② 차례를 지키고 공유할 것, ③ 열린 마음과 경청하기, ④ 다른 사람을 이용하지 말 것, ⑤ 다른 사람을 마구 비난하지 말 것, ⑥ 모든 사람을 공정하게 대할 것	수용성 진실성
배려 (caring)	① 친절할 것, ② 공감을 갖고 배려를 보여줄 것, ③ 감사를 표할 것, ④ 용서할 것, ⑤ 도움이 필요한 사람을 도와줄 것	
시민의식 (citizenship)	① 학교와 지역사회의 개선을 위해 동참할 것, ② 지역사회의 일에 참여할 것, ③ 사회 소식에 관심을 가지고 투표할 것, ④ 좋은 이웃이 될 것, ⑤ 법과 규칙을 지킬 것, ⑥ 권위를 존중할 것, ⑦ 환경을 보호할 것, ⑧ 협력, ⑨ 자원봉사를 할 것	자연사랑

출처 : 한국교육과정평가원(2011).

전통적인 관점의 대표적인 사례로 미국의 비영리단체인 조셉슨연구소(Josephson Institute)의 '인성이 중요하다(Character Counts!)'라는 인성교육 프로그램을 들 수 있다. 여기서는 6대 인성 덕목인, 신뢰(trust-worthiness), 존중(respect), 책임(responsibility), 공정성(fairness), 배려(caring), 시민정신(citizenship)을 중심으로 언어, 예술, 경제, 지리, 생활기술 등과 같은 분야의 수업들을 계획하여 인성과 관련된 연구, 작문, 토의 등의 활동을 수행하면서, 그것이 왜 중요한지, 그것을 어떻게 실천할 수 있는지를 명시적으로 가르치고 연습하며 실생활에서 행동으로 보일 수 있도록 하는 행동적 측면을 강조하고 있다.

논의 및 한계점

이 전통적인 관점은 사회에서 기대되는 가치를 유기적으로 조직하여 체계적으로 실시함으로써 습관의 형성을 도와 실천하도록 하는 데 큰 의의와 장점이 있는 반면, 교사 지배적 접근이어서 교화(indoctrination)로 흐를 위험이 있고, 학습자의 덕목에 대한 내면화 정도에 대하여 학습자가 보이는 행동이 덕목과 관련된 행동으로 정확한 판단이 가능한지에 대한 논의가 있다.

2) 아동발달적 관점(Child Development Perspectives)

아동의 발달에 핵심을 두고 있는 이 관점의 대표적인 학자는 Berkowitz이다. Berkowitz는 인성을 '개인의 능력과 도덕적으로 기능하는 성향에 영향을 미치는 일련의 심리적인 특징들'로 정의하고, 이것은 어떤 사람이 옳은 일을 하거나 또는 옳은 일을 하지 못하게 하는 작용을 하는 도덕적 가치(moral values), 도덕적 행동(moral behavior), 도덕적 인격(moral personality) 도덕적 감정(moral emition), 도덕적 추론(moral reasoning), 도덕적 정체성(moral identity), 기본적인 특징들(foundational characteristics)을 모두 포함하는 것이라고 하였다(Williams & Schaps, 1999).

이러한 일련의 심리적 특징들, 즉 인성이 발현되는 데 있어서 영향을 미치는 핵심요소가 있는데, 그중 자기통제(self-control)나 자아존중감(self-esteem)은 유아의 양육 초기에 양육자를 통해 경험되는 사회적 성향에 따라 성장하면서 그 양상이 달라진다(Berkowitz & Bier, 2005). 하지만, 또한 이 아동 발달적 관점의 강조점은 인성교육을 통해 좋은 사람이 갖추어야 할 인성들을 발달시켜 나가는 것이다. 다시 말하면, 이 관점은 인성이 특정 기간에 발달하여 고정되는 것이 아니라 오랜 기간에 걸쳐 단계적으로 발달하는 것으로 보아, 유아기에는 감정이입, 사람에 대한 개념, 애착관계의 발달을 중요하게 보았고, 아동기에는 자기통제, 죄책감, 관점 채택능력이 발달하며, 청소년기에는 도덕적 추론 능력, 도덕적 정체성이 발달한다고 보았다.

• 아동 발달적 관점에서의 교육기관의 역할

첫째, 인성을 가르치는 곳이어야 한다.
단순히 지식만이 아니라 교실, 교육과정, 교육환경 전반에 걸쳐 통합적인 인성교육이 이루어져야 한다.

둘째, 역할 모델의 중요성을 인식해야 한다.
교사, 행정가, 직원 등 모든 교육기관의 성인들은 자신들의 행동과 말이 주는 메시지에 대해 반성해야 한다.

셋째, 학습자의 인성교육에 영향을 미칠 정책과 실천을 고려한다.
자율성을 기를 수 있는 민주적 자치에의 참여 기회 제공, 자신에 대한 신뢰를 얻을 수 있는 적정수준의 목표 제시, 교육기관의 적절한 지원을 통한 균형 있는 경험, 책임감의 중요성을 느끼고 발휘할 수 있는 기회 제공이 그 예이다.

넷째, 다양한 협력자들과 연계해야 한다.
가정과의 연계, 지역사회와의 연계를 통하여 교육기관에서 제공할 수 있는 지원의 한계에 대한 도움을 받는다.

3) 배려 공동체적 접근(Community of care)

이 접근법은 배려 공동체를 교육기관으로 보고, 배려의 개념을 학습자가 맺는 교육기관에서의 신뢰관계로 이해하였다(Nucci & Narvaez, 2008). 이 배려 공동체는 학습자들이 가지는 소속감, 자율성, 유능감에 대한 필요를 충족시켜 준다고 본다(Battistich, Solomon & Watson, 1997). 배려의 교실 공동체는 학습자들에게 공동체의 가치와 목적을 알고 경험할 수 있도록 해주며, 공동체에서 부여받은 역할 수행을 통하여 판단력, 자기통제, 다른 사람을 대하는 능력들을 학습할 수 있도록 영향을 끼친다(Williams & Schaps, 1999). 학습자들은 배려를 받음으로써 자신이 이해받고 있다는 것을 느낄 수 있고, 그와 동시에 배려를 함으로써 그와 관련된 능력을 더욱 발전시키고 성장해 갈 수 있다.

이 접근에서 제시하는 좋은 배려 공동체를 구성하기 위한 요소는 다음과 같다.

첫째, 배려관계를 조성하는 것이다.

교실에서 교사–학습자 간에, 학습자들 간에 이 관계를 구축하는 구체적인 활동은 서로 알 수 있는 기회 제공, 즐겁게 함께 참여하는 학급 활동 진행, 협동학습 활용, 경쟁적인 활동 지양, 갈등 발생 시 교사의 일방적인 판단보다 학습자들의 상호 만족을 돕는 해결책에 이끄는 도움 주기, 문제행동에 대한 지속적인 관심과 애정 보이기 등이다.

둘째, 인도적인 가치(human values)를 가르치는 것이다.

이것을 위해 교사는 학습자들이 먼저 교실에서 그들이 원하는 가치를 말하도록 하고 그것과 일반적인 가치를 연결해 주는 작업을 한다.

대표적 사례 : 아동발달 프로젝트(Child Development Project: CDP)

배려 공동체적 접근에 기초한 인성교육 사례로, 미국 발달연구센터(Developmental Studies Center: DSC)에서 실행하고 있는 아동발달 프로젝트(Child Develpment Project; CDP)가 있다. 학습자들의 학업적, 윤리적, 사회적 발달을 목적으로 초등학생 대상의 종합 향상 프로그램인 CDP는 현재, '배려의 학교 공동체 프로그램(Caring School Community Program)'으로 명칭이 바뀌어 실시되고 있다. 아동발달 프로젝트는 교실과 학교의 종합적인 변화에 초점을 두고 이루어지는 버디(buddies) 활동, 가정 참여 활동, 학교 전체의 공동체 조성 활동, 학급회의, 협동학습, 문학 기반 독서, 발달적 학문(Developmental discipline)의 일곱 가지 활동 중 현재는 버디 활동, 가정 활동, 학교 전체의 활동, 학급회의의 네 가지를 운영하며, 학교와 교실 내에서의 학습자들의 '공동체 의식(sense of community)' 형성에 집중한다. 이러한 노력은 무엇보다도 이 프로그램으로 학습자들에게 발현되어야 할 인성이 자율성을 갖게 되리라고 확신하기 때문이다.

셋째, 내적인 동기를 강조하는 것이다.

강제성이 있는 권위나 보상과 같은 외적인 기제에 의하지 않고 스스로 자율성을 발휘할 수 있도록 내적 동기 수립의 기회를 마련해 준다.

논의 및 한계점

배려 공동체적 접근은 인성교육을 통해 특정한 것(인성덕목, 습관, 도덕적 판단능력)을 가르치고자 하는 것이 아니라 학교나 교실이라는 공동체 안에 배려의 분위기를 조성하는 것이 중요함을 강조한다(Gibbs, 1999). 배려의 가치를 중요하게 강조하지만, 직접적 교수를 통해서라기보다 배려에 대한 교실공동체 문화를 형성함으로써 그 가운데 좋은 인성을 자연스럽게 연습할 수 있다는 데에 중요한 의미가 있다.

그러나 인성교육에 대한 이러한 배려 공동체적 접근은 다음과 같은 두 가지에 있어서 한계점을 갖는다.

첫째, 인성교육은 여성적인 가치와 남성적인 가치가 균형을 이루면서 이루어져야 하는데, 여성적 가치로 보는 배려, 존중과 같은 덕목 중심의 접근으로 책임과 정의와 같은 남성적이고 인지적인 가치의 중요성이 덜 강조될 우려가 있다.

둘째, 배려관계를 구축하는 데 초점이 맞추어져 인성발달을 촉진하는 표면적 교육과정이라고 할 수 있는 교과목과의 연계가 소홀히 될 수 있다는 것이다.

4) 구성주의적 접근 (Constructivist approach to sociomoral development)

DeVries로 대표되는 이 접근은 Piaget의 구성주의적 접근에 바탕을 둔 것으로 인성이 사회적 맥락에서 구성된다는 것이다. 즉, 절대적 · 윤리적인 결정이나 행위보다 맥락에 따라 비판적 사고를 할 수 있도록 돕는 것이다(Howard, Berkowitz & Schaeffer, 2004). 이것은 '옳고 그른 것' 이 존재하지 않는다는 것을 의미하는 것이 아니라, 더 중요한 것이 판단의 상황이 필요할 때 의사결정을 할 수 있도록 가르쳐야 한다는 것이다. 학습자를 '도덕적 철학자(moral philosopher)'로 보고, 다른 사람의 가치를 옳고 그름에 대한 사고방식으로서 적극적으로 구성하는 과정을 통하여 내면화시킬 때 도덕성이 발달한다고 주장한다(Snare & Samulson, 2008).

이러한 구성주의적 접근방법의 구체적인 인성교육활동은 좋은 인성을 형성해 나갈 수 있는 사회적 관계의 맥락을 통하여 도덕적 딜레마에 대한 토의, 역할극, 협력적인 또래 상호작용, 민주적인 교실과 학교문화를 통해 도덕적 사고와 행위에 참여하는 것을 강조한다. 무엇보다 타율적 도덕성이 아니라, 자율적 도덕성으로 키워주기 위해서는 학습자들이 능동적으로 활동에 참여하고 협력할 수 있는 교실의 분위기 조성이 중요하다(Williams & Schaps, 1999). 이를 위하여 학습자들과 함께 교실 규칙을 정하고, 학습 내용에 대해 학습자들의 의견을 수렴하며, 갈등해결 및 조정능력을 배양시켜 주는 것이 필요하다(DeVries, Hildebrandt, & Zan, 2000).

Kohlberg는 딜레마 토론 교육의 한계를 가지고 있는 자신의 초기 인지도덕발달이론과 그 대안으로 Durkheim의 공동체적 관점을 종합하여 정의 공동체 접근으로 클러스터 학교(cluster school)를 운영하였는데, 이것은 구성주의적 접근에 기반한 인성교육의 사례라고 할 수 있다(박병춘, 2009). 이는 일체의 재산을 공동 소유로 하고 구성원들이 필요로 하는 것을 무제한으로 공급해 주는 집단 공동체로서 구성원들 간의 갈등을 공동체 회의 내의 집단 토론을 통해 해결(Power, Higgins & Kohlberg, 1989)하는 이스라엘의 키부츠(Kibbutz)의 영향을 받은 것이다. 여기서의 핵심은 주별 공동체 회의인데, 가설적인 딜레마가 아니라 구체적인 실제 상황에 관련된 문제들을 토의하는 직접 참여 민주주의를 통해 도덕성을 발달시켜 준다는 것이다.

논의 및 한계점

인성교육에 대한 구성주의적 접근은 인성이 고정되어 예측 가능한 것이 아니라 사회적 맥락 내에서 구성된다고 보는 특징이 있다(Hildebrandt & Zan, 2008). 이 접근은 인지적 발달과 함께 인성이 발달하여 구체적 갈등문제 상황에서 옳고 그름을 자율적으로 판단할 수 있는 능력을 길러주는 것이 목적이다. 그러나 정의, 책임과 같은 인지적 측면의 가치를 강조하여 배려, 존중과 같은 정서적 · 행동적 측면의 가치를 소홀히 할 수 있는 우려가 있고(김완순, 2008; 심성보 1996; 조성민, 2010), 이성은 계발되었지만, 도덕적 감수성이나 열정, 도덕적 행동 등은 부족한 결과를 낳았다(이인재, 2009). 또한 인지적 판단능력이 발달했다고 해서 인지적 행동을 한다고 볼 수 없다(심성보, 1996). 그리고 이 접근은 학습자들이 무엇을, 어떤 인성 덕목을 바탕으로 판단능력을 발휘할 수 있도록 하는가보다 기계적으로 토의하고 의사결정하고 판단하는 기술을 습득할 수 있다(이재봉 등, 1995)는 한계점을 갖는다.

5) 절충적 관점(Ecletic Perspectives)

Lickona로 대표되는 이 관점은 전통적 관점에 반대하고 나타난 인지발달적 접근과 가치 명료화 접근이 학습자의 인성발달에 영향을 끼치지 못했다는 비판 속에서 특정한 덕목 중심의 인성교육에 대한 주목과 함께 등장했다. 이 접근은 구성주의적 접근과 전통적 관점을 상호 보완하고자 통합한 것으로서, 도덕적 인지(moral knowing), 도덕적 감정(moral feeling), 도덕적 행동(moral action)으로 구성된 체계를 가지고 있다(Williams & Schaps, 1999).

도덕적 인지(moral knowing) 측면은, 선을 아는 것(knowing the good)과 관계가 있다. 이것은 도덕적 인식, 덕에 대한 이해, 관점 채택, 도덕적 추론, 사려 깊은 의사결정 등을 포함한다. 도덕적 감정(moral feeling) 측면은, 선을 바라는 것(desiring the good)과 관계가 있다. 이것은 양심, 자기존중, 감정이입, 좋은 것을 소중히 여기는 것, 겸양 등을 포함한다. 도덕적 행동(moral action) 측면은, 선을 행하는 것(doing the good)과 관계가 있다. 이것은 협력이나 의사소통, 갈등해결과 같은 도덕적인 능력, 도덕적 의지, 도덕적 습관을 포함한다. 이 접근은 이 세 가지 측면인 도덕적 인지와 도덕적 감정과 도덕적 행동이 상호 침투적으로 영향을 미친다(Lickona, 1992; Howard, Berkowitz & Schaeffer, 2004).

무엇보다 이 절충적 접근은 인성발달을 위하여 세 가지 측면을 통한 종합적 접근(comprehensive approach)을 강조했다. Lickona는 이를 위하여 열두 가지 전략을 교실에서의 전략 아홉 가지와 학교 차원의 전략 세 가지로 설명하였는데, 이에 대해서는 제3장 [표 3-10]에서 자세히 제시하였다.

또한 Lickona는 인성교육을 위한 11가지 원리를 다음과 같이 제시하였다(Lickona, 1996).

1. 인성교육은 좋은 인성의 기반으로서 핵심적이고 윤리적인 가치들을 고양해야 한다.
2. 인성은 사고, 감정, 행동을 포함하는 통합적인 것으로 규정되어야 한다.
3. 효과적인 인성교육은 학교생활 전반에서 핵심 가치를 고양할 수 있는 의도적이고 계획적(proactive)이며 통합적인 접근을 요구한다.
4. 학교가 배려 공동체가 되어야 한다.
5. 학생들이 도덕적인 행위들을 연습할 기회가 필요하다.
6. 모든 학습자를 존중하고 그들이 성공할 수 있도록 돕는 의미 있고 도전적인 학문적 교육과정을 포함해야 한다.
7. 인성교육은 학생들의 내적 동기를 발달시켜 줄 수 있어야 한다.
8. 학교구성원들은 인성교육에 대한 모든 책임을 공유하고 핵심적인 가치들을 지키고자 하는 학습 공동체이자 도덕 공동체가 되어야 한다.
9. 인성교육은 모든 직원들과 학생들의 도덕적 리더십을 필요로 한다.
10. 학교는 인성교육을 위해 학부모와 지역사회 구성원들과 동반자로서 관계해야 한다.
11. 인성교육에 대한 평가는 학교의 인성이 어떠한지, 교직원들이 인성 교육자로서 기능하는지, 학생이 어떤 좋은 인성을 나타내는지에 대해 이루어져야 한다.

2. 인성교육 접근의 최근 동향

1) 배려윤리 접근(Ethics of care)

이 접근의 대표적인 학자인 Noddings는 배려윤리란, 정의와 권리, 자율성과 같은 합리성을 중요시한 인지발달적 접근과 다르게 배려와 관계성, 상호성과 같은 감정적 측면을 강조한다(박병춘, 2005). '덕이 가르쳐질 수 있는가? 교육 방식이 주입 또는 교화(indoctrination)는 아닌가? 마치 덕이 획득되어 실천된다는 잘못된 견해를 가지고 있는가?'에 대한 반성적 질문으로부터 Noddings는 도덕적 삶을 관계적인 것으로 보는 것을 배려윤리라고 한다(Noddings, 2003b).

Noddings는 자아가 개별적이면서도 타인, 대상, 다양한 조건, 사상들과 접촉하고 반성하며 상호작용하는 가운데 형성되어 가는 관계적인 것이라고 하였다. 배려가 하나의 덕목으로 의미를 갖는 것보다 관계의 맥락에서, 즉 다양한 덕목들이 관계 안에서, 관계를 유지시키고 강화시켜 줄 수 있도록 가르치는 것을 강조하는 인성교육 접근이다(박병춘, 2002).

다시 말하면, Noddings는 배려윤리의 핵심이 관계성(relatedness)에 있으며, 배려를 배려하는 사람(the on caring)과 배려받는 사람(the one cared for) 사이의 관계적 개념으로 이해했다(Noddings, 2003a, 2008).

표 2-2 배려윤리적 접근에 의한 인성교육의 구성요소

구성요소	내용
① 모델링(modeling)	교사가 원리와 적용방법을 가르치는 것이 아니라 배려관계에서 배려를 실천하며 배려하는 방법을 가르친다.
② 대화(dialogue)	단순히 이야기를 주고받는 차원이 아니라 개방적인 자세로 이미 결정된 답을 나누는 것이 아니라 대화하는 사람들 간에 자유로운 토론과 합의를 통해 결론을 도출하는 것
③ 실천(practice)	배려를 실천하는 기회 제공의 중요성과 그 구체적인 방법으로 봉사 활동과 협동학습 제시
④ 확증(confirmation)	다른 사람 안에 있는 최상의 것을 찾아서 인정해 주고 격려해 주는 행동

교사는 학생들의 있는 그대로의 자아를 인정함과 동시에 그 잠재되어 있는 재능, 능력, 특성, 관심 등 더 훌륭한 자아를 찾아 그 자아의 발달을 격려해 주어야 한다. 이를 위하여 교사와 학생과의 신뢰로운 관계가 무엇보다 중요하다. 하지만 이러한 인성교육의 구체적인 교수방법뿐만 아니라 학교로 대표되는 교육기관 전체의 배려 공동체로서의 구조적 변화가 요청된다 할 것이다(Noddings, 2003).

논의 및 한계점

배려윤리 접근은 배려, 동정심, 유대감, 관계 등의 가치를 강조함으로써 인성발달에 있어 정서와 감정이 중요하고 추상적이며 보편화된 규칙이나 원리보다 구체적인 상황과 맥락을 중시한다는 측면에서 매우 큰 의의를 갖는다. 하지만 모든 배려 행위가 반드시 모든 상황에 적합하다고 할 수 없고 맥락에 따라 달라져야 한다는 것을 이 접근은 고려하지 못했다. 즉, 다른 사람이 원하지 않는 것을 내 관점에서 배려할 우려가 있다는 것이다(박병기, 추병완, 2004). 또한 지나치게 감정적인 측면만을 강조함으로써 인지적인 측면이 소홀하게 다루어졌음이 제기되었다(김완순, 2008; 박병춘, 1998)

2) 사회정서학습(Social and Emotional Learning)

Mayer와 Salovery가 대표적 학자로, 최근 주목을 받고 있는 인성교육 접근인 사회정서학습(Social and emotional learning)을 들 수 있다. Goleman의 「정서지능」(1995)과 「사회지능」(2007)을 통하여 대부분의 기본적인 원리와 방향을 설정한 사회정서학습이라는 용어는 1994년 페처 연구소(Fetzer Institute)가 개최한 회의에 참석했던 예방연구자들, 교육자들, 아동권익옹호자들로부터 만들어졌다(Merrell & Gueldner, 2010 ; Greenberg et al., 2003).

무엇보다 사회정서학습은 그동안 인성의 개념이 대부분 도덕적 차원에서 국한되어 논의되었던 것에서 벗어나 사회성과 정서를 포함하여 인성을 이해하고자 하였다. 이에 '학업 및 사회정서학습협회(Collaborative for Academic, Social and

Emotional Learning, CASEL)'에서는 상호 관련성이 있는 인지적, 정의적, 행동적 측면을 모두 포함하는 다섯 가지 핵심요인을 다음의 [표 2-3]과 같이 제시하였다.

표 2-3 사회정서학습의 다섯 가지 핵심요인

사회정서적 유능함	개념
자기 인식 (self-awareness)	• 자신의 감정과 생각을 정확하게 인식하고 자신의 행동으로 미치게 될 영향에 대해 인식하는 능력 • 자신의 장점과 약점을 정확하게 평가하는 것. 자신감과 긍정적인 사고방식을 지니는 것을 포함
자기 관리 (self-management)	• 다양한 상황에서 자신의 감정과 생각, 행동을 효과적으로 조절하는 능력 • 스트레스 관리, 충동 조절, 동기 부여, 개인적이고 학업적인 목적을 수립하고 행동하는 것을 포함
사회적 인식 (social-awareness)	• 다양한 배경, 문화를 지닌 타인들의 관점을 취하고 공감할 수 있는 능력 • 행동에 대한 사회적, 윤리적 규범을 이해하는 능력 • 가족, 학교, 지역사회에서 제공되는 자원과 지지를 인식하는 능력
대인 관계 기술 (relationship skills)	• 다양한 개인, 집단과 건강한 관계를 구축하고 유지하는 능력 • 정확한 의사소통, 적극적인 경청, 협력, 부당한 사회적 압력에 대한 저항, 건설적인 갈등 조정을 필요로 하는 사람에 대한 도움 제공 포함
책임 있는 의사결정 (responsible decision-making)	• 윤리적 기준, 안전, 사회적 규범, 다양한 행위의 결과에 대한 현실적인 평가, 자신과 타인의 행복을 바탕으로 개인의 행동과 사회적 상호작용에 대해 건설적인 선택을 하는 능력

출처 : CASEL 홈페이지 - Social and emotional learning core competences (http://www.casel.org)

CASEL(2003)이 인성교육에서 추구해야 할 필수요인으로 본 위의 내용들은 도덕적이고 윤리적인 것에 국한된 것이 아니라 자기 자신에 대한 이해가 깊고, 자신의 행동을 잘 조절할 수 있으며, 타인의 관점이나 생각, 감정에 대한 이해력이 높아 이를 바탕으로 관계를 잘 맺을 줄 아는 것, 여러 가지 다른 문제 상황에 따라 다양한 요인들을 고려하여 책임 있는 의사결정을 하는 것을 통해 이루어지는 조화로운 인성발달을 강조한다.

인성교육에 대한 사회정서학습 접근은 무엇보다 기존에 인성교육에서 관심을 기울이지 않았던 사회성과 정서에 주목하였다는 데 큰 의의가 있다고 할 수 있다. 절충적 접근이 인성을 도덕성과 같은 맥락에서 인지, 정서, 행동적 차원에서 보았다면 이 접근은 인성의 개념을 도덕성을 넘어 사회성과 정서까지 포함하여 사회구성원으로서 기능하기 위한 다양한 기술과 태도에 초점을 둔 다차원으로 그 범주를 넓혔다(서경혜 등, 2013 ; ,Elias et al., 2008).

논의 및 한계점

사회정서학습 접근은 습득한 사회정서기술이 가치가 내면화되어 관련된 행동으로 연결되는가에 대한 의문이 제기된다(손경원, 이인재, 2009 ; Zeider, Roberts, & Matthews, 2002). 사회정서학습으로 인하여 나타나는 긍정적인 효과들이 절대적이기보다 개연성을 갖고, 정서지능이나 사회학습 등 다양한 이론을 배경으로 하고 있으며, 사회정서학습을 통한 긍정적인 행동의 변화와 학업의 성취와의 상이한 입장이 아직 많이 존재하기 때문에, 이 사회정서학습이 프로그램으로서 설계되고 구현되는 데 있어서 자의적일 수 있는 한계를 지닌다(손경원 등, 2010).

3) 뇌 과학적 측면에서의 인성교육

최근 급격히 신경과학 및 뇌 기반 연구가 수행됨에 따라 뇌발달과 유아기 인성교육의 관계가 매우 밀접함을 증명하고 있다. 막 태어난 신생아의 뇌 무게는 성인의 25% 정도인 350g 정도이지만, 생후 3년 정도가 지나게 되면 뇌의 무게는 1,000g으로 신생아 때와 비교할 때, 약 3배 정도로 급속한 성장을 보인다. 만 0~3세는 전 뇌가 골고루 발달하는 시기로서 이 시기에는 감정발달이 중요하다. 또한 뇌발달은 약 1,000억 개가 넘는 시냅스라는 뇌 신경세포의 연결망이 정교화됨에 따라 결정되므로 이 시기에는 다양한 자극을 통해 뇌발달의 토대를 마련해야 한다. 만 3~6세가 되면 인간성, 도덕성, 종교성과 관련 있는 전두엽 발달이 이루어지기 때문에 이 시기에 인성교육의 필요성이 강조되고 있다(김영옥, 2014).

Rushworth가 대표 학자로서, 기존의 좌뇌와 우뇌의 수평적 통합보다 한 차원

높은 대뇌피질(사고)–변연계(감정)–뇌간(생명)으로 연결되는 수직적 통합의 '삼위일체 뇌'를 이해하고 지(知), 정(情), 의(意)를 조화롭게 발달시킴으로써 인성교육을 하고자 한다. 이 접근의 인성교육 목적은 신체적인 측면과 정의적인 측면을 먼저 학습한 후 나중에 인지적인 측면을 학습한다.

올바른 가치관 및 자아정체성을 형성함으로써 시냅스 형성 및 제거를 돕고, 뇌가소성의 원리를 통해 지속적이고 실제적인 훈련과 연습을 반복하면서 무의식적으로 바른 사고와 행동을 스스로 실천할 수 있는 습관을 형성하게 되어 도덕성과 인성을 발달시킨다. 도덕적 판단과 사고를 통제하는 전두엽과 도덕적 정서 및 감수성을 조절하는 변연계, 타인의 이해를 통한 공감대를 형성하는 거울 뉴런에 대한 이해를 강조한다.

논의 및 한계점

이론적인 뇌교육 기반 인성교육이 아니라, 교육 현장에서 실제 적용 가능한 뇌교육 기반 인성교육의 원리와 전략에 대한 개발이 필요하다. 또한 실제 교육현장에 뇌교육 기반 인성교육을 적용해 봄으로써 효과성을 검증할 필요가 있다.

4) 내러티브적 접근(narrative approach)

Tappan을 대표적 학자로 하는, 내러티브 접근에서 내러티브(narrative)는 라틴어의 'narraáre'에서 유래된 것으로서 '관계 맺거나 알게 하는 것'을 의미한다(유병렬, 2009). 이것은 내러티브가 맥락에 근거하며 타자와의 의사소통을 전제로 하고 있음을 암시한다.

하나의 내러티브는 스토리(story)와 담론(discourse)으로 구성된다. 스토리는 내러티브를 구성하는 사건, 인물, 환경 등을 포함하며, 담론은 스토리를 표현하고 제시하는 방식을 포함한다. 또한 이야기를 만들어 내는 서사화 과정 속에서는 이러한 내러티브의 구성요소가 상호작용하는 특징을 가지고 있다.

하나의 내러티브가 만들어지려면 먼저 행위의 주체와 행위에 대한 상황 혹은 배경을 포함하는 특정한 사건이 있어야 한다. 그리고 이 특정한 사건은 무작위로 배열되는 것이 아니라 인과관계를 띤 하나의 의미망, 플롯(plot)으로 통합되어야 한다.

스토리가 이야기의 내용이라면 내러티브는 그것을 말하고(story-telling), 서술되어(narration) 타인에게 표현하는 표현방식을 요구한다. 내러티브는 누구에겐가 표현되어야 사회 속에서의 의미를 공유할 수 있다. 그러므로 내러티브를 표현하고 수용하는 과정은 필수적으로 담론의 형태를 가질 수밖에 없다(도홍찬, 2008). 담론의 형태를 취하는 내러티브는 인간의 경험에 대한 스토리이고, 그러한 경험을 어떻게 해석하고 재해석하는 방법까지도 포괄하는 것이다.

Bruner는 내러티브가 인간의 삶에서 세 가지 기능을 가진다고 하였다.

첫째, 인식론적 기능이다.

분절적인 인간의 경험이 시간적 연속성에 따라 내러티브 형식으로 구성되어 비로소 하나의 의미를 가진 사건으로 지각되는 것이다. 한 개인이 가지는 내러티브는 다양한 경험을 조직하는 플롯과 개인의 감각 메커니즘을 통한 환경의 영향과 상호작용함으로써 만들어진다. 이것은 인간이 삶에서 경험한 것들이 내러티브의 형식을 취하지 않으면 효과적으로 표현될 수 없다는 것을 뜻한다.

둘째, 존재론적 기능이다.

인간은 자신의 존재에 대한 끊임없는 질문을 한다. 이를 통해 인간은 자아실현에 대한 의미로운 계기를 찾는다. 그 이유는 개인의 분절적인 경험이 서사화 과정을 통해 의미 있는 경험으로 바뀌고 개인은 자신의 삶을 과거-현재-미래를 아우르는 큰 시간의 틀에 놓고 하나의 역사적인 내러티브를 만들어나가며 자신의 정체성을 형성한다고 할 수 있다.

셋째, 도덕적 가치화의 기능이다.

인간은 자기 경험을 내러티브 형식으로 조직하고 구성하는 과정 가운데 자신의 경험에 의미를 담는 의미화 작업을 하게 된다. 이러한 의미화 작업 속에서 인간은 자신의 경험에 도덕적 가치를 반영하게 된다.

표 2-4 내러티브 도덕교육의 원리

사회정서적 유능함	개념
통합성의 원리	내러티브 도덕교육은 인지 · 정의 · 행동적 요인이 통합된 전인적 교육을 지향한다.
도덕적 성찰의 원리	개인이 자신이 경험을 서사화하는 과정에서 반성적 성찰을 통해 자신의 경험을 타자화하는 작업이며, 내러티브의 수용과 소통 역시 타인의 내러티브를 자기 것으로 만들어 나가는 과정에서 반성적 성찰을 한다.
저자의식의 원리	실제 자신의 도덕적 경험에 대한 서사화 과정을 통해 저자가 되어 주체적인 도덕적 가치를 부여하면서 자신의 선택에 대한 책임을 갖고 정체성을 형성한다.
공감에 기초한 역할 채택의 원리	공감에 기초하여 다른 사람의 욕구에 대해 여러 측면에서 감정적으로 고려하고 타인의 목표, 계획, 의도 등을 종합적으로 성찰할 수 있는 지적 이해 단계로 넘어가도록 한다.
도덕적 상상력의 원리	자신이 처한 현재의 맥락적으로 특수한 상황에서 과거 도덕적 경험과 미래의 계획을 타인과 공동체에 대해 도덕적 상상력을 통해 투시함으로써 그 계획에 대한 전반적인 숙고의 과정을 거친다.

제2부

왜 영유아 인성교육을 해야 하나?

3장

영유아 인성교육이론

인성에 대한 중요성은 시대와 장소가 바뀌고 문화의 차이가 있어도 그 무게가 결코 가벼워지지 않을 것이다. 따라서 인성함양을 위한 인성교육이 어떤 원리에 의해 형성된다면 그 원리에 주목하지 않을 수 없다. 동서고금을 막론하고 이러한 인성을 함양시키기 위한 끊임없는 연구가 이루어져 왔다. 동서양의 대표적인 인성교육이론을 알아보자.

1. 우리나라의 영유아 인성교육이론

1) 유교사상적 관점

유교사상적 관점에서의 인성이란 심(心), 성(性), 정(情), 의(意)를 모두 포함하는 개념으로서, 지적 능력과 정의적 능력, 도덕성을 포함하는 개념이다. 인성을 바라본 유교적 관점의 대표적 학자인 맹자, 순자, 고자의 인성론을 살펴보고자 한다.

(1) 맹자의 성선설

맹자는 『중용(中傭)』에서 4단7정론(四端七情論)을 통하여 성선설(性善說)을 주장하였다. 사람의 본성은 의지적 작용으로 인간의 덕성(德性)을 높일 수 있는 단서(端緖)를 천부적으로 갖추고 태어난다고 보았는데, 그것이 측은(惻隱), 수오(羞惡), 사양(辭讓), 시비(是非) 등의 마음으로 표현되는 4단(四端)이며 그것은 각각 인(仁), 의(義), 예(禮), 지(智)의 근원에서 나온다고 하였고, 희(喜), 노(怒), 애(哀), 구(懼), 애(愛), 오(惡), 욕(欲)의 7정(七情)을 중요하게 여겼다.

인, 의, 예, 지에 따른 4단7정론 내용을 간단히 알아보면 다음과 같다.

① 측은지심(惻隱之心) 혹은 불인지심(不忍之心)

남의 불행을 남의 일로 여기지 않는 마음, 즉 동정심을 말한다. 동정심이 있어야 사람은 자기 생각만 고집하거나 자기주장에 혈안이 되는 것을 막아, 상대방의 말에 귀를 기울이게 되고 진실된 자세로 공감을 함으로써 소통의 준비가 된다.

② 수오지심(羞惡之心)

자기 자신이 저지른 마음에 대해서 부끄러워하고 남이 저지른 잘못에 대해서는 미워하는 마음이다. 나 자신의 잘못을 정확히 들여다보고 반성하며 수정하려 하지 않고 다른 사람의 문제만 큰 확대경으로 보듯 말하고 행동하는 것은 사회발전에 저해된다.

③ 사양지심(辭讓之心)

겸손하여 사양할 줄 아는 마음이다. 맹자는 이런 마음을 '차마 못하는 마음'이라고 표현을 하는데, 이런 마음은 사람에게 해를 가하는 것을 차마 하지 못하여 사람의 불행을 차마 앉아서 보지 못하는 마음이다.

④ 시비지심(是非之心)

옳고 그름을 판단하는 마음이다. 오늘날은 옳고 그름을 경험이나 견문에 따른 정보로 판단하는 것이 보편적이라고 생각하나 맹자는 그 판단력도 마음이라고 생각했다. 옳고 그름, 즉 가치를 판단하는 능력으로 타고날 때부터 내 마음에 주어지는 선천적인 것으로 보았다.

• **서양에서의 성선설**

성선설은 헬레니즘 시대의 스토아학파가 주장하였다. Cicero와 Seneca에서부터 Rousseau에 이르러 정점을 이루는 스토아학파는 자연에 근거하여 공동의 이성법칙을 강조하고 인간이 단지 자연의 이성법칙을 따라서 행하는 것이 최고의 선(善)한 행위라고 하였다.

Rousseau는 인간의 본성이 본래 선하며, 문명과 사회제도의 영향을 받아 악하게 되었다고 생각하였다. 그는 '자연이 만든 모든 것은 선하지만 일단 인위적인 작용을 거치면 악한 것으로 변한다'고 하였다. 인간은 합리적인 존재로서 욕심이 없이 조화를 이루어 질서를 유지해야 하는데, 자연상태에서의 인간을 자유롭고 평등한 존재로 인식한다. 그러나 인간의 자유와 욕망이 방치됨으로써 자연과 자유가 파괴되는 현상을 방지하기 위해서 개인은 자신의 권리를 국가에 양도하여 각 개인의 자유와 욕구를 합리적으로 관리 · 운영하는 국가를 건설해야 한다고 보았다. 다시 말해, 합리적인 개인이 공공선을 실현하기 위하여 국가를 건설하여야 하며, 이를 위해서 적극적인 시민들의 자유로운 계약의 결과물로 만들어진 것을 국가로 이해하였다.

(2) 순자의 성악설

순자는 사람은 본래 악한 존재로서 선한 행위를 기대할 수 없기 때문에, 성현의 가르침을 본받아 마음을 갈고 닦아서 악한 본성을 바꾸어 가야 한다고 주장하였다. 다시 말해, 선은 타고나면서 가지고 나오는 본래적인 것이 아니라 인위적인 결과라는 것이다. 하지만 그와 더불어 악한 본성의 인간이 인위적인 노력 여하에 따라 선(善)을 이룰 수 있다고 보았다. 이것을 일컬어 '화성기위(化性起僞)'라 하였는데, 즉 후천적인 노력으로 인하여 기질을 변화시켜서 선하게 될 수 있다는 것이다.

이러한 성악설은 사람이 가지고 있는 본래의 악한 본성을 방치해서 사회적 혼란이 일어나는 악(惡)을 방지하기 위해서는 외부의 가르침이나 수양을 통하여 사람의 악한 본성을 후천적으로 선하게 변화시켜야 함을 강조한 것이다.

• 서양에서의 성악설

성악설은 기독교 윤리사상의 원죄설에서 그 근원을 찾아볼 수 있다. 원죄는 인간이 타고나면서부터 죄인의 상태라는 관점으로 인간의 본성이 악하다는 것을 의미한다. 이는 중세의 Augustinus로 이어지고 그 후 Marciavelli로 계승되어 사회 계약론자 Hobbes까지 이른다. Hobbes는 인간들이 자신의 이익을 위하여서 이기적일 수밖에 없다고 보았는데, 자연상태에서 인간들은 각자 자신의 생존과 이익만을 추구하여, 그 결과를 '만인의 만인에 대한 투쟁'이라고 하였다.

(3) 고자의 성무선악설

고자는 '인간의 품성은 선하지도 악하지도 않다'는 성무선악설(性無善惡說)을 주장하였다. 고자는 '인간의 본성이 선(善)과 불선(不善)으로 나누어 있지 않은 것이 마치 물이 동서로 나누어 있지 않은 것과도 같다'하여 '사람의 본성은 본래 선도 아니고 악도 아니어서, 교육과 수행을 통하여서 그 품성의 변화가 이루어질 수 있다'고 주장하였다.

• 서양에서의 성무선악설

Erasmus는 인간이 태어났을 때에 완성하지 않은 밀납과 같다고 하였고, Locke는 인간의 마음이 백지와 같다고 하여 인간의 마음은 선하지도 악하지도 않다고 하면서 '백지설'을 주장하였다. Dewey 역시 인성의 본질에는 선악이 없기 때문에 환경의 영향으로 선해질 수도 있고 악해질 수도 있다고 보았다.

2) 노장사상적 관점

노자와 장자는 노장사상을 통하여 '무욕(無慾), 무지(無知)' 라는 소박하고 불필요한 지식에 오염되지 않는 영혼의 순결함, 인격의 소박함처럼 단순하게 사는 삶이 욕망을 따라 사는 삶보다 어렵지만 가치롭기 때문에 적극적인 태도로 소박한 삶을 살도록 강조하여 주장한다(김용옥, 2000). 이러한 소박한 삶의 실천은 사람과 사람 간의 조화를 중요시함으로써 이루어질 수 있다. 또한 이러한 삶의 자세는 겸손하고, 맑고 깊이 있는 마음가짐, 어진 벗과의 관계, 믿음직스러운 말, 바른 질서를 통한 사회구축, 능력 있는 일처리, 때를 고려하는 행동 등을 통하여 제시될 수 있다. 이처럼 노장사상에서는 자기 자신의 욕구절제와 자기 조절, 사람과 사람 간의 조화를 이루되 자연 속에서 인간과 자연이 둘로 나누어지는 것을 허용하지 않음으로써 욕망을 자제할 것을 강조하고 있다.

3) 불교사상적 관점

불교사상에서는 인간이 사회생활을 하면서 반드시 지켜야 할 삶의 바른 자세로서, 팔정도(八正道)를 강조하였다. 바르게 사는 법을 교육 내용으로 삼는 불교사상은 팔정도가 인간의 일상생활 속에서 자연스럽게 이루어져야 한다고 하였다. 팔정도란 바른 소견(정견, 正見), 바른 생각(정사유, 正思惟 · 正思), 바른 말(정어, 正語), 바른 행동(정업, 正業), 바른 생활(정명, 正命), 바른 노력(정정진, 正精進 · 正勤), 바른 기억(정념, 正念), 바른 집중(정정, 正定)을 말한다. 이러한 팔정도를 통한 수양으로 인간은 내면에 가지고 있는 불성이 성장 그리고 성숙된다고 보았다.

또한 인간은 혼자서 사는 존재가 아니므로 주변의 다양하고 수많은 사물과 사람 및 자연 그리고 사회현상과 상호 관계를 이루어야 하기 때문에 자기 중심적인 행동을 근절하고 자기 자신과 다른 사람을 위하는 선한 행동을 하는 사람이 되도록 베푸는 삶과 도덕적인 삶을 추구하기를 강조했다. 더불어 공동체 사회에서 중요한 인간의 다섯 가지 관계영역인 국가, 부모, 부부, 어른과 아이, 벗에 따라 자식으로서 부모에게 행하는 효도, 상호 간에 돕고 나누는 행동, 믿음과 의리로 맺어지는 관계, 감정과 주변 환경에 대한 절제심 함양, 욕심에 대한 바른 태도 등을 인간으로서 소양을 쌓는 길잡이 역할을 하는『사자소학』을 통하여 배우도록 하였다(성백효, 2002). 자연과 인간을 하나의 생명체로 보는 불교사상은 아주 작은 미물에까지 베푸는 자비를 통한 생명존중을 강조하였다(문미옥 외, 2006).

4) 동학사상적 관점

서로 협동하며 사람과 자연과의 관계 가운데 조화를 이루고 사는 삶을 강조하는 동학사상은 자아를 인식하고 확립하여 평등한 세계 실현에 목적을 두고 있다. 인간을 하늘로 보고 인간존중사상을 중시하였고, 태교를 통한 생명의 존엄성과 고귀성에 대한 실천을 강조하였다. 다시 말해, 한 개인이 중심이 되는 세계가 아니라 인간과 인간, 인간과 자연이 유기적인 관계 속에서 하나의 공동체를 이루어 협동하며 이루어가는 세계 실현을 추구한다(문미옥 외, 2006).

5) 무교적 관점

인간–신–자연과의 관계에서 공생공존의 중요성에 따라 사람은 자연질서에 의해 자연적으로 생성된 존재라고 주장한다. 따라서 인간은 자연의 질서 속에서 순응하면서 살아가는 존재로서, 개별적으로 독립적으로 살아가는 존재가 아니라 개인과 관계한 각 사회공동체인 가족 마을, 국가를 구성하는 일원으로서 의미 있는 삶을 추구해야 함을 강조한다. 특히, 우리나라 건국이념인 '홍익인간' 의 의미에 따라 '널리 인간을 이롭게 한다'는 정신 아래 개인적 자아실현과 함께 공동체적 자아실현을 중시하였다(문미옥 외, 2006).

2. 서양의 영유아 인성교육이론

1) 도덕성발달이론

인성개념의 핵심에는 '도덕성'이 있다. 일반적으로 도덕성을 바람직한 행위를 하도록 하는 기준에 따라서 살아가려는 자질이라고 말한다. 동서고금을 막론하고 수준 높은 도덕성의 가장 중심부에는 항상 사람이 자기중심성에서 벗어나야 한다는 중요한 메시지가 있다. 도덕성발달이론에 대한 대표적 학자, Piaget와 Kohlberg의 이론을 알아봄으로써 인성교육이론에서 도덕성이 가지는 중요성을 살펴보도록 한다.

(1) Piaget의 인지적 접근을 통한 도덕성발달이론

Piaget는 1932년에 발표한 《The Moral Judgement of the Child》에서 아동의 도덕적 사고에 대한 연구와 도덕적 사고를 개념화하는 이론적 틀을 언급하였다.

Piaget의 도덕성발달이론은 한마디로 '지적 발달이 도덕발달과 병행한다' 는 의미를 가지고 있다. 이것은 아동이 사물과 세계를 바라보는 관점인 아동의 인지구조의 변화에 대한 개념을 반영한다.

Piaget의 도덕성 연구의 주요한 목적은 유아의 도덕판단의 특성을 탐색하는 데에 있었다. 이것을 위하여 아동이 규칙에 대한 태도, 옳고 그름에 대한 판단, 정의에 대한 개념이 어떠한지 '임상적 면담' 방법을 통하여 조사하여 '도덕판단 능력이 인지적 재구성 과정과 관련된 발달과정'이라는 것을 밝혔다.

Piaget는 인간의 도덕성이 타율적 단계에서 자율적 단계로 발달해 간다고 보았다. Piaget가 연구에 사용한 '임상적 방법'은 아동에게 이야기(규칙, 옳고 그름, 정의와 관련된 것 등)를 들려주고 질문을 한 후 반응을 분석하는 것이었는데, 아동들이 갖는 규칙에 대한 다른 개념들이 두 개의 상반된 기본적인 도덕성, 즉 타율적 도덕성과 자율적 도덕성을 보여 준다고 하였다. 타율적 도덕성과 자율적 도덕성에 대하여 [표 3-1]에서 비교하여 제시하였다.

표 3-1 타율적 도덕성과 자율적 도덕성

타율적 도덕성	자율적 도덕성
1. 규칙을 절대적인 것으로 본다.	1. 다양한 관점이 존재함을 인식한다.
2. 규칙을 불변하는 것으로 본다.	2. 규칙이 변경 가능하다고 본다.
3. 필연적 벌, 즉 천벌적 정의에 대한 믿음이 있다.	3. 벌에 대해 원인에 의해 일어나는 자연적 논리적 귀결로서 이해한다.
4. 행위자의 결과에 기초하여 판단한다.	4. 행위자의 의도에 기초하여 판단한다.
5. 금지 또는 벌과 관련하여 잘못을 규정한다.	5. 행동을 침해하는 것과 관련하여 잘못을 규정한다.
6. 인과응보적 벌을 믿는다.	6. 배상 또는 상호성에 근거한 벌을 믿는다.
7. 권위자에 의한 벌을 인정한다.	7. 희생자에 의한 보복을 인정한다.
8. 권위자에 의한 임의적으로 불공평한 보상의 분배를 인정한다.	8. 공정한 분배를 인정한다.
9. 권위에의 복종이 의무라고 본다.	9. 공평의 원리를 따르는 것 또는 타인의 복지에의 관심을 의무라고 본다.

출처 : 윤미혜, 김정준(1992).

유아들은 인지발달과 함께 다른 사람들의 관점에 대한 의식이 증가함에 따라 자기중심주의(egocentrism)가 차츰 감소하게 되어 8~10세 사이에 자율적 도덕성이 타나게 된다(정창우, 2016). 이제 '도덕적 규칙'은 유아들에게 강제적으로 부과되거나 변화하지 않고 고착된 맹목적 복종을 목적으로 하는 개념이 아니라 '사회적 상호작용을 조직하고 촉진하기 위하여 구성원들의 상호 일치적 의견에 따라 창조되고 수정되는 수단'이라는 새로운 개념에 도달하게 된다. 그리고 옳음과 그름에 대한 판단을 행위 자체에 대한 객관적 결과보다는 행위자의 의도에 비추어 결정하게 된다(정창우, 2016). Piaget는 인지발달과 관련하여 도덕성발달단계를 [표 3-2]와 같이 설명하였다.

표 3-2 Piaget의 도덕성발달 4단계

단계	연령	내용
1단계 (자기중심적 단계)	2~4세	• 자신의 입장과 타인의 입장을 구별하지 못한다. • 규칙이나 질서에 대한 도덕적 인식이 없어서 자신의 욕망에 따라 규칙을 지키기도 하고 어기기도 한다.
2단계 (권위주의적 단계)	5~7세	• 규칙에 대한 인식이 생겨나 규칙을 존중하고 따른다. • 규칙은 사람이 만드는 것으로 변하지 않고 고착된다. • 권위가 있는 도덕 규칙을 지키는 것은 옳은 것이고 그 반대의 행동은 옳지 않다는 판단을 한다.
3단계 (상호협동의 단계)	8~11세	• 도덕적 규칙에 대한 새로운 인식이 생긴다. • 도덕적 규칙(사회적 규칙)은 상호 간의 동의에 의하여 임의적 약속으로 생기며 변경 가능할 수 있다. • 사회의 안전과 조화로운 삶을 위해 안정된 규칙의 이해와 복종의 의무를 지각하게 된다.
4단계 (사회적 가치 지향의 단계)	12~15세	• 사회적 상호작용을 유도하는 가운데 새로운 규칙의 창조 및 가설적인 상황 설정으로 차원 높은 도덕성을 형성한다. • 개개인이 처한 상황에 따라 이타성과 사회에 대한 애정을 통해 진정한 평등으로의 추구를 위한 도덕적 판단을 한다.

Piaget는 이러한 도덕성발달의 결정적 기제를 또래와의 상호작용으로 본다. 따라서 권위에 의한 주입이 아니라 유아들이 능동적으로 도덕적 원리를 구성할 수 있도록 도와야 한다고 하였다.

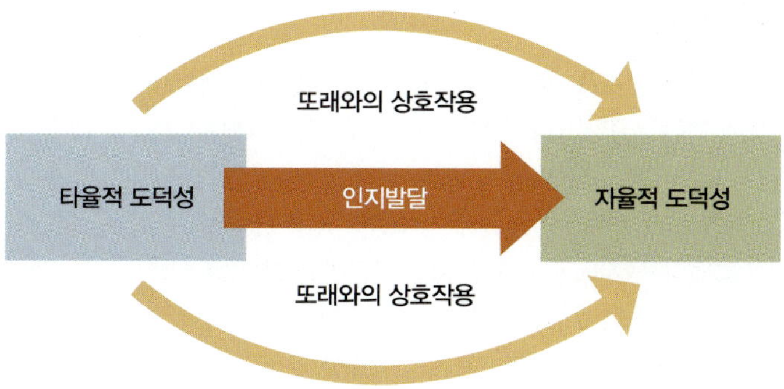

그림 3-1 Piaget의 도덕성발달이론

(2) Kohlberg의 도덕적 판단력 증진을 위한 도덕발달이론

Kohlberg의 도덕발달이론은 Piaget의 인지발달이론에서 그 심리학적 기초를 찾을 수 있다면, 교육학적 기초는 토론식 문답법을 활용한 Socrates의 수업에서 찾을 수 있다.

Kohlberg는 Piaget와 마찬가지로 도덕발달이 인지발달에 따라 점진적으로 이루어지는 것으로 보았다. 그러나 Kohlberg는 도덕발달이 인지발달뿐만 아니라 사회적 조건에도 의존한다는 것을 강조하였다. Kohlberg는 Piaget의 타율적 도덕성과 자율적 도덕성으로의 도덕성 양분에 따른 도덕발달이론은 도덕성발달을 지나치게 단순화하였다고 비판함과 동시에 성인으로 연구의 대상을 확대하여 도덕발달이론을 보다 논리적으로 체계화하였다.

양자택일의 판단을 요구했던 Piaget의 폐쇄형 질문식의 연구와는 달리, Kohlberg의 연구에서는 도덕적 행위의 동기, 인간생명의 가치, 판단의 상대성 등 도덕성의 문제를 담고 있는 갈등 상황(예: 하인즈 이야기)이 제시되었고, 그 주인공이 그런 상황에서 어떻게 하며, 왜 그렇게 하는지를 묻는 개방형의 질문을 사용하여, 응답자의 반응을 분석한 결과, [표 3-3]에 제시한 바와 같이 도덕발달단계를 3수준 6단계로 체계화하였다.

하인즈 이야기

하인즈라는 남자에게는 죽을 병에 걸린 아내가 있었다. 병원에서는 아내를 살리기 위해서는 새로 개발된 약을 써야 한다고 한다. 하지만 그 약을 개발한 사람은 약을 제조하는 데 시간과 비용이 너무 많이 들었다는 이유로 하인즈가 엄두고 내지 못할 비싼 값을 물렸다. 하인즈는 그 약을 사기 위해 아는 사람을 찾아다니며 돈을 구해 보았지만 약값의 절반밖에는 구할 수가 없었다. 약사에게 자신의 형편을 말하고 싼 값에 약을 팔 수 없는 지도 부탁해보았으나 약사는 자신이 노력한 데에 대한 정당한 대가를 받아야 한다며 거절했다. 결국 아내를 살리고 싶었던 하인즈는 약을 훔치고 말았다.

표 3-3 Kohlberg의 도덕발달단계

수준	단계	무엇이 옳은가	옳게 행한 것에 대한 이유	단계가 갖는 사회적 관점
I수준 : 인습 이전 (4~10세)	**1단계** 벌과 복종 지향단계	• 규칙을 위반함으로써 경험했던 벌을 피하는 것은 옳음 • 자신의 욕구를 위해 무조건 복종하고 사람과 소유물에 대한 물리적 손상을 피하기 위한 것이 옳음	• 벌을 피하기 위해 • 권위의 강력한 힘에 의해	**자기중심적 관점** • 타인의 관심을 고려하지 않고 자신과 다른 행위자의 입장을 인식 못함 • 타인이 갖는 심리적 관심보다는 물리적인 입장에서 행동 • 자신의 관점과 권위의 관점 사이에서 혼동함
	2단계 개인적 욕구 지향단계	• 즉각적인 이득을 위한 규칙 준수 • 표면적으로 타인들도 자신과 똑같아야 공정한 것으로 생각하여 표면적인 동등한 교환이나 타협을 옳게 생각함	• 다른 사람들도 자기 자신과 동일하게 필요나 요구를 가지고 있음을 인식하기 때문에	**구체적인 개인주의적 관점** • 모든 사람은 추구해야 할 자신의 흥미와 갈등을 가지고 있으므로 각자 권리가 있음을 인식
II수준 : 인습 수준 (10~13세)	**3단계** 대인관계지향단계	• 자기와 가까운 사람들의 기대를 지키는 것 • 아들로서, 형제로서, 친구로서 자신의 역할에 대해 사람들이 일반적으로 기대하는 바에 따라 행동하는 것 • 선하게 되는 것은 중요하며, 선하다는 것도 선한 동기를 가지고 타인에게 관심을 보이는 것임 • 선하다는 것은 신뢰, 충성, 존경, 감사와 같은 상호관계를 지키는 것	• 자신의 눈이나 다른 사람의 눈으로 보아서도 선한 사람이 되려는 욕구 • 다른 사람에 대한 배려, 황금률에 대한 믿음. • 관행적인 선한 행동을 뒷받침하는 규칙과 권위를 지키려는 욕망	**다른 사람들과 함께 관계를 맺고 있는 그 개인의 조망** • 공유된 감정, 합의, 기대가 개인의 이익보다 우월하다는 의식, 구체적인 황금률을 통해 관점들을 관련지우고 자신을 다른 사람의 입장에 놓아 봄 • 일반화된 체제의 조망은 아직 고려되지 않음
	4단계 사회체제유지지향단계	• 스스로 동의한 현실적 의무를 준수하는 것 • 법은 확고한 사회적 의무와 갈등하는 극단적인 경우들을 제외하고는 준수되어야 함 • 옳음은 사회, 집단, 제도에 공헌하는 것	• 제도의 전체적 기능 인정. • '모두가 그렇게 한다면'이라는 염려에서 체제 파괴를 피하는 것 • 우리의 규정된 의무를 완수하라는 양심의 명령(규칙, 권위에 있는 3단계 믿음과 쉽게 혼동됨) 인식	**사회구조적 관점을 개인간 합의나 동기로부터 분화시킴** • 역할과 규칙을 규정하는 체제의 관점을 채택함 • 체제에서 차지하는 위치에 의거하여 개인적 관계들을 숙고함

수준	단계	무엇이 옳은가	옳게 행한 것에 대한 이유	단계가 갖는 사회적 관점
Ⅲ수준 : 인습 이후 (13세 이상)	**5단계** 사회계약적 원리 지향 단계	• 사람들은 다양한 가치와 의견을 가지고 있고 대부분이 가치와 규칙은 집단에 따라 상대적임을 의식함 • 이런 상대적 규칙은 통상 불편부당성을 위해, 그리고 사회계약이므로 유지됨 • 생명, 자유와 같은 비상대적 가치와 권리는 어떤 사회에서도 그리고 다수의견과도 관계없이 유지되어야 함	• 모든 사람의 복지와 권리보호를 위해 법을 제정하고 지키려는 사회계약에 의해 성립된 법에 대한 의무감, 가족, 우정, 신뢰, 직무 등에서 자유롭게 맺은 계약에 대한 책무성 인식, 법과 의무는 전체 효용성에 대한 합리적 계산, 즉 '최대다수의 최대이익'에 기초하고 있다는 관점	**사회선행의 조망** • 합리적 개인의 조망은 사회유대와 계약에 선행하는 가치와 권리를 의식. 합의, 계약, 객관적 불편부당성, 정당한 과정 등 형식적 기제에 이해 조망들을 통합. 도덕적 · 법률적 관점을 숙고함. 그 관점들은 종종 갈등하며 통합하기 어렵다는 것을 인식함
	6단계 보편적 윤리원칙 지향단계	• 스스로 선택한 윤리적 원리를 따르는 것 • 특정한 법과 사회적 합의는 이러한 원리 위에 성립하기 때문에 타당함 • 법이 이 원리와 상충할 때 원리에 따라 행위함 • 원리는 정의의 보편적 원리임. 즉 인권의 평등과 개인 인격체인 인간의 존엄성 존중임	• 보편적 도덕원리의 타당성에 대한 합리적 존재로서의 믿음. 그 원리에 대한 개인적 언약	**도덕적 관점의 조망** • 이로부터 사회적 협약이 도출됨. 인간은 그 자체 목적이며 또 마땅히 그렇게 대우받아야 한다는 그 엄연한 사실과 도덕성의 본질을 인식하고 있는 합리적 개인의 조망

출처 : 서강식(2007). 피아제와 콜버그의 도덕교육이론 ; 윤미혜, 김정준(1992).

각 단계의 의미에 대한 이해를 돕기 위해서 '규칙을 지켜야 하는 까닭'과 '인간 생명의 가치에 대한 생각'에 대하여 어떻게 사고하는지를 다음의 [표 3-4]에 제시하였다.

표 3-4 1~6단계에 속한 사람의 '규칙'과 '인간 생명 가치'에 관한 사고

단계	규칙을 지켜야 하는 까닭	인간 생명의 가치에 관한 생각
1	벌을 피하기 위해 규칙을 지킨다.	인간 생명의 가치는 물질적 대상의 가치와 혼동되고, 그것을 소유하고 있는 사람의 사회적 지위나 물리적 속성에 기반하고 있다.
2	• 보상을 얻기 위해 동조한다. • 베풀어 준 호의에 대한 보답을 따른다.	인간 생명의 가치는 그것을 소유하고 있는 사람의 필요나 혹은 다른 사람의 필요를 충족시키기 위한 도구이다.
3	다른 사람의 불승인과 혐오를 피하기 위해 규칙을 지킨다.	인간 생명의 가치는 그것을 소유하고 있는 사람에 대한 가족적 감정이입과 정의에 기반하고 있다.
4	법에 적합한 권위에 따른 견책과 그로 인한 죄책감을 피하기 위해 규칙을 지킨다.	인간 생명은 원리와 의무에 대하여 범주화한 도덕적 · 종교적 정서 속에 놓여 있다는 견해에서 신성하다.
5	공동체의 복지를 기준으로 하여 판단하는 공평한 제3자의 관점을 지키기 위해 규칙을 따른다.	인간 생명이 공동체의 복지와의 관계와 보편적 인권이라는 관점에서 가치를 갖는다.
6	자신 스스로 갖는 죄책감을 피하기 위해 규칙을 지킨다.	개인 존중이라는 보편적 인간 가치로서 생명 존중이 가지는 의미가 중요하다.

출처 : 서강식(2007). Piaget와 Kohlberg의 도덕교육이론.

Kohlberg는 도덕적 발달이 인지적 갈등개념(불균형)으로 인지구조의 기본적인 질적 변형이 가능하다고 하였다. Kohlberg가 제시하는 도덕적 발달을 위한 교육적 환경은 상이나 벌의 조직이 아니라, 인지갈등의 유발을 가능하게 하는 환경과의 상호작용이다(정창우, 2016). 도덕적 발달수준이 높은 사람과 접촉하여 추론하는 기회를 제공함으로써 인지적 불균형을 일으켜 도덕판단 발달단계의 상향적 이동을 도와주는 발달의 촉진과정을 통하여 도덕교육을 이룬다. 이것을 블래트 효과(Blatt Effect) 또는 +1효과 라고 말한다(Blatt & Kohlberg, 1975).

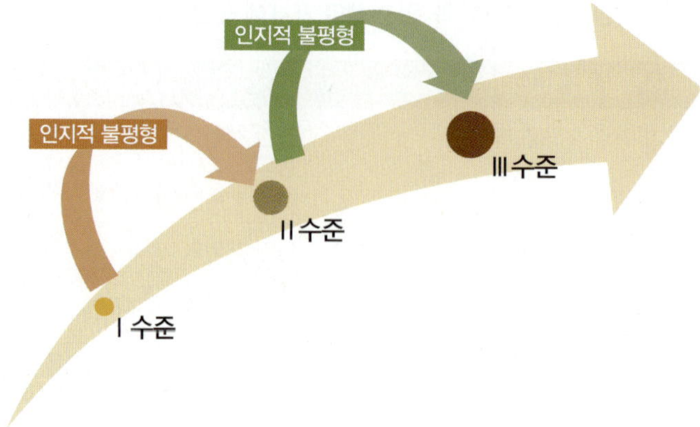

그림 3-2 블래트 효과에 따른 Kohlberg 도덕발달단계의 상승원리

그 이후 Kohlberg는 도덕적 갈등 상황 토론의 한계를 인식하고 Durkheim의 관점을 반영하여 '정의공동체 접근(Just Community Approach)'을 통하여 도덕교육을 실현하고자 하였다. 정의공동체 접근이 갖는 세 가지 기본 목적은 다음과 같다.

첫째, 학생들의 도덕추론능력의 확장을 위하여 도덕적 토론에 참여시킨다.

둘째, 도덕적인 문화 창조를 통하여 집단의 결속이나 공동체의 형성, 그리고 민주적인 규칙을 제정한다.

셋째, 도덕적 제도와 결정에 따라서 행동할 수 있는 환경을 마련하여 학생과 교사가 모두 적응한다.

Kohlberg는 도덕적 갈등 상황 토론과 함께 정의공동체 접근을 통한 도덕적이고 민주적인 학교공동체 형성이 유아를 포함한 도덕성발달을 꾀하는 대상자들에게 도덕발달을 위하여 매우 중요함을 주장했다.

2) Lickona 이론

Lickona는 Kohlberg의 도덕발달이론으로부터 영향을 받은 것을 인정하지만, 그의 관점에 대하여 비판적이다(안영인, 2006). 먼저 Lickona의 도덕성발달에 대한 접근방법을 살펴보기로 한다.

(1) Lickona의 도덕성발달 접근법 (The Moral Development Approach)

Lickona가 주장하는 도덕성의 핵심은 존중에 있다. 그리고 영유아들의 도덕성은 천천히 점진적으로 단계를 따라 발달한다고 하였다. 즉, 어느 날 갑작스럽게 발달을 하는 것이 아니라 어린아이 시기부터 성인에 이르기까지 지속적으로 수평적, 수직적 단계에 따라 발달하는 하나의 과정으로 이해된다. Lickona는 도덕성발달의 중요한 시점을 출생 후 처음 4년 동안이라고 강조하여 말한다. [표 3-5]에서 출생부터 3세까지의 도덕성발달의 기초 내용에 대하여 제시하였다.

표 3-5 출생부터 3세까지의 도덕성발달의 기초 내용

구분	특징	필요로 하는 것	새롭게 경험하는 것
출생	도덕성발달의 시초	사랑으로 비롯되는 애착	수용과 존중, 자기 확신과 독립의 시초
1세	독립을 향한 첫걸음	독립과 통제의 균형	탐험, 독립심 (하고 싶은 것을 하는 것)
2세	제1의 독립선언	독립에 대한 존중	협동하는 태도
3세	독립에서 협력으로	상호작용의 기회	통합(좀 더 세상에 참여), 협력

출처 : Thomas Lickona(1983). Rasing Good Children: From Birth Through the Teenage Years.

또한 Lickona는 유아기, 아동기, 청소년기 그리고 성인기를 거치면서 '무엇이 옳은가', '왜 사람이 선해야만 하는가' 의 이유에 대하여 도덕적 추론의 발달을 [표 3-6]과 같이 6단계로 제시하였다.

표 3-6 Lickona의 도덕성발달단계

도덕적 추리의 단계(the stages of moral reasoning) (표시된 연령은 긍정적인 도덕적 환경하에서 자라나는 정상의 지력을 지닌 아동에 대한 합리적인 발달수준에 맞는 기대를 뜻한다)		
0단계 : 자기중심적 추리 egocentric reasoning (1세 정도의 학령 전 나이)	옳은 이유	나는 반드시 나 좋은 대로 한다.
	선해야 할 이유	상을 받고 벌을 피하기 위해서
1단계 : 무조건의 복종 unquestioning obedience (유치원 나이)	옳은 이유	나는 하라는 대로 해야 한다.
	선해야 할 이유	괴로움을 당하지 않기 위해서
2단계 : 이기적 공정성 what's-on-it-for-me-fairness (초등학교 저학년)	옳은 이유	나는 나의 이익을 챙겨야 하지만 나에게 공정하게 대하는 사람에게는 공정하게 대해야 한다.
	선해야 할 이유	이기적 자세 : 나에게 유리한 것이 무엇이냐?
3단계 : 타인과의 일치 interpersonal conformity (초등학교 중고학년 및 10대 초중기)	옳은 이유	나는 근사한 사람이 되어야 하고 내가 알고 관심가진 사람의 기대에 부응해야 한다.
	선해야 할 이유	다른 사람이 나를 알아주어야 하고(사회적 인정) 나 자신도 나를 좋게 생각해야 한다(자기존중)
4단계 : 사회체제에 대한 책임 responsibility to "the system" (고등학생과 10대 말기)	옳은 이유	나는 사회적 가치체제에 맞게 책임을 다해야 한다.
	선해야 할 이유	체제의 붕괴를 막아야 하고 자기 존중도 유지하기 위해서
5단계 : 원리화된 양심 principled conscience (젊은 성인)	옳은 이유	나는 모든 개인의 권리와 권위를 최대한 존중해야 하고 인권을 보호하는 체제를 지지해야 한다.
	선해야 할 이유	모든 인간에 대한 존중의 원리에 맞추어 행동해야 할 양심의 의무

출처 : 송영인(2006). Lickona(Thomas Lickona) 도덕이론의 인격 교육적 함의 연구.

(2) Lickona 인성교육의 통합적 접근

Lickona의 인성교육을 보통 '인격교육'이라고도 말한다. '인격'은 사람의 품격을 의미하는 것으로 사람이 사람으로서 가져야 할 가치로운 정신적 자격이며, 개인의 행위를 평가하는 기준을 내포한다.

Lickona는 훌륭한 인격을 세 가지 구성요소, 즉 좋은 인성은 선을 아는 것

(knowing the good), 선을 바라는 것(desiring the good), 그리고 선을 행하는 것(doing the good)으로 설명한다. 이것은 도덕적 사고와 감정과 행동이 내면화되어 자연스럽게 표출될 수 있는 상태를 말하는데, 도덕적 인지, 도덕적 감정, 도덕적 행동을 뜻한다. Lickona는 좋은 인성의 세 측면에 대하여 각각의 하위요소들을 고려하고 있다. 즉, 도덕적 인지는 '도덕적 자각, 도덕적 가치 알기, 역지사지, 도덕적 추론, 의사결정, 가지에 대해 알기', 도덕적 감정은 '양심, 자기 존중감, 감정이입, 선에 대한 사랑, 자기 통제, 겸손', 그리고 도덕적 행동은 '실천능력, 의지, 습관'으로 구성된다. 각 구성요소들은 상호 관련성을 갖고 있는데, 이 관계를 [그림 3-3]에서 보여 주고 있다.

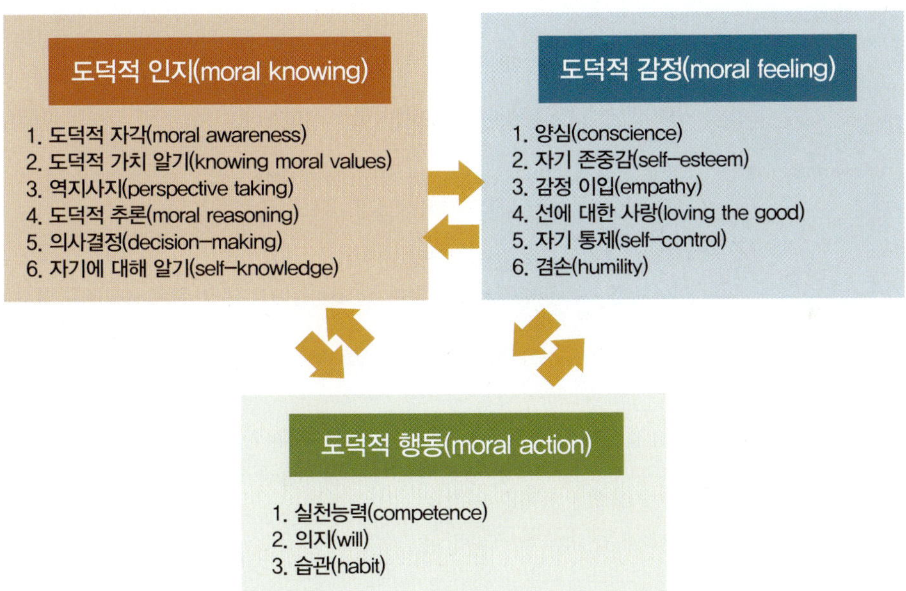

그림 3-3 Lickona의 좋은 인성 구성요소

출처 : Thomas Lickona(1991). Educating for Character: How Our Schools Can Teach Respect and Responsibility.

① 도덕적 인지(moral knowing)

주로 사람들의 사고영역과 관련되어 있어서 머리(Head : H)로 상징되기도 하는

데, 도덕적 행위의 이유를 아는 능력, 도덕규범 및 타인과의 관계에서 상대방을 이해하는 능력, 합리적인 의사결정과 판단능력 등을 포함한다.

표 3-7 도덕적 인지의 하위요소

하위요소	내용
도덕적 지각 (moral awareness)	• 문제의 상황이 도덕적 징짐과 관련이 있어서 도덕적 판난이 요구되는 상황이 언제인지 지적 능력을 활용하여 아는 것
도덕적 가치 알기 (knowing moral values)	• 윤리적 깨달음은 생명과 자유에 대한 존중, 타인에 대한 책임, 정직, 공정, 관용, 예의, 자기규율, 성실, 친절, 동정, 용기와 같은 도덕적 가 치들에 대한 인식을 필요로 한다는 것 • 가치를 안다는 것은 그것을 다양한 상황에서 어떻게 응용할지를 안다는 것
역지사지 (perspective-taking)	• 도덕적 판단의 전제조건 • 다른 사람이 어떻게 생각하고, 반응하고, 느낄 것인가에 대한 다른 사람의 관점을 내가 취해 볼 수 있는 능력
도덕적 추론 (moral reasoning)	• 도덕적인 것이 무엇이며, 우리는 왜 도덕적이어야 하는가에 대하여 깨닫는 것. • 도덕적 추론을 발전시킴으로써 학습자들이 어떤 일을 하는 데 무엇이 훌륭한 도덕적 이유가 되고 무엇이 그렇지 않은지를 배우게 되는 것
의사결정 (decision-making)	• '내가 선택해야 할 방향은 무엇인가?' • '내 결정으로 말미암아 영향받게 될 사람들에게 여러 행동 노선들이 가져올 결과들은 무엇인가?' • '어떤 행동 노선이 좋은 결과를 극대화시키고 문제의 중요한 가치에 충실한 것이 될 것인가?'
자기에 대해 알기 (self-knowledge)	• 자신을 아는 것은 가장 얻기 힘든 도덕적 지식이나 인격발달을 위해서 필수적 • 도덕적인 사람이 되는 것은 우리 자신의 행동을 되돌아보고 비판적으로 평가할 수 있는 능력을 요구하는 것 • 자신의 장 · 단점을 깨닫는 것

② 도덕적 감정(moral feeling)

도덕적 감정은 사람이 다른 사람이나 주변 환경에 대해서 갖는 느낌이나 마음가짐, 자신에 대한 태도, 다른 사람에 대한 공감능력 등의 요인을 포함하고 있으며, 도덕적 인지의 요소들과 완전히 분리된 것이 아니라 어떤 형태로든 연결되어 있어서 도덕적 행동과의 핵심적인 연결고리 역할을 한다. 이 영역은 주로 사람들의 마음의 태도와 관련이 있어서 마음(Heart : 2H)으로 상징된다.

표 3-8 도덕적 감정의 하위요소

하위요소	내용
양심 (conscience)	• 두 가지 측면(① 인지적 측면 : 무엇이 옳은지를 아는 것, ② 정서적 측면 : 옳은 것을 행해야 된다고 느끼는 것)이 있다. • 성숙된 양심은 도덕적 당위 의식 외에 유혹을 견딜 수 있는 건전한 죄의식을 포함한다.
자기 존중감 (self-esteem)	• 건강한 자기 존중감이 자신을 가치 있게 여긴다. • 자기 존중감을 가질 때, 다른 사람들의 평가에 덜 매달리게 된다. • 자기를 존중하는 마음이 없을 때, 다른 사람들을 존중하려는 마음이 생기기 어렵다.
감정 이입 (empathy)	• 자신만의 감각을 뛰어넘어 다른 사람의 감각을 느낄 수 있어서 다른 사람의 상태와의 동일시 혹은 대리경험 • 역지사지의 정서적 측면
선에 대한 사랑 (loving the good)	• 선에 대하여 진정으로 애착을 느끼는 것이 최고의 인격 형태 • 의무의 도덕성(morality of duty)이 아니라 열망의 도덕성(morality of desire)을 가지는 것
자기 통제 (self-control)	• 감정이 이성을 압도할 수 있다는 점으로 필수적으로 요구되는 것 • 우리가 윤리적이기를 원하지 않을 때 조차도 우리가 윤리적일 수 있도록 도와준다.
겸손 (humility)	• 자기에 대한 지식의 감정적 측면 • 진리에 대한 진정한 개방성으로 자신의 과오를 교정하고자 하는 자세 • 오만으로부터 오는 악행을 막아주는 가장 훌륭한 안전판

③ 도덕적 행동(moral action)

바람직한 인성의 진정한 내면화는 인지적 요소와 정의적 요소, 그리고 행동적 요소가 통합적으로 작용하여 실제 생활에서 도덕적 행동이 무엇인지 아는 것 뿐만 아니라, 마음가짐에서도 그리고 어떤 행위가 잘못된 것인지 느끼고 판단하고 행동하는 것에까지 전환하는 것이 중요하다. 이 영역은 주로 사람들의 행위 동작과 관련되어 동작을 나타내는 손(Hand : 3H)으로 상징된다.

표 3-9 도덕적 행동의 하위요소

하위요소	내용
실천능력(competence)	• 도덕적 판단과 감정을 효과적인 도덕적 행동으로 전환시킬 수 있는 힘
의지(wll)	• 도덕적 상황에서의 올바른 선택의 어려움이 있으나 좋은 사람이 되기 위하여 실제적으로 필요한 것 • 감정을 이성적 통제하에 두기 위하여 요구되는 것 • 도덕적 용기의 중심에 자리하는 것
습관(habit)	• 좋은 습관을 계발할 수 있는 많은 기회와 연습 및 실천 상황 필요 • 형성된 좋은 습관은 어려운 상황에서도 잘 기능

(3) Lickona의 2R

Lickona는 뉴욕주립대학교에서 제4 및 p5 R 센터(Center for the 4th & 5th)를 이끌면서 그의 인성교육의 핵심가치인 2R, 즉 Respect(존중)와 Responsibility(책임)을 강조하고 있다. 이 두 가치들은 보편적이고 공적인 도덕성에 있어서 매우 중요한 핵심을 이룬다.

• **Lickona의 2R**

존중(Respect)

- 소중하게 여김 또는 소중하게 여겨 받듦
- 사람이나 사물이 지닌 고귀한 가치에 경의를 표하는 것
- ①자신존중, ②타인존중, ③생명존중
- 책임에 비해 소극적인 책무 강조
- 민주주의의 중대한 조직 원리의 기초

책임(Responsibility)

- 존중의 확대
- 맡아서 해야 할 임무나 의무(사전적 의미)
- 행위의 결과에 따른 손실이나 제재를 떠맡는 일(법률적 측면)
- 반응할 수 있는 능력
- 적극적인 책무

(4) Lickona 인성교육의 포괄적 접근을 통한 실제적 적용

Lickona는 학습자들의 삶에 있어서 사회로부터 나쁜 영향을 받는 것을 막기 위해서 학습자에게 교실 차원에서의 인성교육 전략과 학교 차원에서의 인성교육 전략을 수립하여 인성교육의 포괄적 접근을 한다. '포괄적'이라 함은 학습의 인성교육을 위하여 학습자의 학교에서의 모든 측면을 고려하여야 한다는 것을 의미한다. 12가지 전략으로 소개되는 이 포괄적 접근은 모두 인성교육을 위한 교사의 역할 및 활동 내용으로서 아홉 가지(1~9)는 주로 교실 내에서 활용하기 좋은 전략이고, 세 가지(10~12)는 학교 차원에서 사용하기 위한 것이다.

표 3-10 인성교육 실제적 적용을 위한 포괄적 접근

목표	구성요소	교사의 역할
존중과 책임 등 핵심 가치에 기반한 인성발달	도덕적 인지	11. 교실에 긍정적 도덕문화 형성하기 (creating a positive moral culture in the school)
		1. 배려의 제공자, 역할 모델, 윤리적 스승으로서의 교사되기 (the teacher as caregiver, model, and mentor) 8. 윤리적 숙고하기(ethical reflection) 9. 갈등 해결능력 가르치기(teaching conflict resolution)
		10. 배려를 교실 밖으로 확대하기(caring beyond the classroom)
	도덕적 감정	2. 교실을 도덕공동체로 만들기(a caring classroom community) 3. 도덕적 규율 가르치기(moral discipline) 4. 민주적 교실 만들기(democratic classroom)
		12. 학교, 부모, 지역공동체를 파트너로 만들기 (school, parents, and communities as partners)
	도덕적 행동	5. 교육과정 통해서 가치를 가르치기 (teaching values through the curriculum) 6. 협동학습하기(cooperative learning) 7. 학업과 관련된 양심 가르치기(conscience of craft)
		11. 교실에 긍정적 교실문화 형성하기 (creating a positive moral culture in the school)

출처 : Thomas Lickona(1991). Education for Charactor : How our School Can Teach Respect and Responsibility.

4장

영유아 발달과 인성

영유아는 출생과 함께 발달을 통해 성장 혹은 성숙한다. 키가 크고 뛰고 걸으며 말을 하게 되고 물건을 보게 되면 갖고 싶어지고, 또래 친구를 만나면 사귀고 싶어진다. 이 과정 가운데 함께 자라나야 할 중요한 것이 인성이다. 인성도 발달한다. 전 생애를 걸쳐 발달하지만 다른 모든 발달영역이 영유아기에 발달의 최적기인 것처럼 인성 역시 영유아기에 발달의 기초를 형성한다.

1. 신체 · 운동영역

영유아기는 다양한 발달영역이 신체발달영역과 상호보완적 관계를 가지고 발달이 이루어진다. 특히, 영유아기에 신체적 성장과 함께 이루어지는 근육의 분화는 이전에 경험해 볼 수 없었던 다양하고 복잡한 활동을 할 수 있는 기회를 제공받게 되고 이는 놀이 활동으로 연결된다. 이 놀이 활동에서 영유아는 스스로 참여하여 그 놀이관계나 집단 속에서 지켜야 할 규칙 및 약속에 자신의 행동을 어떻게 할 것인가에 대한 자율성과 사회성을 발달시킬 수 있는 중요한 경험을 하게 된다(신춘희, 2013).

영유아가 놀이 활동 시, 영유아 자신이 필요에 따라 영유아 자신의 욕구를 놀이관계나 놀이집단에 수용될 수 있도록 적절히 표현하기 위해서는 자율성을 잘 발휘해야 한다. 영유아의 효과적인 자율성 표현에 있어서, 자기통제능력과 자기조절능력이 필요하다고 할 수 있는데, Kopp(1987)는 자기통제능력에 대하여 몇 가지 가정을 한다.

첫째, 영유아들은 외적으로 부모나 교사 등 어른에 의해 행동을 통제받는다.

둘째, 영유아들은 연령이 증가하면서 자기통제의 중요성을 알게 되고 그 규준을 따를 수 있는 자기조절기술을 습득하게 된다.

그리고 많은 경험을 통해 자기조절기술을 습득하여 자기 자신을 통제하는 능력을 내면화할 수 있다. 자기통제능력은 유아기에 빠르게 증가하는데, Kopp(1987)는 그 이유를 두 가지로 설명하고 있다(한미양, 2012).

첫째, 유아의 인지발달로 인하여 유아 자신이 자신의 행동과 사고를 보다 효율적으로 조절할 수 있는 전략을 사용한다.

둘째, 감정을 조절하는 것과 자신을 통제하는 것이 얼마나 중요한 것인가를 강조하는 규준을 내면화하였다는 것과 자신을 통제하는 것이 얼마나 중요한 것인가를 강조하는 규준을 내면화하였다.

이것은 유아들이 신체발달을 통하여 제공받는 자기통제능력 발달 기회가 유아가 자신의 인성을 일상생활 속에서 나타낼 수 있도록 돕는 자율성발달에 매우 중요함을 알게 해준다.

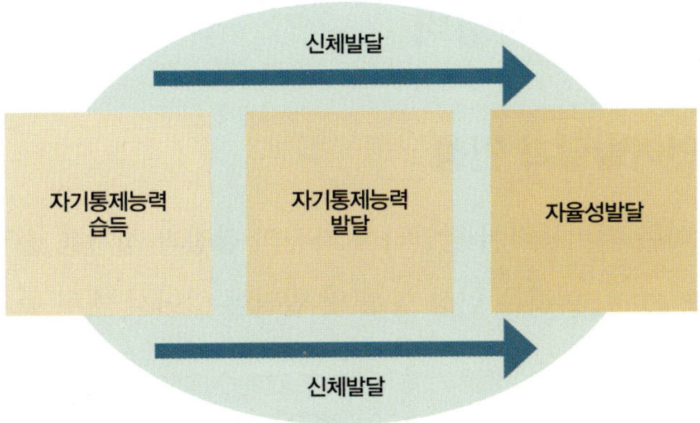

그림 4-1 신체발달을 통한 자율성발달

영유아의 신체발달은 정서발달과 함께 인성발달에 큰 영향을 미친다. 강상조와 신선식(1983)은 영유아가 자신의 운동기능을 성공적으로 수행함으로써 얻어지는 성취감과 만족감이 영유아 자신의 자아개념 형성에 중요한 역할을 한다고 하였는데, 긍정적인 자아개념을 영유아의 인성 형성에 있어서 핵심요소로 감안할 때, 영유아기에 가지는 운동기능 수행에 대한 만족감과 성취감은 바람직한 인성 형성을 위해 매우 중요하다고 할 수 있다. 즉, 영유아기의 발달과정 중에서 가장 눈에 띄게 나타나는 특징은 신체운동능력인데, 이것은 운동기능을 수행할 수 있는 능력과 영유아의 몸과 마음의 종합적인 현재 작업능력의 표현이고, 장래 영유아가 어느 정도까지 향상될 수 있는지에 대한 잠재력을 말한다(고홍환, 1988)고 할 수 있다. 영유아의 만족스런 운동기능 수행에 따른 영유아가 갖게 되는 성취감은 좋은 자아상 형성은 물론이며, 영유아가 즐기는 신체활동을 통하여 신체발육이 촉진되고, 사회생활의 규칙과 질서를 배우며, 영유아가 장차 신체발달의 신장이 어느 정도로 이루어질 지에 대한 잠재력에 영향을 미친다. 즉 영유아들이 건강한 신체활동을 함으로써 이루어지는 건강한 신체발달은 영유아의 사회성 및 성격발달에 영향을 미쳐 바람직한 인성 형성의 기초를 마련한다고 할 수 있다(김경숙, 2016).

2. 언어 · 인지영역

1) 언어발달과 인성

영유아는 언어능력이 발달하여 자신의 감정과 정서를 솔직하게 나타낼 수 있다(신춘희, 2013). 이것은 인성 형성 및 발달에 있어서 매우 중요한 변화라고 할 수 있다.

영유아가 말을 하기 시작한다는 것은, 영유아가 살게 되는 사회에서의 필요한 지식을 얻는 중요한 통로를 발견한다는 것이다. 언어발달의 가속화와 함께 이루어지는 활발한 사회적 상호작용은 영유아가 사회구성원으로서 이해해야 할 주변 환경에 대한 물리적 지식의 기초를 알 수 있는 방법이기도 하지만, 사회적 상호작용을 통해 맺게 되는 관계 속에서 얻게 되는 사회 · 도덕적 지식과 정서는 바람직한 인성발달을 위해 매우 중요한 요소들이다(Edwards, 1986). 영유아는 언어를 사용하여 다른 사람과 상호작용하는데, 서로 필요한 새로운 정보를 교환하고, 자기 자신이 원하는 바에 대해 상대방에게 전달하며, 자신의 입장과 다를 때 다른 사람의 행동을 통제하고, 자신만이 가지는 독특하고 새로운 견해나, 감정 또는 태도를 나타낸다(Halliday, 1975). 이렇듯 영유아기에 획득하는 언어와 문법은 영유아의 의사소통을 보다 효율적으로 이루어지도록 돕는다(정옥분, 2002). 하지만 영유아는 자기중심적 사고를 하는 시기에 있음으로, 언어 역시 자기중심적 특성을 갖는다. 그래서 언어발달과 함께 이루어지는 인성발달은 어느 상황에 어떤 말을 해야 하는지를 고민하는 영유아가 다른 사람과 나누는 자연스러운 대화 중에 발견할 수 있다. 그래서 영유아기가 끝날 즈음에는 점차로 다른 사람과 소통하는 언어에서도 탈중심화가 이루어진다고 할 수 있다. 이와 같은 언어발달은 중요한 인성 덕목의 습득에 있어서 또래와의 영유아기 상호작용의 중요성을 더욱 강조하게 한다. (권하나, 2009).

왜냐하면 상호작용에 있어서 중요한 언어표현능력은 단지 영유아들이 자신의 생각을 말하는 것만이 아니라, 다른 사람의 입장에 서서 다른 사람의 감정을 이해하고, 영유아 자신 스스로의 생각에 대한 확신을 갖고, 다른 사람과의 관계를 적극적으로 형성해 가고자 하는 의미를 포함하는 능력이기 때문이다(임성만, 2016). 따라서 영유아들의 상호작용을 통한 바람직한 언어표현능력의 발달은 더불어 영유아의 바람직한 인성발달을 예측해 볼 수 있다.

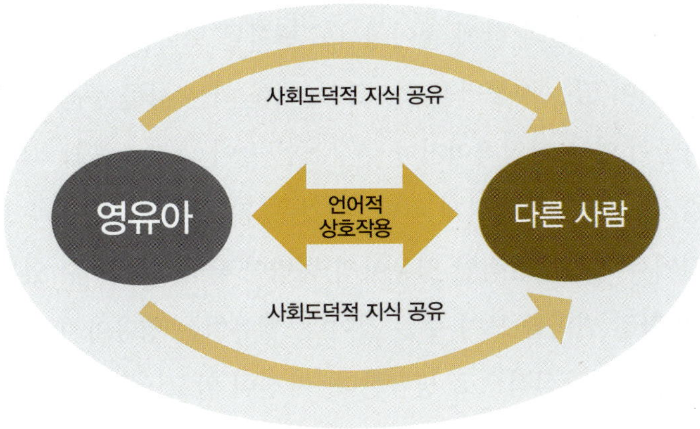

그림 4－2 언어적 상호작용에 따른 사회 · 도덕적 지식발달

2) 인지발달과 인성

영유아는 연령이 증가하면서, 영유아 외부로부터 들어오는 정보를 지각하는 방법이 달라진다. 또한 원인과 결과에 대한 관계를 알 수 있는 인과관계 인지능력과 주변 사람, 사물, 환경에 대한 기억력이 빠르게 발달하게 된다(신춘희, 2013).

Brownel(1988)은 사회적 관계를 형성하기 위해서는 인지발달이 먼저 이루어져야 함을 강조하였는데, 그것은 영유아에게 있어서 매우 특별하고 놀라운 발달이라고 할 수 있다. 이때 영유아에게서 이루어지는 인지발달은 영유아가 자신의 어떤 행동을 관계의 조합 속에 통합시키는 능력과 또한 모든 것이 조화롭게 구성되어 있는 환경 속에서 자신을 분리시키는 일이다. Brownel은 이러한 인지능력이 영유아들이 맺는 중요한 관계인 또래관계에도 영향을 미친다고 보았다(이영자, 2001). 즉, 영유아가 발달하면서 자신의 행동을 유지도 하면서 주변 환경 또는 관계와 통합시킬 수 있는 일반적 능력이 증가하는 것은 영유아가 발달을 통하여 맺게 되는 관계들 중 특히 또래와의 상호작용 양상이 복잡해지고 서로 긍정적인 반응을 주고받는 상호호혜적인 관계를 통해 알 수 있다.

또한 영유아들은 발달과 함께 놀이에서도 변화를 보이는데, 영유아 자신이 친밀하거나 호기심이 있는 사물만을 가지고 놀이를 하는 사물 중심의 단계에서 점점 구체적 사물이 아닌 상징적이거나 추상적인 놀이 그리고 또래와의 관계를 통해 놀이를 즐기는 형태로 바뀌게 된다. 이것은 영유아가 영유아 주변을 둘러싸고 있는 환경에서 자기중심적인 영유아의 능력이 탈중심화할 수 있는 영유아의 능력으로 일반화된 변화를 보여 주는 것이다. 영유아는 영유아기적 특성으로 모든 주변 현상을 자기중심적으로 생각한다. 자신이 알고 있는 것, 느끼는 것, 좋아하는 것을 다른 사람도 자기 자신이 생각하는 것처럼 알고 있다고 생각한다. 다른 사람이 무엇을 보고, 생각하는 관점을 고려하지 못하는 자기중심적 사고는 영유아가 이기적이거나 일부러 다른 사람의 상황과 입장을 배려하지 않는 것이 아니라, 단지 다른 사람의 입장에서 관점을 이해하지 못하는 영유아기적 특징이다(정옥분, 2002).

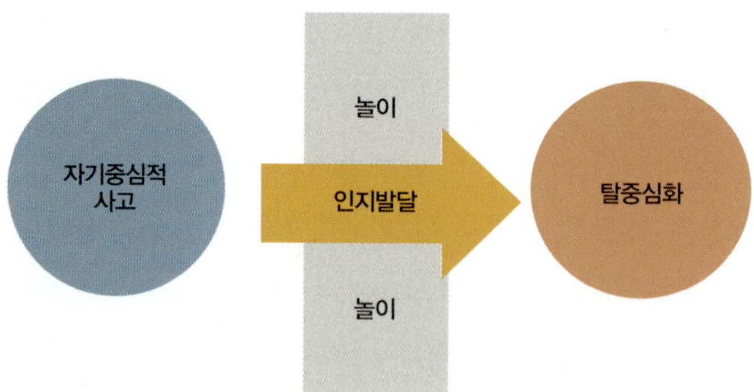

그림 4-3 놀이 가운데 인지발달로 이루어지는 탈중심화

그러나 영유아기 놀이 양상의 변화에 있어서, 가상놀이가 중요한 발달적 기능이 있다는 것을 다시 한 번 주목할 필요가 있다. 가상놀이는 영유아의 발달에 중요한 기여를 하는 요인으로서, 의사소통기술, 정서적 이해, 사회적 조망수용, 배려능력을 강화하며, 영유아가 함께 상호작용하는 사회적으로 동등한 위치에 있는 대상과 효과적이고 효율적으로 의사소통할 수 있는 방식을 습득하도록 돕는 중요한 놀이이다. 또한 가상놀이는 영유아들이 놀이에서 맡게 되는 역할과 가상적으로 꾸미는 일화를 이끌어 갈 규칙을 만들면서 협상하고 타협하는 방법을 배우는 기회를 제공한다. 더불어 가상놀이는 놀이 중에 영유아가 마음속에 가지고 있었던 부정적인 감정들을 표현할 수 있게 함으로써 자신을 괴롭혔던 감정들을 해소하여 정서적인 위기를 극복하는 시간과 장소를 허용한다. 이로 인하여 영유아들은 놀이를 함께 하는 친구들로부터 놀이하는 동료로서 사회적 지지뿐만 아니라 친밀한 유대감을 발달시켜 '신뢰' 라는 중요한 덕목을 함양할 수 있는 맥락을 갖게 된다. Rubbin(1988) 등은 이에 대하여 가상놀이를 잘 하는 영유아가 또래와 호의적 관계에 있다고 밝히고 있다.

다른 사람이 나와 달라서 다른 생각을 가질 수 있으며, 서로가 다른 입장이기 때문에 어떤 결정을 내릴 때 자신의 생각만을 고집하는 것이 아니라 다른 사람의 입장도 존중해 주어야 한다는 것이다. 따라서 역할수용능력이 발달하지 못한 영유아는 인성 형성을 위해 중요한 관계인 또래관계에서 또래의 입장을 수용하고 고려하지 못하기 때문에 긍정적인 상호작용을 하지 못한다. 그로 인하여 영유아는 또래관계를 통해 형성되는 존중, 배려, 신뢰 등의 인성 덕목이 형성되기 어렵다. 따라서 영유아기 또래관계에 영향을 주는 탈중심화, 문제해결능력과 역할수용능력은 유아의 인성발달에 영향을 미치는 인지발달영역에서 발달해야 하는 중요한 요인이라고 할 수 있다.

3. 사회 · 정서영역

1) 사회성발달과 인성

사회성은 사회라는 공동체 안에서 다수의 구성원이 공동생활을 경험하는 가운데 사회적으로 이루어져야 할 실천을 내포하는 것으로, '사람과의 관계를 형성해 나가는 성향' 또는 '사회를 구성하려는 인간의 특성', 그리고 '남과 잘 사귀는 성향'이라고 설명한다. 이 사회성을 후천적으로 습득하게 될 경우, 주변 환경을 통하여 직 · 간접적인 경험으로 습득을 통하여 완성된 습관 또는 사회적이고 실천적인 태도의 근본적인 기능이라고 할 수 있다. 또한 사회성은 사회생활에 적응하는 과정에서 사회구성원들 간에 관계를 맺으려는 행위로서, 다른 사람과 어울릴 수 있는 개개인의 능력, 대인관계의 원만함, 개인의 사회적 능력이라고 할 수 있다. 그러므로 영유아의 사회성이란, 영유아가 속한 사회에서 맺게 되는 관계들을 인지하고 적응하는 성향으로서, 다른 사람과의 관계를 통하여 발달하게 된다(최윤녕, 2015).

사회성발달이란 다른 사람과 상호호혜적인 긍정적 상호작용을 할 수 있는 기술의 습득과 그런 기술들을 각 상황에 적절하게 사용할 수 있는 능력의 증진이다(Sarason, 1981). 영유아기에 이루어지는 사회성발달의 주요한 특징으로, 주도성과 독립심, 그리고 자신감을 말할 수 있다. 영유아는 6, 7세가 되면, 여러 가지 능력과 기술 등이 발달하면서 부모로부터 독립하여 스스로 결정하고 행동하려고 한다. 즉, 영유아가 연령이 증가하면서 점점 확대되어지는 다양한 사회에 대한 경험은 그 사회 속에서 나를 의식함으로써 '나'에 대한 의식도 강해지고 자신의 능력에 대한 확신과 자신감도 커진다. 이것은 긍정적인 자아개념 확립의 기초 형성에 매우 중요하다. 또한 관심의 대상이 가족에서 또래로 바뀌면서 새로운 관계를 통한 다양한 경험의 폭을 확장시킨다. 또래와 맺게 되는 이러한 관계는 영유아로 하여금 자기중심적 사고에서 벗어나서 집단생활에 있어서의 중요한 의의를 갖는다. 또래들과의 생활을 통하여 인간 상호관계를 맺어 가는 과정 가운데 정서적 긴장도 보이지만, 언어발달로 인한 자신의 의사를 관철시키고자 하는 노력과 더불어 넓어진 행동반경 속에서 영유아들은 자신의 객관적인 모습을 보게 된다. 이러한 영유아들의 사회적 관계의 형성 및 사회적 기술과 역할 습득은 주로 영유아들의 놀이를 통하여 이루어지게 된다(권하나, 2009). 즉, 영유아들이 놀이라고 느낄 수 있는 즐거움을 제공하는 교수학습방법이 유아의 사회성발달과 함께 인성발달을 위해 필요하다고 할 수 있다.

영유아의 인성발달을 위하여 상호보완적으로 이루어지는 사회성발달의 중요한 기초가 자아개념의 발달이다. 안영진(2010)은 영유아의 자아인식에 대하여 다음과 같은 전개과정을 거친다고 하였다.

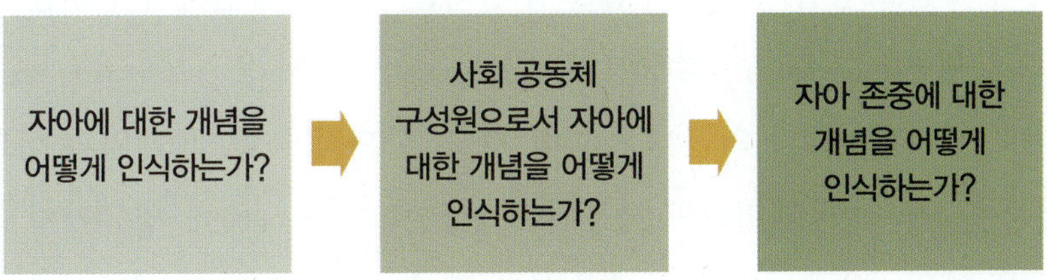

그림 4-4 자아인식의 전개과정

첫째, 자아에 대한 개념을 어떻게 인식하는가 하는 것이다.

즉, 영유아가 자신과 자신의 능력에 대한 생각 및 미래에 대한 자신의 기대감, 그리고 자신과 다른 사람들의 특징이 다른 점 혹은 차이점을 인식하게 된다.

둘째, 사회공동체의 구성원으로서 자아에 대한 개념을 어떻게 인식하는가 하는 것이다. 즉, 자기 자신을 한 개인으로 인식하는 자아개념에서부터 사회적인 관계를 인식한 집단에 포함된 자아라는 개념으로 인식하게 되는 것이다.

셋째, 자아존중에 대한 개념을 어떻게 인식하는가 하는 것이다. 즉, 자아존중감이란 자기 자신이 다른 사람으로부터 승인을 받고 가치가 있으며, 소중한 사람이라는 것을 스스로 평가하는 느낌을 말한다. 이러한 개념은 영유아가 성장하면서 가지는 자신의 수행능력에 대한 만족감과 영유아 자신에 대해 의미 있는 사람이 느끼고 반응하는 판단에 의해 형성된다고 할 수 있다.

자아개념의 발달은 자신이 다른 사람과 구별되는 독특한 존재라는 인식에서부터 출발한다. 자아는 영유아기 때부터 형성되는데, 자아개념은 영유아가 자신의 신체적인 특징, 개인적인 기술, 특성, 가치관, 희망, 역할이나 사회적 신분 등을 포함하여 '나'에 대한 궁극적인 물음을 하고 그 답변을 깨달아 가는 것이다(홍순정 외, 2011).

사회성발달과 함께 발달하는 인성은 때로는 친사회적 행동의 양상으로 표현된다. 친사회적 행동은 인간이 어떤 행동을 했을 때, 다른 사람이나 사회로부터 긍정적인 결과 또는 반응을 얻을 수 있는 행동이다. 다른 사람이나 사회적 이익을 위해서 어떤 보상을 기대하지 않고 수행되는 대부분의 친사회적 행동은 나누기(sharing), 협동(cooperation), 감정이입(empathizing), 조망수용(persepective-taking) 등의 의미로 정의되었으나 최근에 사회적 기술, 사회적 능력, 또래와의 상호작용 기술이라는 광의적인 의미로도 사용된다(국립특수교육원, 2009). 영유아기 친사회적 행동은 영유아기에 나타나는 여러 가지 특성 중에서도 특히 이타성과 감정이입으로 설명될 수 있는데, 자기중심성이 강한 영아기에는 영아 스스로 이타성을 보이는 것은 물론이고 영아를 돌보아야 하는 부모의 태도에 의해서도 영아의 이타성 표현은 드물다고 할 수 있다. 이타적 행동은 초등학교 저학년부터 점차로 나타나며, 그 토대는 동정과 공감이다(이병석 외, 2010). 이와 같이 영유아기는 관계를 통한 사회성발달과 더불어 인성의 바람직한 기초를 형성하는 중요한 시기이다.

자아개념의 발달

영아기의 자아개념은 가장 기초적인 단계로서, 존재적 자아인식이 형성된다. 영아들은 이제까지 자신을 돌보아 주던 어머니의 몸과 자신의 몸이 다르다는 것을 알게 되면서 존재적 자아개념이 싹트게 되고 자신을 다른 사람과 구별하여 독립적으로 보는 입장을 갖게 된다.

유아기(2~6세)의 자아개념은 분류적 자아개념이 형성되는 단계로서, 유아의 연령에 따라 발달양상에 차이를 보인다. 보통 3~5세경의 유아들은 자신에 대한 이미지를 유형에 따라 분류하게 되는데, 주로 성, 나이, 키, 몸집이 그것이다. 분류적 자아개념과 함께 유아기에 발달하는 중요한 개념으로 범주적 자아, 독립심과 자발성, 그리고 사물에 대한 소유이다. 유아가 자신의 자아를 분별하는 범주 중 중요한 범주가 성과 연령이다. 유아에게 다양한 사진이나 그림을 주고 집단으로 분류해 보도록 했을 때, 유아들이 남자와 여자, 그리고 어른과 아이로 분류하였다. 3~5세 유아들에게는 분류개념과 동시에 독립심과 자발성이 형성되는데, 이때 유아들은 주변 사람들에게 '내가 간호사가 된다면 어떻게 될까?' 또는 '나는 어디에 갈 수 있을까?' 등의 질문을 통해 자신의 능력을 확인하고 자기발견의 기회를 갖는다.
3~4세 유아들은 '내 장난감', '내 인형', '내 자동차', '내 신발', '우리 아버지', '내 그림책' 등의 표현과 같이 사물과 사람에 대한 소유개념을 언어로 나타내기 시작한다. 이것은 유아 자신에게 속한 사물이나 사람에 대한 자아개념을 보다 확장하는 것으로서, 살아가면서 겪게 되는 다양한 일상생활 경험을 통하여 유아는 수용 가능한 부분을 자신의 것으로서 여과하는 기능을 하게 된다. 이렇게 자아개념이 갖는 여과기능은 유아가 성장하면서 만나게 되는 많은 갈등 상황들을 판단하고 해결하는 하나의 준거로서 작용할 수 있다.

또한, 유아기는 신체적 자아의식, 숙달감, 자율성 및 자아존중감과 양심이 발달하여 가치에 대한 태도 및 선악에 대한 행동기준을 부모나 주위 사람들과 동일시를 통하여 받아들이게 된다(전종국 외, 2004).

자기중심적 차원에서 자기의식적 차원으로 변화하는 영유아기의 영유아는 자신이 할 수 있는 일이면 스스로 하게 되고 자기 의지로 하고 싶지 않으면 하지 않으려고 한다고 하였고, 그에 따라 자기 스스로 할 수 있는 자율성과 독립성이 강해지는 시기라고 말하였다.

사회성이란 영유아 주변의 사회적 환경에 적응함으로써 다른 사람과 더불어 공동생활을 하려는 성향 또는 사회관계의식이며, 사회생활에 적응하는 성질이다. 자신에게 당면한 사회적 문제들을 효율적으로 대처할 줄 아는 사회성 높은 영유아일수록 인정이 많고 다른 사람의 의견을 잘 수용함으로써 대인관계가 원만하여 친구가 많아서 집단생활이 즐겁고 협동적이다. 반면에 인간관계에 잘 대처하지 못하는 영유아일수록 대체로 건강한 개인관리에 어려움이 있어 한 측면에 비정상적으로 과몰입하는 중독적인 경향이 있다(김경숙, 2016). 이러한 것으로 보아 사회성발달과 인성발달은 상호보완적이며 필수불가결한 관계라고 할 수 있다.

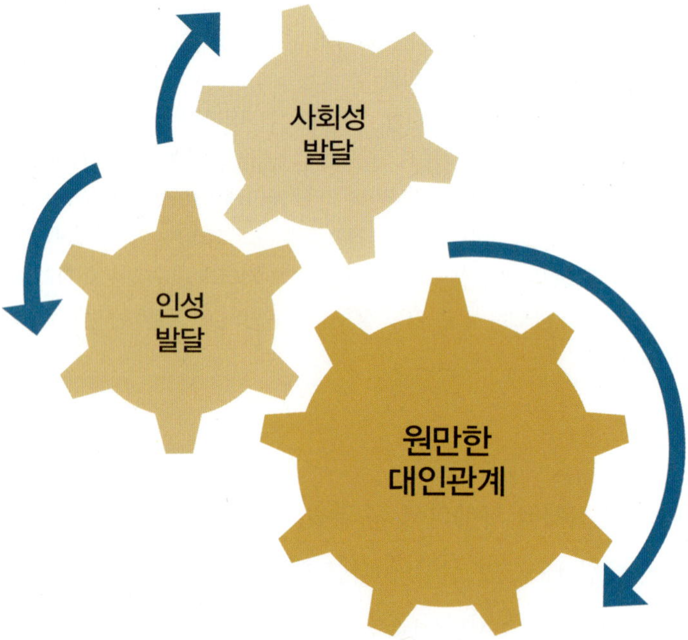

그림 4-5 인성발달과 사회성발달의 상호보완적 관계

2) 정서발달과 인성

정서는 사회라는 공동체 안에서 구성원 개개인이 다른 사람과 관계를 맺을 때 매우 중요한 요소이다. 정서는 사회 구성원들이 관계 형성을 위한 상호작용 시에도 매우 큰 영향을 미치지만, 이때 인지적으로 배우는 인성을 내면화하는 데에도 중요한 역할을 한다(Edwards, 1986). 영유아는 발달하면서 사회구성원으로서 표현해야 할 중요한 정서상태, 즉 공포와 분노, 그리고 호기심 등을 배우게 된다. 따라서 정서발달의 중요한 목표는 사회가 용납하는 방법으로 정서를 어떻게 표현해야 하는가이다.

영유아기에는 정서를 표현하는 상황에 대해서 다양하게 이해하고, 정서를 표현하는 단어를 이해하며 습득하는 능력도 빠르게 발달한다(Saarni, Mumme & Campus, 1998). 그러나 영유아는 사람들이 느끼는 '진짜' 정서와 말하는 '표현' 정서를 구별하지 못한다. 아직 영유아는 겉으로 보여지지 않는 사물의 실제 진실된 모습과 겉으로 보여지는 모습의 차이를 이해하지 못하기 때문이다. 유아가 갖는 정서이해능력과 또래관계에 대한 연구(Denham, 1986)에서 유아는 또래가 표현하는 정서에 따라 다른 반응을 보이는 것으로 나타났다. 즉, 행복한 표정을 지어 보이는 또래에게는 함께 행복한 표정을 지어 주고, 아픈 표정을 지어 보이는 또래에게는 동정심을 표현하며, 슬프거나 화난 표정을 지어 보이는 또래에게는 외면하거나 또래와 함께 하는 자리를 피하는 반응을 보였다(권하나, 2009).

영유아기 인성발달에 대한 정서의 영향을 생각하게 된 것은 그리 오래되지 않았다. 영유아기 정서발달이 인성발달에 영향을 미치는 중요한 정서적 개념 및 능력인 정서조절능력과 감정이입을 보다 자세히 살펴보자.

(1) 정서조절능력

좋은 인성을 가지고 있는 사람은 다른 사람에게 피해를 주지 않고 다른 사람과 관계를 잘 형성하여 더불어 잘 살아가는 사람이다. 그러나 마약을 하는 사람이 마약에 대한 충동을 억제하지 못한다거나 다른 사람의 권리를 침해하고 규칙을 위반하면 다른 사람과 마찰을 일으킬 것이고, 개인적으로는 정기적인 목표달성에 필요한 인내심 부족으로 자신의 일에 있어서 성취를 이루지 못할 것이다(한미양, 2012). 다른 사람에게 피해를 주지 않고 더불어 잘 사는 관계 형성을 위해 한 개인이 습득해야 할 능력 중 하나가 정서조절능력이다.

영유아의 정서조절능력은 영유아에게서 표현되는 여러 정서 중에서 특히 부정적인 정서가 생겼을 때 영유아가 이것을 조절할 수 있는 능력이다. 정서를 표현하는 적절한 상황은 다양하게 나타날 수 있다. 자신에게 너무도 기쁜 일이 있어 기쁜 마음을 표현하는 적절한 상황도 있을 수도 있으나, 나의 표현으로 마음이 상할 수 있는 다른 사람의 입장도 고려해서 기쁨의 표현을 자제해야 하는 상황도 있다. 때로는 부당하게 대접을 받았지만, 분노를 억제해야 할 상황도 있고 자신을 괴롭히고 힘들게 하는 친구에게 자신의 보호 권리를 표현하기 위해 대항해야 하는 상황도 있다. 이처럼 영유아가 자신의 정서를 자신과 자신이 처해 있는 상황에 따라 적절하게 표현할 수 있는 능력은 인성에서 가장 중요한 능력 중 하나이다(이병석 외, 2010).

이러한 정서조절능력은 영아기부터 정서조절능력과 관련이 있는 사회적 관습을 통하여 습득할 수 있다. 영아가 성장하면서 배우게 되는 정서조절능력은 영아로 하여금 전적으로 감정에 좌우되지 않게 되며, 다른 사람과 더 효율적으로 상호작용할 수 있도록 돕는다. 그러나 특별히 이러한 정서조절능력을 발휘하기 위해서는 화가 나거나 좌절하거나 당황할 때와 같은 실제 상황에서 조절해야 할 정서를 인지할 수 있어야 한다(Koselnik et al., 2009).

참을성과 만족지연능력

2세경에 나타나기 시작하는 정서조절능력의 중요한 측면인 참을성은 유아기에 극적으로 증가한다. 3세가 되면 다른 사람 앞에서 부정적인 정서표현을 자제하는 능력을 갖게 되고 자신이 느끼는 감정도 더 잘 감출 수 있게 된다(이병석 외, 2010 ; Cole, 1985). 4~5세경에는 점차로 정서조절능력이 발달하여, 부모에게 떼를 쓰거나 반항하는 태도 등을 통하여 자신의 감정을 표출하는 것이 급격히 감소한다. 그로 인해 유아는 부모가 하기 싫은 일을 시켰을 때, 참고 그 일을 수행해 내고, 유아 자신이 갖는 갈등을 해결하기 위한 전략을 찾으려고 한다. 이때 참을성은 유아에게 다른 사람을 배려하고 관용적 태도를 갖게 함으로써 바람직한 인성을 발전하게 하여 사회구성원으로서의 중요한 기초를 세운다.

정서조절능력의 중요한 양상은 만족지연능력으로도 나타난다. 만족지연능력은 어떤 보상이 주어졌을 때, 지금의 작은 보상 대신 일정시간 후 더 큰 보상을 기대하며 자신의 욕구를 참는 능력이다. 이러한 만족지연능력이 발휘되는 과정에서 정서조절능력은 더욱 발달하게 된다. 다른 측면으로 보자면, 좌절에 따라오는 심리적 긴장이나 정신적 스트레스를 감소시키는 전략을 사용하게 된다. 따라서 만족지연능력과 함께 발달하는 정서조절능력은 많은 사람들과 생활하는 사회에서 다른 사람을 배려하고 인내하고 성실하게 맡은 바 책임을 다하는 인성의 기초를 다지는 중요한 역할을 한다고 할 수 있다.

(2) 감정이입

영유아가 정서발달과 함께 이루어져야 할 인성발달적 요소로 감정이입을 들 수 있다. 감정이입은 다른 사람이 느끼고 있는 감정을 그대로 함께 공유하며 느끼는 것을 말한다. 즉, 나와 관계를 맺고 있는 상대방이 행복하면 자신도 행복하고, 상대방이 슬퍼하면 자신도 함께 슬프게 느끼는 것이다(정옥분, 2002). 다른 사람의 감정을 함께 느끼는 감정이입과 다른 사람에게 도움을 주고자 하는 특성인 이타성은 매우 깊은 관련성을 갖는다. 영유아들은 다른 사람들이 왜 힘든지, 무엇을 느끼는지, 왜 저렇게 행동하는지에 통찰력이 부족하기 때문에 자연스런 감정이입이라는 과정도, 풍부한 이타성을 갖는 것도 쉽지 않다(한미양, 2012).

1단계(0~1세) : 자신과 다른 사람이 다른 존재라는 것을 모른다.

2단계(2~3세) : 다른 사람이 고통스러운 일에 처해 있다는 것을 안다.

3단계(아동기) : 눈으로 보지 않고 감정이입이 가능하다.

그림 4 – 6 감정이입의 3단계

이병석 외(2010)는 감정이입을 3단계로 나누어 설명하였다.

- **1단계**(0~1세)에 있는 영아는 자신과 다른 사람이 다른 존재라는 것을 모른다. 따라서 다른 사람의 고통에 따른 감정표현을 자신이 갖는 불유쾌한 감정과 혼란스러워 한다. 즉, 다른 영아에게서 일어나는 일을 마치 자신에게서 일어난 것인 양 행동한다.
- **2단계**(2~3세) 시기에는 다른 사람이 고통스러운 일에 처해 있다는 것을 안다. 그러나 다른 사람이 고통스러워하는 감정적 반응에, 자신과 다른 사람의 감정이 다르다는 것을 구분하지 못하기 때문에 그 고통을 이해하지 못하고 적절한 반응을 해주지 못한다.
- **3단계**(아동기)는 다른 사람이 고통받는 상황을 눈으로 직접 보지 않더라도 상상만으로도 적절한 감정이입이 가능하다. 이 시기의 아동은 직접 눈으로 관찰한 어려운 상황뿐만 아니라, 사회 전반에 걸쳐 가난한 사람, 장애인, 사회적으로 버림받은 사람에 대한 애처로운 감정을 함께 공유한다.

영유아들의 정서발달로 영유아들은 자신의 감정을 인식, 조절, 표현할 수 있게 되는데(신춘희, 2013), 김선주(2002)와 권소영(2003)의 연구에서 정서능력이 뛰어난 영유아들에게서 높은 친사회적 행동이 관찰되었고 자아개념 및 대인 간 문제해결능력도 높은 것으로 나타났다. 이것은 영유아의 정서능력이 다른 발달영역의 영향을 받기도 하지만, 상호보완적으로 영유아의 정서능력이 다른 발달 영역에도 영향을 미친다는 것을 입증한다고 할 수 있다. 정서능력이 뛰어난 영유아들은 자신 및 타인의 정서를 올바르게 인식하고 적절하게 조절하여 적합하게 표현하며 또래관계에서 긍정적이고 적극적인 상호작용을 함으로써(박화윤 외, 2005) 인성에 기반이 되는 친사회적 행동을 하는 데 밑거름을 제공한다고 할 수 있다.

유아 인성교육이 유아의 연령과 해당 연령의 인지 · 정서 · 사회성 발달의 고려에 대한 필요성으로 교육과학기술부와 육아정책연구소(2012)는 다음 [표 4-1]과 같은 분석을 하였다(이희영 외, 2016).

표 4-1 유아의 연령별 발달특성과 관련된 인성요소

영역	연령	내용	주요 인성 요소
정서	3	분노가 일어나면 땅바닥을 뒹굴기도 한다.	예절, 질서, 절제, 소통
		질투가 심해진다.	자존감, 이해, 존중
		자기주장이 강해진다.	자아개념, 소통, 배려
		말이나 웃음으로 기쁨을 표현한다.	자존감, 소통, 공감
		자기통제를 하기 시작한다.	책임, 절제, 인내, 자존감
	4	표정, 태도, 동작 등이 풍부해진다.	소통 정서 이해, 절제
		자신이 성인을 통제할 수 있는지 시험한다.	소통, 책임
		자신감이 증가한다.	자존감, 자아개념
		성인의 도움 없이 스스로 하고자 한다.	책임, 자존감
		인내심이 적어 오래 기다리기 힘들다.	인내, 질서, 절제 등
		화내는 대신 다른 방법으로 불만을 해소할 수 있다.	절제, 인내, 긍정적 사고
		성취에 대한 기쁨을 느낀다.	자존감, 책임, 자아개념

영역	연령	내용	주요 인성 요소
정서	5	새로운 시도에 대한 흥미가 높다	자존감, 책임
		성취나 경쟁적 욕구가 충족된 일에 만족한다.	자존감, 협동, 배려, 질서
		도덕의 규칙과 행동에 많이 익숙해진다.	질서, 양심, 도덕, 책임, 절제, 정직
		다른 사람의 정서를 해석하고 예측할 수 있다.	공감, 소통, 이해, 배려, 협동
사회	3	다른 사람들의 호감을 얻고자 노력한다.	소통, 공감, 자아 개념
		남을 위할 줄 알게 된다.	배려, 나눔, 협동, 동정 공감
		친구들과 활발히 놀기 시작 한다	협동, 소통
		친구와 놀잇감을 나누어 가질 수 있다.	배려, 나눔, 공감, 공평, 절제
		친구와 함께 놀이하나 자기 뜻대로 하려고 하여 싸움이 일어난다.	소통, 절제, 협동, 질서, 공평
	4	스스로 자신의 일을 한다.	책임, 절제, 인내, 자존감
		친구와의 관계가 깊어진다.	배려, 소통, 공감, 이해
		친구와 싸울 때도 있지만 공동의 목적을 가지고 놀기 시작한다.	배려, 소통, 질서, 책임, 이해
		친구의 불행에 동정을 나타낸다.	배려, 공감, 이해, 존중 등
		친구들과 역할을 분담하고 조직적으로 놀이를 한다.	협동, 배려, 나눔, 질서, 책임
		필요한 규칙은 스스로 따른다.	질서, 책임, 양심, 자아개념
	5	집단 활동에 대한 즐거움이 증가한다.	협동, 배려, 질서, 책임, 공평
		양심이 발달하여 나쁜 것은 피하고 좋은 것을 추구하려고 한다.	양심, 정직, 질서 공평, 정의
		규칙 준수에 대한 의미를 배운다.	양심, 정직, 질서, 공평, 정의
		대인 관계가 차츰 확대된다.	배려, 나눔, 협동, 공감, 이해
		협동 놀이가 증가하여 협동심과 책임감을 느낀다.	협동, 책임
		성 역할을 배우고 문화적 관습을 익힌다.	질서, 책임, 절제

영역	연령	내용	주요 인성 요소
인지	3	다른 사람이 사적인 문제에 관한 관심이 많아진다.	존중, 이해
		이유와 목적을 알기 위해 끊임없이 질문을 되풀이 한다.	양심, 정직, 공평, 존중
		상상놀이가 나타난다.	공감, 소통
		생각이 머릿속에 있으면 보거나 만지지 않아도 무엇인가에 대해 생각할 수 있음을 안다.	공감, 이해
	4	원인과 결과를 때로 혼동한다.	질서, 이해
		직관적으로 생각하고 행동한다.	배려, 존중
		차분히 이야기하고 세밀하게 설명할 수 있다.	협동, 배려, 절제
		가능한 것과 불가능한 것의 구분이 많아진다.	양심, 도덕, 질서, 이해
		믿음과 소망에 따라 행동이 달라지는 것을 안다.	책임, 절제, 인내, 자아개념
		친숙한 상황에서 다른 사람의 생각에 대해 생각할 수 있다.	공감, 이해, 배려
	5	다른 사람은 나의 생각이 다를 수 있음을 이해한다.	존중, 배려, 공감, 이해
		직관적으로 생각하고 행동한다.	배려, 존중
		궁금한 것에 대해 적극적으로 해결하려는 탐구력이 증가한다.	자아개념, 책임
		점차 논리적이 되어 간다.	질서, 공평, 정의
		사회문화적 배경이나 동기, 능력 등에 의해 성취도가 영향을 받는다.	자존감, 책임, 절제

출처 : 교육과학기술부 · 육아정책연구소(2012). 유아인성발달을 위한 부모교육 프로그램 매뉴얼.

제3부

어떻게 영유아 인성교육을 해야 하나?

5장

영유아 인성교육의 목적, 내용, 방법 그리고 평가

배움이란 의도치 않았을 때도 이루어지나 교사가 교육기관에서 수행하는 교육은 교육의 구성요소를 갖추어야 한다. 영유아교육기관에서 이루어져야 할 인성교육 역시 그 목적에 따른 내용, 방법, 평가의 구조를 이룰 때 교사는 보다 영유아에게 체계적인 인성함양을 위한 도움을 줄 수 있을 것이다.

1. 영유아 인성교육의 목적

교육을 정의할 때, 정범모(1968)는 '인간행동의 계획적 변화'라고 하였다. 즉, 이 정의에는 교사의 계획과 의도가 없는 변화는 '교육'이라고 말할 수 없다는 것이다. 교사의 계획과 의도를 '교육 목적'으로 볼 때, 교육의 한 영역인 인성교육의 목적 역시 정확히 명시해야 할 필요가 있음을 알 수 있다. 많은 학자들이 여러 유형의 인성교육에 대한 연구를 수행하였고 그 궁극적 목적을 '전인적 인성의 함양'으로 삼고 있으나 각 학자들이 제시하는 인성교육의 구체적 목적 및 목표를 살펴보는 것도 의미 있는 일이다. [표 5-1]에서 각 시대에서 연구했던 학자들의 영유아 인성교육의 목적 및 목표를 살펴보고자 한다.

표 5-1 학자들이 제시하는 영유아 인성교육의 목적 및 목표

학자	목적 및 목표
Durkheim (1961)	• 개인은 사회 속에 존재할 때 자신을 실현시킬 수 있는 도덕적 훈련 강조 • 한 사회의 결속된 구성원의 공동목표와 신념을 갖는 공동체 의식 강조 • 도덕적 인성에서 자신을 제어할 수 있는 능력과 애착, 자율적 도덕성 강조
Lickona (1999)	• 도덕적 인지 · 정서 · 행동을 포함하는 능력 • 타인에 대한 관심과 이해를 높이는 능력 • 인간이 사회에서 타인과 더불어 생활하는 능력 • 개인의 성격을 도덕적으로 가다듬고 올바르게 행동하는 능력
Berkowitz&Grych (2000)	• 도덕적 덕목을 갖춘 인간상 • 사회 · 정서적으로 유능한 민주적 인간상
이원영, 박찬옥, 노영희 (1993)	• 올바른 현실 감각을 길러주는 것 • 타인과 원만한 인간관계로 자신의 환경을 정확히 이해하는 현실에 기초한 사고 • 자신뿐 아니라 타인에 대한 공감적 이해와 존중의 자세 함양
교육개혁위원회 (1995)	• 기본생활 태도 및 예절교육의 강화 • 건강한 심신훈련을 위한 다양한 프로그램 개발로 민주적 태도 함양을 위한 실천학습 기회 확대 • 행동 및 실천 위주의 인성교육 강화
손봉호(1996)	• 개개인은 자아발견과 긍정적인 생활태도를 갖는 것 • 우주와 사회에서의 자신의 위치를 인식하고 다른 사람에 대하여 이해하고 동정하는 것 • 정의와 선악을 분명하게 구별하고 도덕적으로 일관성 있게 행동하며 책임의식을 갖는 것
이윤옥(1998)	• 자신이 합리적인 행동을 선택하고 실행하도록 바르게 이해하는 능력 • 자기 자신을 존중하고 수용하는 능력 • 타인에 대한 공감적 이해와 존중의 자세를 갖춘 능력
한국교육학회 (2001)	• 자기 자신을 바르고 정확하게 이해하는 일 • 자기 자신을 존중하고 수용하는 일 • 자기 자신의 일시적인 감정이나 행동을 통제하고 조절할 수 있는 능력 함양 • 올바른 현실 감각을 길러주는 일 • 자기 자신뿐만 아니라 타인에 대한 공감적 이해와 존중의 자세를 함양하는 일
남궁달화(2003)	• 공동체 구성원으로서 역할을 다 하는 것 • 타인에게 관심을 갖고 타인과 함께 살아가는 인간의 특성 • 자아실현을 위한 가치교육

학자	목적 및 목표
안영진(2010)	• 타인을 사랑하고 존중하고 위하는 마음 • 타인을 위한 말과 행동 • 여러 사람에게 도움이 되는 일을 하는 사람 • 사랑과 공경, 이타심, 호기심과 탐구심, 개방성이 넘치며, 인내와 체력과 아름다움이 넘치면서 바른 말과 행동을 하도록 하는 것
교육과학기술부(2011)	• 지덕체를 골고루 갖춘 전인적인 인간 육성 • 인간다운 면모와 자질을 갖춘 바람직한 인간상 함양 • 긍정적인 자아감을 형성하고 다른 사람과 다름을 인정하는 소양 함양 • 자신에 대한 이해와 배려, 존중하면서 더불어 살아가는 것
최민수(2011)	• 옳고 그름에 대한 바른 판단과 바른 행동을 목표로 하는 교육 • 자신과 타인의 정서를 이해하고 조절하는 능력을 기르기 위한 교육 • 사회적 가치를 따르고 타인과 원만한 관계를 유지하기 위해 배려할 줄 아는 행동습관을 기르기 위한 교육 • 예절, 질서, 청결, 절제 등의 덕목을 기초로 인간이 인간답게 살기 위해 가장 기초가 되는 내용에 대한 교육
누리과정(2013)	• 기본생활습관 형성 • 타인 및 공동체와 바람직한 관계 형성 • 자신의 일을 스스로 하고 타인을 배려 • 정해진 규칙을 준수하고 공동체 구성원으로서 올바른 행위와 도덕적 가치 내면화

2. 영유아 인성교육의 내용

1) 영아 인성교육의 내용

영아기는 신체, 인지, 정서 등 다양한 영역에서 매우 왕성하게 발달이 일어난다(강지현, 2014). 이 시기는 인간발달의 기초를 마련함으로써, 환경과의 끊임없는 상호작용과 더불어 사회 · 정서발달은 물론이고 도덕적 행동수준도 결정된다(우영효, 2010).

영아들은 자신의 뜻대로 되지 않으면 충동성, 부정, 반항, 분노 가득한 공격성을 나타낼 수 있는데, 이는 자기 자신을 방어하기 위한 행동이라고 할 수 있다. 이러한 부정적인 감정에 대한 표현은 교사와의 긍정적인 상호작용을 통하여 긍정적인 정서로 변화될 수 있다(김현경, 2013). 따라서 주 양육자와 형성된 긍정적인 관계에서 갖게 된 애착은 매우 중요하며 그러한 애착을 기반으로 영아는 다른 사람들에 대한 행동 전략을 정하게 된다(강지연, 2013).

이 시기의 긍정적인 정서적 경험은 영아의 긍정적 자아개념 형성에 도움이 되는 반면, 이 시기의 결함은 회복에 있어서 매우 오랜 시간이 걸리므로 다른 시기의 발달에 비해 매우 중요성을 가진다.

인성교육에 있어서도 그 중요성은 동일하다. 그러나 영아기의 발달수준에 따라 영아에게 강조되어야 할 인성교육의 내용이 유아 인성교육의 내용과 다소 차이가 있음을 영아를 돌보는 영아교사는 확인할 필요가 있다(황산성, 2013).

영아교사가 인식하는 인성교육 덕목 중 영아 인성교육에 중요하다고 생각하는 인성 덕목을 조사한 결과, 예절(81.6%)이 가장 많았으며, 다음으로 협력(80.3%), 자기존중(74.6%), 배려(70.6%), 약속(49.1%) 순으로 나타났다.

이러한 영아 인성교육의 주요 덕목들에 대한 중요성과 지도방안을 살펴보자.

(1) 예절

예절은 인간을 인간답게 살도록 하는 방식이다. 그것은 무엇보다도 자신을 위한 것이고 타인과의 원만한 관계를 맺어가는 데 필요한 기본 도리를 깨달아가는 것이다. 예절은 민주시민정신의 기초로서 선진사회로 나아가는 초석이라고 할 수 있다.

영아기의 예절교육은 상대방을 존중하고 사랑하며 우애의 마음이 행동에 자연스럽게 나타나도록 하는 것에 중점을 두면서 다음의 교수원리를 숙지하여 가르치도록 한다.

영아의 예절교육 지도방안

첫째, 영아들은 부모나 교사의 행동을 가장 쉽게 따라 하기 때문에 먼저 모범을 보인다.

둘째, 마음에서 우러나와 예의를 표현하도록 돕는다.

셋째, 예절을 지켜야 하는 이유를 여러 가지 상황을 통해 이야기로 설명해 준다.

넷째, 예절을 지키는 방법을 상세히 알려 주고 영아들과 함께 역할놀이를 통해 재미있게 연습해 보는 기회를 갖는다.

다섯째, 다양한 표현 활동을 통해 영아의 감정과 감성을 표현하고 계발하도록 돕는다.

영아에게 예절을 가르치는 가장 좋은 방법은 모방학습과 반복학습이다. 그래서 교사의 모델링의 중요성이 무엇보다 요구되는 인성 덕목이라 할 수 있다. 또한 기본생활습관 중 하나인 예절은 단시간에 이루어지는 교육의 영역이 아니므로 교사가 기다리고 격려하며 끊임없이 일관되게 바람직한 모델의 모습을 보여주며 지도해야 할 것이다.

(2) 협력

협력은 혼자가 아니라 함께 힘을 모아서 공동의 목표를 이루어나감으로써 공동체의식을 함양시킬 수 있는 매우 중요한 인성 덕목이다. 이것은 주로 협력학습을 통하여 함양될 수 있는데, 협력학습의 과정에서 공동의 목표를 달성하기 위하여 다른 사람의 입장에서 다른 사람을 돕고 자신에 대한 긍정적인 생각을 통해 자신을 조절해 가며 문제를 해결하고 사회적 능력을 습득하게 된다.

협력학습은 영아들의 예측 가능한 사고나 반응, 행동이 나타나는 전통적인 영아들의 수업과 달리, 다양한 상황이 나타나므로 교사의 세심하고 많은 준비가 필요하다. 교사가 어떻게 개입하느냐에 따라 협력학습의 양상과 효과는 확연히 다르다고 할 수 있다. 협력학습의 성과를 얻기 위해서 교사는 단순히 관찰자의 역할이 아니라 구성원의 협력을 통한 목표 선정, 구성원 선정, 협력관계 유지 및 학습과정에서의 피드백, 평가에 이르기까지 치밀한 계획을 세우고 실천하는 역할을 해야 한다.

(3) 자기존중(자율성)

자율성은 자아정체감, 타인조망능력, 대인관계능력, 상호작용능력의 요소로 이루어진다. 이러한 능력을 기르기 위해서 유아는 스스로 다스리기, 스스로 결정하기, 스스로 주체되기에 관한 경험이 필요하다.

영아의 자율성 지도방안

- 개방적 학급 분위기
- 영아에 대한 허용적 태도
- 영아의 의견 수렴
- 자율적인 참여의식의 고취
- 소집단별 역할분담체제 확립
- 개별화수업과 학습방법의 다양화
- 교사의 솔선수범
- 권위의 내적 근거에 기초한 교사의 지도성 행사

(4) 배려

배려는 현대사회를 살아가는 구성원들이 서로 원만한 관계를 형성할 수 있도록 돕는 매우 중요한 인성 덕목이다. 자기중심성에 있는 영아에게 이 덕목을 가르치는 것은 쉬운 일이 아니다. 자아에 대한 개념이 생기면서 소유의식이 발달하게 되는데 그로 인하여 영아는 집단생활을 하는 영유아교육기관에서 또래 영아와 장난감 소유와 놀이영역 차지에 대한 분쟁이 빈번하게 일어나게 된다. 이러한 갈등상황을 교사가 어떻게 중재해 주는가에 따라 영아는 배려하는 사람의 기본적인 태도를 배울 것이고, 배려의 개념을 인지적으로 알지 못한다 할지라도 또 다시 이런 상황이 발생했을 때 자신이 존중받듯이 다른 사람을 존중하여 배려하는 마음을 표현하게 될 것이다.

Noddings는 배려에 대한 교육방법으로 본보기, 대화, 실천, 인정과 격려 네 가지 요소를 강조하는데(박병춘, 2002), 이것은 영아가 기저귀가 불편할 때 교사가 영아의 기저귀를 갈아주면서 영아와 나누는 긍정적인 상호작용에서도 그 예를 찾아볼 수 있다. 영아의 기저귀를 갈아주는 작업을 교사가 싫어하는 마음은 교사가 아무 말을 하지 않아도 영아에게 전달된다. 하지만 기저귀가 불편해서 우는 영아에게 달려와 왜 우느냐고 관심을 표현해주고, 우는 이유를 알아주고, 빨리 깨끗하고 기분 좋은 기저귀로 갈아주고, 기저귀를 갈아주는 내내 영아의 모습과 달라지는 감정을 말로 표현해 주는 교사로부터 영아는 자신이 존중받고 있다는 것과 더불어 '배려'를 배우게 된다.

(5) 약속

약속이란 두 사람 이상의 개인과 개인과의 관계에서 언어적 상호작용을 통하여 서로가 이행하기로 결정한 것으로서, 신뢰를 전제로 한 자발적인 의무행위이다. 약속준수는 영유아기에 습득하는 사회적 지식이기도 하지만 연령이 증가하면서 도덕적 태도를 반영하게 되고 무엇보다도 성인이 되어 사회구성원으로서 취해야 할 사회생활의 기본 태도이다.

영아의 약속에 대한 교육을 위하여 교사는 영아의 발달과 특징을 이해하고, 영아교육에 대한 올바른 교육적 가치관을 지니고 있을 때 효과가 크다. 모든 인성덕목이 그러하지만 영아교사는 지식으로 가르치는 것이 아니라 일관된 가치관과 태도로 지도해야 한다. 매 순간 영아들과의 작은 약속도 소중히 여기는 영아교사의 태도에서 영아들은 민주사회의 법 준수의 중요성을 배운다고 할 수 있다.

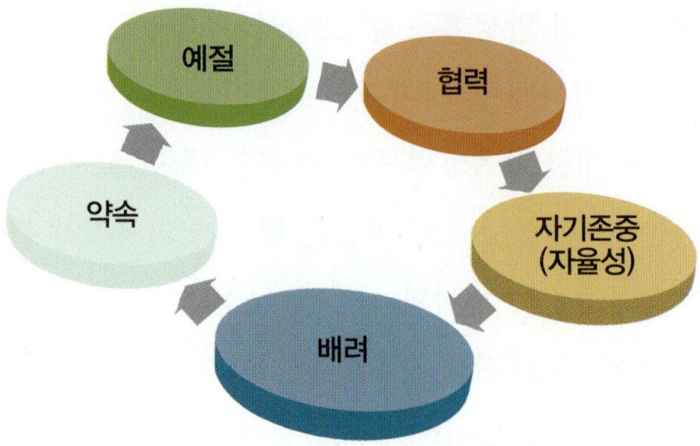

그림 5-1 영아 인성교육의 내용

2) 유아 인성교육의 내용

연령이 증가함에 따라 영아들에게서 강조되었던 인성교육의 내용은 다양하고 폭넓은 범위로 확장된다. 또한 인성교육에 대한 중요성을 주장하는 학자들이나 연구자들에 의해서도 인성교육의 내용은 조금씩 차이가 있다.

'리비도'라는 심리 성적 에너지의 집중영역과 경험의 성패에 따라 사람의 성격이 결정된다고 한 Freud(1960), 일생 동안 다른 사람을 관찰하고 모방하여 학습하는 특성이 있는 유아에 대한 모델링하는 역할 모델의 중요성을 말한 Bandura(1986), 자아정체감 확립을 위하여 각 갈등상황의 위기를 어떻게 해결하느냐에 따라 유아의 삶을 살아가는 성격결정에 영향을 미친다고 한 Erikson(1974)과 함께 주건성(2007)은 인성을 의식과 무의식 속에서 5대 기질과 10대 기능발달을 돕는 것으로 정의하였다.

표 5-2 **인성의 정의 : 5대 기질과 10대 기능**

구분	5대 기질		10대 기능	
무의식	감정	• 자극에 의해 생성/반응 • 동기의 영역으로 행동의 직접적인 행위를 결정하는 동기는 감정의 지배 를 받는다.	동기 (예)	• 감정이 순수할 때 : 정적으로 수용하고 진취적인 의욕이 높고 주변 인물이나 사물에 긍정적임 • 감정이 억압/ 불쾌할 때 : 부정적인 거부감을 일으키고, 폐쇄적인 상태가 일어남
	정서	• 접촉에 의해 생성/반응 • 태도의 영역으로 집중력과 밀접한 관련이 있음	태도 (효)	• 긍정적 정서 : 안정되고 풍부하면 높은 집중력, 유연한 태도, 현실감각 기능이 실제를 정확히 감지 • 부정적 정서 : 불안, 결핍, 분열되면 산만해지고 현실감각기능이 시제를 확대시켜 환상과 양상초래
	본능	• 정직성과 책임성의 영역으로 본능의 3대 욕구(식욕, 수면욕, 종족보존을 위한 욕구) 충족 시 긍정적 의식으로 표출	정직성 책임성	• 본능의 욕구가 적절히 충족되면 능동적 · 적극적으로 되어 기능이 향상됨 • 욕구 충족이 부족하면 수동적 · 긍정적 의식 감소
의식	이성 (자아)	• 현실을 적응해 가는 능력이며 협동성, 배려성과 밀접한 관련 있음 • 본능과 초자아를 지배하고 통제함	협동성 배려성	• 자아성숙 부족 시 현실적응능력이 떨어짐 • 생후 6~8개월부터 시작하여 3~4세에 형성 • 1차 성숙 : 어머니의 영향이 큼(가변성이 풍부한 어머니가 자녀의 자아를 성숙시킴) • 2차 성숙 : 교육(다양하고 섬세한 교육이 자아를 성숙시키고 단순하고 극단적인 교육은 자아성숙 저해)
	양심 (초자아)	• 전통적인 가치관과 사회적인 규칙, 도덕과 규범, 양심의미 • 존중성, 소통성과 밀접한 관련 있음 • 현상보다 이상을 대표/도덕적 원칙주의 지향자	존중성 소통성	• 초자아 성숙 부족 시 객관적 규범, 질서 유지능력이 떨어짐 • 자아로부터 분리되어 5~7세경 형성 • 1차 성숙 : 아버지의 영향이 큼(민주적이고 규범적인 아버지가 초자아를 성숙시킴) • 2차 성숙 : 환경(정리정돈이 잘된 환경은 자아를 성숙시킴)

출처 : 주건성(2007). 인성교육의 기초와 본질.

유아 인성교육의 중요성을 바탕으로 유아 인성교육이 효과적으로 수행되기 위해서는 유아들에게 가르쳐야 할 인성교육의 내용에 대한 깊이 있는 탐색이 이루어져야 한다. [표 5-3]은 국내 학자들이 제시한 인성교육의 내용으로서의 인성 덕목이다.

표 5-3 국내 학자들이 제시한 인성교육의 내용

학자명	인성교육의 내용
심재하(1976)	활동성, 사회성, 사려성, 충동성, 안정성, 지배성
이원영, 박찬옥, 노영희(1993)	정직, 책임감, 신뢰, 근면, 생명존중, 긍정적 사고, 예절, 양보, 인내심, 물질만능주의 탈피, 절제, 공중도덕성, 협동, 청결, 전통윤리, 주체의식, 질서, 타인입장 존중
허경철, 조난심(1994)	정직, 효도, 타인존중, 합리적 의사결정, 시민자질, 기본예절, 질서, 경애, 공익, 공공규칙 준수, 자주, 성실, 근면, 청결위생, 정리정돈, 규칙적인 생활
교육부(1998)	절제, 청결, 질서, 협력, 다양한 문제 해결하기, 식습관, 예절, 정리정돈, 전통예술에 친숙하기, 타 문화 존중, 나라 사랑하기, 공공 규칙 지키기, 바른 태도로 말하기와 듣기, 자아개념, 타인표현 존중, 타인 입장 배려, 감정과 욕구조절, 자기조절능력
이윤옥(1998)	책임, 친절, 협동, 우정, 화합
남궁달화(1999)	도덕, 가치, 정서
한국교육학회(2001)	사회성 함양, 가치관 확립, 도덕적 함양, 인간관계, 자기계발, 자기수용, 자기이해, 자신의 본성이나 본질에 대한 정확한 탐색과 인식
계영애, 강정원(2001)	정직, 질서, 책임, 친절, 협동, 동정하기, 타인 입장의 존중, 애국심, 대인문제해결, 감정표현, 감정이입, 자기조절, 이타주의, 순종, 양심, 생명존중, 규칙준수, 추론하기, 근면, 예절, 절약, 정리정돈, 청결
김영옥(2007)	• 기본생활습관 • 대인관계(의사소통, 감수성, 절충 협력) • 자아개념(정서적 자아, 신체적 자아, 인지적 자아, 사회적 자아) • 주도성(성취동기, 설득력) • 도덕성(도덕적 동기, 도덕적 판단, 도덕적 행동)
김영옥, 장명림, 유희정(2009)	문제해결력, 의사소통, 자아개념, 사회적 관계, 타인 배려, 도덕적 기초, 사회적 지식, 정서인식, 정서표현, 정서조절, 감정이입
교육과학기술부(2011)	배려, 존중, 나눔, 협력, 질서, 효
김숙자, 김현정(2012)	• 충 : 정직, 성실, 신뢰, 정의감, 협동심, 봉사, 애국심 • 효 : 자기이해, 자기존중, 자기조절, 책임감, 자주성 • 인 : 용기, 인내, 관용, 우정, 타인 존중, 친사회성, 배려, 공동체의식, 질서, 인류애 • 예 : 겸손, 친절, 친사회적 기술, 지속 가능성, 타 문화 존중, 전통존중

국내 학자들이 제시한 인성교육의 내용 중 가장 많이 언급된 인성 덕목은 공동체의식, 나눔, 신뢰, 예절, 용기, 소통, 절제, 정직, 존중, 질서, 책임, 청결, 배려행동, 협력, 효이었고, 책임감, 이타심, 존중, 신뢰 등이 공통된 요소로 제시되고 있다.

표 5-4 국외 학자들이 제시한 유아 인성교육의 내용

학자명	인성교육의 내용
Socrates (기원전 429)	정의, 절제, 지혜, 용기
Aristoteles (기원전 344)	정의, 용기, 절제, 관용, 진실, 재치, 친절, 겸양, 의분, 금지, 건전한 야망, 공손
Peters (1620)	• 수준 높은 덕 : 용기, 통합성, 인내 등 • 인위적인 덕 : 정의 사려분별, 관용 등 • 특수한 덕 : 정직, 시간 지키기, 청결, 단정, 검소, 예절 등 • 행동의 동기가 되는 덕 : 연민 등
Kant (1788)	정직, 자기통제, 정도, 겸손, 고결한 자세, 온화함, 예절, 침착성, 아량과 자비, 거짓말 안하기, 품위, 청결, 소박, 절제, 목표 추구 자세, 배우는 자세, 동정심, 참된 용기, 사교성, 인내, 복종, 진실
Dewey (1939)	존중, 공동체적 사랑의 원리와 협동, 관용, 진실, 참여, 독창성, 일관성, 지속성, 용기, 근면, 갈등해결능력
Lickona (1991)	존중, 자기통제, 책임감, 양심, 자존감, 겸손, 선에 대한 사랑, 감정이입
Leming(1996)	자기통제, 장인정신, 협동, 신뢰, 진실, 자신감, 친절, 스포츠맨십, 건강
Linda & Richard(1993)	정직, 책임, 자신감, 존중, 자기관리와 절제, 정의와 자비, 성실과 신뢰, 청결과 순결, 용기, 친절과 다정함, 양보와 이해심, 사랑, 평온함
Greenawalt (1996)	• 민주주의(권위의 존중과 수용, 양심과 표현의 자유, 정의의 자유, 관용, 평등) • 자기존중(육체적 · 정신적 · 경제적 처지를 수용, 절제, 지식) • 애국심(환경보존, 충성, 용기) • 이타주의(예의범절, 동정, 공손) • 자아수용(절약, 인내, 전념, 자기통제) • 직업윤리(성취, 자신감, 생산성, 창의성, 성실, 신용, 협동)
Berkowitz & Grych(2000)	정직, 이타성, 자존감, 자기통제, 도덕적 추론, 양심, 순종, 사회적 기술, 사회적응, 감정이입
Murphy(2002)	자신과 타인의 존중, 자신의 행동에 대한 책임감, 타인을 위한 봉사, 잠재적 계발 노력, 최선을 다하는 태도, 지도력, 좋은 행동, 자제능력, 훌륭한 의사결정능력, 윤리, 도덕, 가치관 덕목, 훌륭한 시민정신
Bennett(2005)	정직, 책임감, 충성심, 믿음, 인내, 용기, 일, 우정, 연민, 자아도야, 존경, 애국심, 친절, 공정성

출처 : 박희숙(2015). 전통문화에 기초한 유아인성교육 프로그램 개발 및 효과.

국외 학자들이 제시한 유아 인성교육의 내용을 살펴보면 가장 공통적으로 언급된 덕목이 정의와 정직, 자기통제, 자존감과 자신감이 있고, 그 밖에 책임감과

이타심 그리고 존중, 신뢰 등이 제시되었다.

3. 영유아 인성교육의 교수학습방법

1) 유치원 기본과정 내실화를 위한 인성교육 프로그램

모든 교육영역이 그럴 수 있겠지만, 특히 인성교육은 그 교수방법으로 무엇을 선택하느냐에 그 성패가 달려 있다고 해도 과언이 아니다. 2015년 1월 〈인성교육진흥법〉 공포 이후, 교육계 각층에서 인성교육방법에 대하여 더욱 다양하게 연구되어 오고 있고 현재도 지속적인 연구들이 이루어지고 있다. 인성교육은 다양한 교수학습방법으로 접근되고 있는데, 여기에는 교육과학기술부(2011)에서 개발되고 제시된 유아 인성교육의 교수학습방법을 소개하고자 한다.

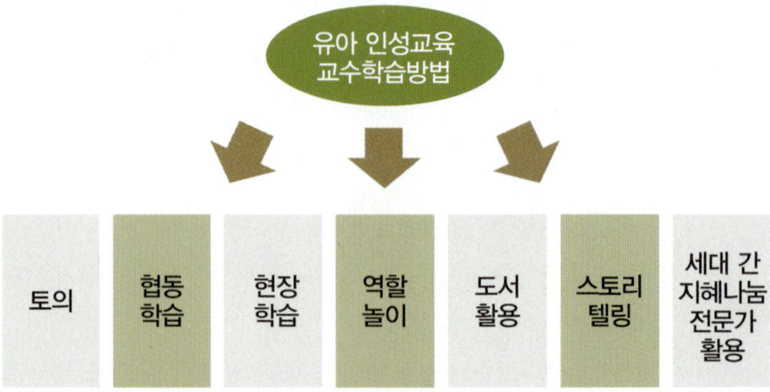

그림 5-2 유아 인성교육의 교수학습방법

(1) 토의에 의한 유아 인성교육

토의는 유아들이 도덕적 갈등 상황에 대한 의견을 서로 나눔으로써 자율적으로 문제를 해결하는 과정 중에 유아의 도덕적 판단능력을 증진시키는 활동이다.

[그림 5-3]은 박희숙(2015)의 연구에서 사용된 토의 활동의 한 예로서, 전래동화 속 주인공의 문제를 탐색한 후, 주인공이 처한 문제 상황의 원인을 생각하고 내가 주인공이라면 문제를 어떻게 해결할 것인지를 생각해 보는 토의 활동단계이다.

그림 5-3 문제해결 토의 활동단계

(2) 협동학습에 의한 유아 인성교육

협동학습이란 대집단 또는 소집단으로 이루어진 구성원들이 공동의 목표를 달성하기 위하여 서로 협력하여 자신을 조절하고 다른 사람의 입장을 수용하면서 함께 활동을 전개하는 활동이다.

협동학습의 교수 학습단계는 다양하나 유아를 대상으로 주로 적용되는 단계는 함께 학습하기(Learning Together : LT)로서 미국 Minnesota 대학의 Johnson 등에 의해 1975년 개발되어 'Johnson방법'이라고도 한다.

표 5-5 함께 학습하기 단계

단계	주요 내용
1단계	수업 목표 상세화하기(학습해야 할 개념과 전략을 구체화하기)
2단계	모둠 크기 결정하기(2~6명의 범위가 적당)
3단계	학생의 모둠 배치하기(이질적 구성이 바람직)
4단계	교실의 자리 구성하기(마주 볼 수 있도록 원형 배치가 적절)
5단계	상호 의존성을 높일 수 있는 수업 계획하기(정보에 대한 의존성 높이기)
6단계	역할 분담하기(집단구성원들에게 각자 해야 할 역할 부여)
7딘계	학습과제 설명하기(수업 절차를 명확하게 설명)
8단계	긍정적 목표, 상호의존성의 구조화하기
9단계	개별책무성의 구조화하기
10단계	집단 간 협동의 구조화하기
11단계	성취 기준 설명하기
12단계	바람직한 행동 구체화하기
13단계	학생의 행동을 모니터하기
14단계	과제 지원하기
15단계	개입을 통한 협동기술 가르치기
16단계	수업 마무리하기
17단계	학생의 학습에 대한 양적 · 질적 평가하기
18단계	소집단 활동에 대한 평가하기

출처 : Johnson, D. W., & Johnson, R. T.(1975). Learning Together and Alone: Cooperation, Competition and Individualization.

(3) 현장학습에 의한 인성교육

현장학습은 유아들이 유아교육기관에서 다루는 주제와 관련된 견학지를 지역사회에서 찾아 방문하여 유아들에게 직접적이고 구체적인 경험을 제공하는 활동이다. 이 활동을 수행함으로 인하여 유아들은 사회적 규범과 질서를 습득할 수 있는데, 이는 다음의 세 단계를 통하여 이루어진다.

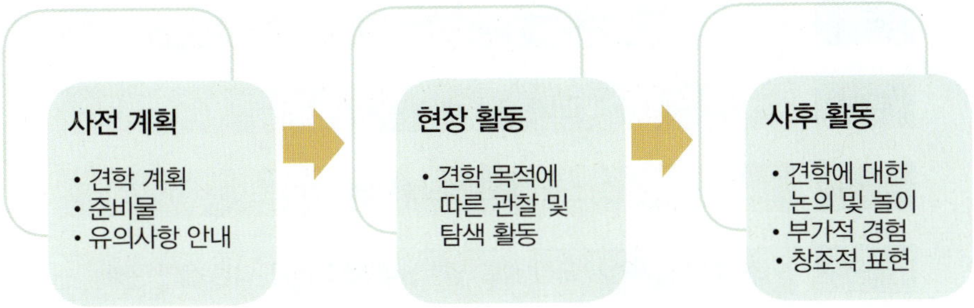

그림 5-4 현장학습의 수행 3단계

(4) 역할놀이에 의한 인성교육

역할놀이는 다양한 상황에서 영유아들이 특정 역할을 맡아 그 역할에 맞는 언어와 동작을 통해 감정을 표현해 봄으로써 타인의 입장을 고려하도록 하여 탈중심화를 돕는 영유아 인성교육에 있어서 매우 중요하고 효과적인 활동이다.

단계	내용
1단계	주의집중 시키기(문제규명, 문제탐색, 역할놀이 설명)
2단계	참여자 선정(허용적인 분위기)
3단계	무대설치(역할들을 재진술, 행동의 범위 설정)
4단계	관찰자의 준비(살펴볼 것 결정)
5단계	실연하기(역할놀이의 시작)
6단계	토의 및 평가하기(요점 검토, 역할놀이 행동 평가, 다른 실연 준비)
7단계	재실연하기(제2차 시행하기, 수정된 역할놀이)
8단계	토의 및 평가(단계 6과 동일)
9단계	3차 시행하기(단계 5, 7과 같음)
10단계	경험 교환 및 일반화하기(문제 상황을 실제 경험과 연관, 일반적 원칙탐색)

그림 5-5 인성교육을 위한 역할놀이 교수-학습 모형

(5) 도서 활용에 의한 인성교육

동화와 같은 도서를 통하여 이루어지는 간접 경험은 유아에게 등장인물에 대한 모델링과 동일시 과정을 통하여 공감능력뿐만 아니라 도덕적 판단 기준을 습득할 수 있는 활동이다.

단계	내용
1단계	동화 듣기와 주인공이 한 말 회상하기
2단계	주인공이 한 말 중 중심사건 관심 모으기
3단계	주인공의 다양한 마음 생각하고 느끼기
4단계	주인공의 마음을 자신의 말로 확장하기

그림 5－6 **인성교육을 위한 도서 활용 교수－학습 모형**

(6) 스토리텔링(story-telling)에 의한 인성교육

스토리텔링은 역사적인 모범 인물에 대한 교훈적이거나 감동적인 이야기를 통하여 유아들에게 감동을 주어 인성 덕목에 대한 이해와 사고력을 증진시키고 인성 덕목의 실천적 행동에 대한 동기를 부여하는 활동이다.

단계	내용
1단계	등장인물과 이야기 배경 장면 및 상황, 분위기 알기
2단계	이야기의 장면과 대화에 맞는 몸동작, 목소리 크기를 파악하고 전개과정을 알며 이야기 분석하기
3단계	이야기의 구성과 인물의 성격, 사건 흐름이 익숙해질 때까지 읽고 기억하기
4단계	이야기의 핵심적인 사건이나 주요 내용, 흐름을 적은 줄거리 카드 만들기
5단계	이야기를 완전히 파악한 후에는 실제로 스토리텔링 하는 것처럼 복습과 연습하기
6단계	교사는 아이들이 눈을 바라보고 여유를 갖고 천천히 하며, 그림책의 삽화를 보여주고 발음을 분명히 하며 적당한 톤으로 말하고 등장인물을 구별하기 위해 목소리를 변화하여 들려주기

그림 5－7 **인성교육을 위한 스토리텔링 교수학습 모형**

2) 게임을 활용한 영유아 인성교육

(1) 왜 게임 활동인가?

① 재미있고 흥미롭다

영유아들의 놀이는 즐거운 삶 자체이며, 교육의 중요한 매체이다. 하지만 영유아들이 모든 놀이를 통해서 즐거운 교육경험을 갖는 것은 아니다. 물론 거기에는 개인차도 있고 선호도도 작용하겠지만 중요한 것은 놀이에 대한 긍정적인 경험이 영유아들에게 긍정적인 배움을 갖게 한다는 것이다. 재미있고 즐거운 놀이는 유아를 능동적인 학습자가 되도록 한다. 흥미를 유발시키는 놀이는 교사의 권유가 없어도 유아가 스스로 놀이에 몰입하고 교사가 생각지 못한 지식을 얻는다. 게임활동은 매우 재미있고 흥미롭다.

② 전인적 인성 덕목들(존중, 공정, 책임감, 배려, 협력, 정직, 청결, 예절, 인내 등)을 자연스럽게 습득할 수 있다

게임 활동 과정을 통해 영유아들은 많은 사회 · 도덕적 지식에 대한 습득 기회를 얻는다. 교사의 단정한 준비 자세에서 청결과 예절을, 게임방법에 대한 상호작용을 하면서 공정과 정직을, 규칙 정하기를 통해 존중과 배려를, 팀 나누기를 통해 얻는 소속감으로 책임감과 협력의 정신을, 게임 활동에 참여하면서 기쁨과 포기하지 않는 인내를 배운다. 영유아들은 게임 활동에 참여하면서 인성 덕목이 가지는 부담의 무게를 느끼지 않고 오히려 즐거운 마음으로 인성 덕목들을 자연스럽게 습득할 수 있게 된다. 인성 덕목의 개념을 인지적으로 암기를 하지는 않았지만 게임을 통하여 인성 덕목을 잘 지키면 행복하고 즐겁다는 생각이 자연스럽게 영유아들의 마음과 생각에 심어질 것이다.

③ 유아의 능동적이고 자기주도적 학습을 유도할 수 있다

기존의 게임 활동은 교사 주도적 학습으로 게임 활동을 위한 모든 자료에서 방법까지 교사의 준비와 진행으로 이루어진다. 그러나 인성교육을 위한 게임 활동은 상황에 따른 교사의 확산적 또는 수렴적 발문을 활용한 상호작용을 통하여 영유아가 스스로 게임 규칙을 발견하는 것 뿐만 아니라 게임의 원활한 운영에 참여할 수 있다.

④ 통합교육이 가능하다

게임 활동은 보통 게임방법을 통해 규칙준수에 대한 중요성을 배운다고 생각하여 누리과정의 사회관계영역에만 관련성을 고려할 수 있다. 그러나 게임 활동을 통하여 우리나라 국가수준 교육과정인 누리과정의 신체 · 운동영역, 의사소통영역, 사회관계영역, 예술경험영역, 자연탐구영역에 대한 통합적 접근이 가능하다.

⑤ 유아의 놀이에서 상위수준의 인지적 놀이 유형이다

규칙 있는 게임은 유아의 인지적 놀이 유형 중 상위수준의 놀이이다. 게임을 통하여 즐겁고 신나고 재미있는 놀이를 하는 것이다. 하지만 상위수준이라는 것은 주체적 선택으로 인성 덕목의 실천력을 발휘할 뿐만 아니라 영유아의 인지능력발달을 돕는 인지적 활동이라는 것이다. 게임을 통하여 유아들은 신체적 발달과 규칙준수에 대한 중요성뿐만 아니라 다양한 인지적 발달에 대한 성장을 기대할 수 있다.

⑥ 컴퓨터 또는 스마트폰의 온라인 게임중독으로 인한 병리현상을 오프라인 게임의 건강한 신체 활동으로 치유 또는 예방한다

개인주의가 팽배해진 현대사회에서 개인의 스트레스 해소나 오락물로서 컴퓨터 또는 스마트폰의 게임중독에 빠져 있는 현상이 일어나고 있다. 특히, 영유아들에게 무분별하게 스마트폰을 제공하고 있는 현 부모양육의 잘못된 양상은 바람직한 인성 형성을 저해하는 영향을 줌으로써 영유아들이 자신의 감정이나 생각을 조절하는 능력을 상실하게 하고 있다. 따라서 오프라인을 통한 협력학습으로서의 대집단 게임 활동은 영유아들의 심신에 건강한 에너지를 공급한다.

(2) 게임 활동순서에 따른 인성 덕목의 함양 개요

교사의 역할	게임 활동 순서	인성 덕목 및 교육적 효과
교사의 단정한 모습 준비된 환경 및 자료	**준비** 게임자료 세팅 및 게임에 대한 기대감 부여	**사랑, 청결, 배려** 주의집중, 심미감
주제에 따른 논리적 연계성	**도입** 교수자료를 통한 게임의 핵심내용 소개	**지혜, 존중, 예절** 흥미유발, 논리적 사고
유아의 능동적 사고를 돕는 확산적 또는 수렴적 발문의 활용	**전개** ① 자료소개를 통한 게임방법 설명	**존중, 경청** 논리적 사고, 인지적 사고, 문제해결력, 의사소통능력
유아의 게임방법 습득에 대한 교사의 역할	**전개** ② 게임방법판을 활용한 게임방법 확인	**수용, 경청, 배려** 논리적 사고, 인지적 사고
교사의 정성스런 판서를 통한 유아 존중의 표현	**전개** ③ 규칙 정하기	**존중, 책임감, 배려, 시민정신** 자율성, 의사소통능력
팀에 대한 소속감 강조	**전개** ④ 팀 나누기 (게임대형)	**소속감, 책임감, 협력** 인지적 사고
공정한 게임의 중요성	**전개** ⑤ 팀원 수 세기(게임대형)	**공정** 인지적 사고

그림 5 – 8 **게임 활동 순서에 따른 인성 덕목 함양**

4. 영유아 인성교육의 평가

교육에 대한 평가는 목표에 따라 달라진다. 어떤 교육목표에 준하여 어떤 교육 내용을 어떤 교육방법으로 적용하여 그 목표가 달성되었는가를 살펴보는 것이 교육평가이다. 인성교육의 평가 역시 그 목표의 달성 정도를 인성교육을 수행하는 데 필요한 지식과 기능, 가치 또는 태도가 습득되었는지를 영유아들이 인성교육 활동을 하는 과정에서 나타나는 태도, 흥미, 호기심, 자세, 느낌 등과 같은 태도적 측면과 습득하는 사실, 개념, 정보 등의 지식적 측면, 그리고 지식과 기술을 습득하도록 하는 방법적 측면을 모두 평가할 수 있는 종합적이고 총체적인 평가를 해야 한다. 왜냐하면 영유아 인성교육의 평가는 영유아의 인지적 측면뿐만 아니라 태도나 가치관의 변화를 지향하고 있기 때문에 그에 따른 방법을 활용하여 통합적 또는 범교과적 집근의 평가가 요구된다. 영유아들의 자아존중감, 배려심, 공동체의식 등과 같은 가치들에 대한 행동적 특성을 평가할 수 있는 방법이 활용되어야 한다. 영유아들은 발달특성상 환경과의 사회적 상호작용을 통하여 가장 잘 학습하기 때문에 어떤 활동을 수행함으로써 나타나는 행동을 관찰하여 목표에 관련된 유아의 능력을 평가하는 것이 가장 바람직하다 (Wortham, 2001 ; 김희선, 2012).

영유아교사들이 현장에서 가장 많이 활용하는 인성교육 평가 유형은 관찰 평가로 나타났다(이은진, 2015 ; 김효순, 2016). 인성교육 평가는 영유아가 하루 일과를 어떻게 지내는지, 교육 활동을 수행하면서 어떤 말을 표현하고, 어떤 표정을 짓고, 어떤 행동을 하는지에 대한 관찰을 기록하고, 영유아의 정서를 표현한 작업 결과들을 수집하며, 어떤 긴 기간 동안의 영유아의 다각적 변화를 기록한 포트폴리오를 구성하여 유아의 행동특성에 대한 총체적 평가를 해야 한다.

[표 5-6]은 학자들에 의해 개발된 영유아의 인성을 평가하는 검사도구들이다.

표 5-6 유아인성평가 검사도구

검사도구명	개발자	대상	유형	평가 내용
학령기 아동인성 평가 (Character Assessment for School Age Children: CASACY)	Grier(2012)	학령기 아동 (K-6)	6점 Likert 척도법	**Josephson 연구소(2009)에서 선정한 신뢰, 존중, 책임, 공정, 배려, 시민의식**
유아인성 평가 도구	정선영 (2015)	유아	5점 Likert 척도법	**존중, 질서, 효, 배려, 나눔, 협력, 자기이해, 자기조절**
유아의 인성 덕목 평가척도	최민수, 임은영 (2013)	유아	5점 Likert 척도법	**기본생활습관, 사회정서, 윤리도덕**
사회인지능력 검사	Hudson, Forman, & Brion-Meisels (1982)	유아	유아 일대일 면접법	**타인의 사고와 감정을 이해할 수 있는 능력** • 타인의도 조망수용능력 • 타인사고 조망수용능력 • 타인감정 조망수용능력
친사회적 행동 척도 (Prosocial Behavior Scale for Young Children: PBSYC)	김영옥 (2003)	유아	5점 Likert 척도법	**타인과의 긍정적인 상호작용에 대한 행동** • 지도성 • 도움 주기 • 의사소통 • 주도적 배려 • 접근 시도하기 • 나누기 • 감정이입 및 조절
리더십 검사	최남례 (2006)	유아	교사평정 체크리스트	**유아들 간에 긍정적인 상호작용을 통해 공동체를 형성하고, 개인이 집단에 보이는 긍정적인 영향력** • 비전 제시 • 사람에 대한 존중 • 성장하도록 지원 • 공동체 형성
공감능력 검사	Bryant (1982)	유아	4점 Likert 척도법	**유아의 공감능력** • 심적 부담 • 기쁨 • 불안
배려적 사고능력 검사	이춘희(2007)	유아	4점 Likert 척도법	**유아의 배려적 사고능력** • 가치 부여적 사고 • 규범적 사고 • 정서적 사고 • 감정이입적 사고 • 행동적 사고

검사도구명	개발자	대상	유형	평가 내용
도덕적 자아 검사	Elder(1990)/ Kochanska (2002)	유아	유아 일대일 면접법	**유아의 도덕적 자아** • 고백(confession) • 사과(apology) • 보상(reparation) • 규칙 위반에 대한 민감성 (sensitivity to violations of standards) • 내면화된 행위 (internalized conduct) • 감정이입(empathy) • 다른 사람의 비행에 대한 관심 (concern about other's wrongdoing) • 위반 뒤 죄책감과 감정적 불안 (guilt and affective discomfort after transgresstion) • 부모와의 좋은 감정에 대한 관심 (concern about good feelings with parents)

6장

국내 · 외 영유아 인성교육

인성교육의 중요성은 시대와 동서고금을 막론하고 지속적으로 강조되고 있지만, 공동체의식이 많이 약화되고 개인주의가 팽배한 현대사회에서 건강하고 바람직한 관계를 이루기 위한 노력의 일환으로 인성교육은 다시금 우리의 경각심을 일깨우고 있다. 본 장에서는 국내에서 연구되고 실행된 인성교육뿐만 아니라 국외에서의 인성교육의 동향을 살펴봄으로써 그 강조점을 비교하고 동시에 다시 한 번 영유아 인성교육의 중요성을 확인해 보고자 한다.

1. 국내 영유아 인성교육

국내 영유아 인성교육 프로그램은 그 이론적 배경으로 국외 학자들의 이론을 바탕으로 대부분 이루어지고 있으나 연구자들에 의한 프로그램의 현장 적용을 통하여 우리나라 영유아들에 대한 적합성을 찾고자 지속적인 노력을 하고 있다.

영유아 인성교육 내용을 살펴보기에 앞서, 국내 인성교육 학자들이 주장하는 인성교육의 내용을 살펴보는 것은 지속적으로 이루어질 국내 영유아 인성교육의 흐름을 아는 데 도움이 될 것이다.

강선보(2008)는 21세기 인성교육의 방향과 내용으로 관계성(상호관계적 삶을 추구하는 공생인), 도덕성(도덕적 통합성을 추구하는 인격인), 전인성(인간의 모든 측면이 조화롭게 발달한 전인), 영성(초월적인 것을 체험하는 영성인), 생명성(생명을 살리는 생명인), 창의성(삶과 상황을 창조하는 창의인), 민주시민성(공동체에 참여하는 민주시민)을 제시하였다. 천세영(2012)은 인성을 도덕성, 사회성, 감성의 세 가지 차원으로 나누어 [표 6-1]과 같이 제시하였다.

표 6-1 인성의 3대 차원과 핵심 역량

차원	역량	핵심덕목	주요 내용
도덕성	• 핵심 가치 인식 • 책임 있는 의사결정	• 정직 • 책임	다양한 윤리적 상황에서 중요한 핵심 가치가 무엇인지를 인식하고 판단하는 능력과 책임 있는 의사결정을 하는 능력
사회성	• 사회적 인식 • 대인관계	• 공감 • 소통	다양한 상황과 장소에서 타인의 생각, 감정, 관점을 이해 · 파악하고, 타인과 긍정적인 관계를 형성 · 유지하고 소통하는 능력
감성	• 자기인식 • 자기관리	• 긍정 • 자율	자신의 강점, 약점, 흥미, 능력 등을 파악하며, 개인적 목표를 설정하고 목표 달성을 위해 자신의 생각과 행동을 조절 · 실행하는 능력

출처; 천세영 외 (2012). 인성교육 비전 수립 및 실천 방안 연구.

또한 최근 인성교육의 흐름은 기존의 지식 중심의 내용만이 아니라 미래사회에서 성공적인 삶을 영위하는 데 필요한 핵심 역량(공감능력, 소통능력, 갈등해결능력)을 가르쳐야 한다는 것인데, 이에 대한 예를 [표 6-2]에서 제시한 양정실 외(2013)의 연구에서 찾아 볼 수 있다.

표 6-2 교과교육을 통한 인성교육에서 추구해야 할 주요 가치 덕목 · 인성 역량

가치 덕목 · 인성 역량	인성 요소
존중	자기존중, 자신감, 자아수용, 자기표현, 자기통제, 긍정적 태도, 타인존중, 인권존중, 다른 문화에 대한 편견 갖지 않기
배려	관용, 연민, 양보, 친절, 봉사, 헌신
책임	자기 임무 완수, 정직, 성실, 신뢰, 윤리적 책임감
참여와 협동	공동체의식, 민주시민의식, 협력, 도움 주기, 팀워크
공감과 수용	타인의 감정에 대한 공감, 타인의 입장 이해, 미적 공감 심리적 수용
대화와 소통능력	의사소통능력, 대화를 통한 관계 개선
문제와 갈등해결능력	문제인식, 가능한 해결방안 모색, 결정에 따른 결과를 예상해 보기, 도덕적 성찰, 합리적인 의사결정 능력
정의	준법, 규칙준수, 공정

출처; 양정실 외 (2013). 교과교육을 통한 인성교육 구현 방안.

이러한 국내 인성교육의 흐름과 함께 우리나라 대표적인 영유아 인성교육의 예를 살펴보도록 하겠다.

1) 이원영, 박찬옥, 노영희 사회성 발달 프로그램

우리나라 영유아 인성교육의 시초이라고 할 수 있는 이원영, 박찬옥, 노영희(1992)의 연구에서는 우리나라 영유아들이 반드시 몸에 익혀야 할 인성덕목으로서 18가지를 선정하여 사회성발달 프로그램을 개발하였는데, 그 내용을 간단히 살펴보면 [표 6-3]에서 알 수 있다.

표 6-3 사회성 발달을 위한 18개 인성덕목

덕목	활동내용		
인내	싫어도 참기	끝까지 완수하기	기다리기
타인입장존중	나와 남의 차이 이해	남의 생각 존중	타인방해하지 않기
질서	차례 지키기	놀이 규칙 준수	교통 규칙 준수
주체의식	지신을 사랑하기	생각을 뷰명히 표현하기	가정 · 사회 · 국가를 사랑하기
청결	몸을 깨끗이 하기	쓰레기를 구분하여 버리기	주변을 청소하기
전통윤리존중	조상의 문화적 유산존중	전통예절 존중	명절 때의 바른 태도 인지
협동	서로 도우며 나누어 일하기	생각이나 힘을 모아 해결하기	함께 놀잇감 사용하기
공중 도덕	공공시설을 아끼기	공공질서 지키기	공동기구 안전하게 사용하기
절제	물건을 아껴쓰기	필요한 만큼의 양만 쓰기	감정조절하기
물질만능배제	새 물건만 좋아하지 않기	적은 돈도 귀하게 여기기	폐품 재활용 생각하기
양보	내 물건 나누어 쓰기	내가 먼저 사과하기	자리 양보하기
정직	잘못을 솔직히 말하기	거짓말 하지 않기	빌려온 것은 돌려주기
예절	웃어른께 인사하기	적절한 인사말 하기	상황에 맞는 행동하기
긍정적 사고	친구의 좋은 점 찾기	남에게 고마은 마음 갖기	즐겁게 생활하기
생명존중	모든 사람 존중하기	동 · 식물 보호하기	의 · 약사에게 감사하기
타인신뢰	부모님 선생님을 믿고 따르기	친구와 사이좋게 지내기	친구와의 약속 지키기
책임	마무리 잘하기	최선을 다하기	정확하게 전달하기
근면	일찍 자고 일찍 일어나기	열심히 생활하기	계획한대로 실천하기

출처: 이원영, 박찬옥, 노영희(1992). 유아의 사회성 발달 프로그램 개발을 위한 기초연구.

2) 좋은나무 성품학교 프로그램

2005년부터 시작되어 전국적으로 가장 많은 보급이 이루어진 『좋은나무 성품학교 프로그램』의 프로그램은 2가지 필수덕목을 기본으로 12가지 주제성품을 교육내용으로 선정한 단계별 성품교재 워크북과 영역별 교육자료, 성품교육을 가정과 연계하는 활용하는 성품일기장, 10분 해피타임 등의 다양한 교수자료들로 수행된다. 2가지 기본덕목과 그와 관련된 12가지 주제성품의 교육내용은 [표 6-4]와 같다.

표 6-4 좋은나무 성품학교 교육내용

덕목		성품정의	교육목표(심리특성)
공감인지능력 (empathy)	경청 (attentiveness)	상대방의 말과 행동을 집중하여 잘 들어 상대방이 얼마나 소중한지 인정해 주는 것(Being thoughtful to the words and actions of others, to show your care about them)	의사소통 기술, 사회성 발달
	긍정적 태도 (positive attitude)	어떠한 상황에서도 가장 희망적인 생각, 말, 행동을 선택하는 마음가짐(Always choosing to have the best thoughts about something or someone)	욕구좌절, 인내성, 자존감, 자기효능
	기쁨 (joyfulness)	어려운 상황이나 형편 속에서도 불평하지 않고 즐거운 마음을 유지하는 태도(Always having a happy heart without complaints)	욕구좌절, 인내성
	배려 (care)	나와 상대방 그리고 환경에 대하여 사랑과 관심을 갖고 잘 관찰하여 보살펴 주는 것(Giving love and attention to the world around me)	이타심, 사회적 자기효능감
	감사 (gratefulness)	다른 사람이 나에게 어떤 도움이 되었는지 인정하고 말과 행동으로 고마움을 표현하는 것(Showing thanks for a helpful hadn or a kind gesture)	온정성
	순종 (obedience)	나를 보호하고 있는 사람들의 지시에 좋은 태도로 가쁘게 따르는 것(Following the instructions fo others with a good attitude)	권위에 대한 건강한 태도, 적절한 사회화
분별력 (conscience)	인내 (patience)	좋은 일이 이루어질 때까지 불평 없이 참고 기다리는 것	욕구좌절, 인내성, 만족지연능력, 지속성
	책임감 (responsibility)	내가 해야 할 일들이 무엇인지 알고 끝까지 맡아서 잘 수행하는 태도(Knowing what my tasks are and doing them the best I can)	자존감, 적절한 사회화

덕목		성품정의	교육목표(심리특성)
분별력 (conscience)	절제 (self-control)	내가 하고 싶은 대로 하지 않고 꼭 해야 할 일을 하는 것(Choosing to do what is right even if it's not what I want)	자기통제, 자기조절
	창의성 (creativity)	모든 생각과 행동을 새로운 방법으로 시도해 보는 것(Trying different ways with new ideas)	유연한 사고, 생산성
	정직 (honesty)	어떤 상황에서도 생각, 말, 행동을 거짓 없이 바르게 표현하여 신뢰를 얻는 것(Winning the trust of others by always telling the truth)	자기통제, 적절한 사회화
	지혜 (wisdom)	내가 알고 있는 지식을 나와 다른 사람들에게 유익하도록 사용함(Using what I have and what I know to help others)	이타주의, 통합 및 조절능력

출처: 이영숙 (2012). 『이영숙 박사의 12성품교육론』. 좋은나무성품학교.

위의 [표 6-4]에 제시된 교육내용으로 다음의 4가지 영역의 교육방법으로 인성교육이 진행된다.

① 이야기 나누기 영역(story telling : 사고형성 단계)

이야기를 좋아하는 영유아의 발달적 특성을 활용하여 다양한 이야기속의 등장인물들을 통하여 성품을 배울 수 있는 기회를 제공한다. 토론과 함께 책 읽는 습관을 갖도록 돕는다.

② 생활하기 영역(doing & being : 행동연습 단계)

그 달의 주제성품을 선정하여 그 성품에 맞는 행동을 상황에 맞게 실천할 수 있도록 연습하여 좋은 습관을 갖도록 돕는다.

③ 관계 맺기 영역(building bridges : 감정연습 단계)

다양한 상황에서 관계를 맺어보는 경험을 성품을 감사하기(Thanking), 용서 구하기(Apologizing), 요청하기(Saying Please), 내 마음 표현하기(Expressing)의 TAPE 요법을 통해 직접 표현하고 실천하도록 돕는다.

④ **탐구하기 영역**(let's study : 개념확장 단계)

각 주제성품을 위인들의 삶이나 자연속에서 과학적 시각으로 탐구해 보고 연구함으로써 학문과 사물탐구에 대한 훈련을 할 수 있도록 돕는다.

[표 6-5]는 국내에서 개발된 유아 인성교육 프로그램 및 유아교육현장에서 실시한 유아 인성교육 프로그램들을 비교 · 검토한 것이다.

표 6-5 최근 개발된 국내 유아 인성교육 프로그램

프로그램	연구자	내용
유아인성교육을 위한 연령 간 교류 프로그램 개발 및 적용 효과	최유경 (2015)	• 대상 : 만 4세, 만 5세 • 정서, 인지, 행동의 통합적 인성교육 프로그램 • 다양한 사람과의 상호작용을 통한 '관계' 형성의 중요성 강조 • 단일연령과 혼합연령 학급에서 이루어지는 긍정적인 측면과 부정적인 측면을 보완하여 유아들이 유아교육기관에서 다양한 상호작용을 할 수 있도록 함 • 내용 : 경청, 예절, 존중, 질서, 책임, 배려, 나눔, 협력, 감사 • 원리 : ① 모방과 모델링의 원리, ② 역지사지의 원리, ③ 상부상조의 원리 • 변인 : 자아존중감, 조망수용능력, 친사회적 행동
인물화를 활용한 유아 인성교육 프로그램	최은주 (2016)	• 대상 : 만 5세 • 인물화를 통하여 내면적 갈등(인성적 자극)을 유발하고 내면세계의 표출, 자신감 회복, 인간존중의 감정을 느껴 긍정적인 인간성을 형성 • 인물화를 감상하고 또래들에게 자신의 경험과 의견을 표현하면서 그림의 내용을 중심으로 하는 사회 환경적 상황을 이해하고 이에 적합한 행동을 하도록 함으로써 의미 있는 인성적 가치를 체득하는 프로그램 • 원리 : ① 인물과 관점을 활용하기, ② 감정이입/공감을 활용하기, ③ 적절한 비유와 은유를 활용하기, ④존중과 인정하기 • 인성검사도구 : 나눔, 배려, 예절, 인내, 존중, 질서, 책임, 협력, 정직
미술 활동을 활용한 유아 인성교육 프로그램	한미양 (2012)	• 대상 : 만 5세 • 미술활동을 통하여 자신을 표현하고 정서적 안정감을 얻으며 협력하는 가운데 타인을 조망하고 존중하는 태도를 기르는 프로그램 • 인성 덕목 : ①자아존중능력, ②정서인식능력, ③타인인식능력 • 검사도구 : 자아존중감검사, 사회 · 정서발달검사

3세 유아를 위한 자율성 교육 프로그램	안은정 (2008)	• 대상 : 만 5세 • 만 3세가 자율성발달의 최적기임을 근거로 구성됨 • 내용체계 : ① 인식하기, ② 조절하기, ③ 결정하기, ④ 표현하기, ⑤ 책임지기 • 활동구성의 원리 : ① 3세 유아발달에 맞게 구성, ② 유아가 능동적 학습자가 되도록, ③ 융통성있는 활동진행, ④ 활동의 반복적 회상, ⑤ 충분한 오감 활용, ⑥ 유아의 경험 · 생활 관련성에 따라 주제 선정, ⑦ 활동내용에 따라 지속적으로 구성, ⑧ 내용요소간 연계성 고려, ⑨ 가정과의 연계, ⑩ 견학 및 자원인사 활용 • 검사 : 대인문제해결능력 검사, 자율성발달 검사
유아 책임감 형성 프로그램	정다우리 (2015)	• 대상 : 만 5세 • 미래사회에서 개인의 능력과 함께 공동체를 유지하기 위한 중요한 요인을 책임감으로 여김 • 내용체계 : ① 성취동기, ② 타인존중, ③ 자기통제, ④ 의사결정참여, ⑤ 규칙준수 • 변인 : 공정성, 배려행동, 시민의식
순환적 공감 모형에 기초한 유아인성교육 프로그램	김연희 (2014)	• 대상 : 만 5세 • Barrette-Lennard(1981)의 순환적 공감 모형에 기초로 유아수준에 맞도록 재구성 • 순환적 공감단계 : (타인에게 관심 갖기 → 타인의 감정 이해하기 → 공감 표현하기 → 표현된 공감 알아차리기 → 공감 주고받기)
배려 중심의 유아 인성교육 프로그램	오새니 (2016)	• 대상 : 만 5세 • 정서적 · 인지적 · 행동적 측면에서의 인성교육 고려 • 내용 : ① 정서적 측면: 관심(민감성, 염려, 동정, 애착, 공감, 몰입과 동기전환, 감정이입, 정서적 집중), 인지적 측면 : 관계 (관계성 인식, 관계 확신, 조망 수용과 전환능력, 타인 고려, 이해하기), ③ 행동적 측면 : 보살핌(양보, 나눔, 도움, 협동, 보살 핌, 실천) • 교수 · 학습방법(대화, 모델링 → 실천 → 인정과 격려)

2. 국외 영유아 인성교육

1) 미국 인성교육

최근 들어 우리나라에서 수행된 인성교육의 기본정책에 관한 중요한 연구들은 미국 인성교육의 이론과 실제를 많이 참조하고 있다(김만곤 외, 2016). 따라서 미국의 최근 인성교육의 특징 및 동향에 대해 알아보는 것은 앞으로 보다 효과적이고 적용 가능한 인성교육의 실현을 위한 탐구로서 필요하다 할 것이다.

미국의 최근 인성교육의 동향은 [표 6-6]와 같다.

표 6-6 미국 인성교육의 최근 동향

순서	최근 동향	구체적 내용
1	전국적인 교육개혁 운동으로서의 인성교육	• 현재 미국 인성교육의 두드러진 추세 • 단기적 방편이나 일회성 행사가 아닌 모든 학생들을 대상으로 하는 교육의 핵심으로 간주 • 인성교육을 최우선시 해야 한다는 인식의 확산
2	덕목교육의 강화	• 1990년대부터 부활 • 사회적 합의를 바탕으로 한 정직, 친절, 공정, 책임감 • 전수되는 덕목은 주(state)별, 학교별로 다양 • 인성교육에 대한 입법을 통해 주(state)에서 명시한 덕목이 있으나, 실질적으로는 교사, 학부모, 학생 등을 포괄하는 학교공동체가 규정
3	확대된 인성의 개념	• 도덕적 인성(moral character)과 수행 인성(performance character) • 도덕적 인성은 공정성, 관용, 공감, 박애 등의 윤리적 가치를, 수행 인성은 근면, 노력, 절제, 인내를 포함 • 인성교육의 목적은 단순히 '옳은 일을 하는 것(doing the right thing)'을 넘어서 삶에 있어서 '최선을 다하는 것(doing the best work)'까지 포함
4	인성교육과 학업성취의 연계	• 매개변인이 수행 인성 • 진지하고 책임 있는 학습태도와 성실한 학교생활을 강조

순서	최근 동향	구체적 내용
5	개인과 사회의 조화를 강조하는 인성교육	• 개인적 삶의 효능감과 사회적 기술을 동시에 강조 • 책임감, 의사소통, 배려 등을 중시하는 사회정서학습 프로그램과 상당히 중복 • 사회정서학습 프로그램은 5가지 핵심역량(자기인식, 자기관리, 사회적 인식, 인간관계기술, 책임 있는 의사결정)의 함양
6	단위 학교 중심의 인성교육	• '학교풍조(school ethos : 학교의 분위기, 풍토, 문화, 도덕적 환경 등을 포괄하는 개념)'의 개조를 통한 단위학교 중심의 인성교육 • 제대로 된 인성교육은 학교밖에 할 수 없다는 공감대 형성 • 인성교육의 효과 극대화를 위하여 인성교육에 필요한 예산과 시간 확보 등의 활동을 포함하는 교장의 리더십을 강조
7	인성교육을 위한 교사의 역할 증대	• 교사들에 의해 가치나 규범에 대한 '직접적 지시(direct instruction)'가 현재 인성교육의 두드러진 경향 • 교사의 직접적 지시는 일방적이고 무비판적인 훈계나 지시, 주입이 아니라 교사의 주도적이고 적극적인 역할을 강조한다는 것 • 교직양성과정과 각종 현직연수를 통한 교사들의 전문적 훈련
8	학부모의 참여	• 개별 학교마다 다양한 전략 구사 • 학부모들의 자원봉사, 거주 지역을 중심으로 한 정기적인 소모임(대표들은 인성교육에 대한 전문훈련과 학교소통)
9	인성교육의 결과에 대한 평가	• 객관적이고 가시적인 평가를 위한 경험적 연구들의 증가 • 관찰 가능한 결과행동들이 13개 영역으로 분류(사회 · 도덕적 · 인지, 친사회적 행동 및 태도, 문제해결력, 마약복용, 폭력, 학교 행동, 위험행동에 대한 지식 및 태도, 정서적 능력, 학업성취, 학교에 대한 애착, 일반적 일탈행동, 개인적 도덕성, 인성지식 등)

미국의 대표적인 인성교육 활동과 프로그램은 다음과 같다.

• 인성교육파트너십(Character Education Partnership : CEP)

CEP는 미국 전 지역의 인성교육운동을 선도하고 옹호하는 비영리기관으로, 미국 내 학교들에 효과적인 인성교육을 강화하는 데 관심을 가지고 있는 단체 및 개인들의 연합체이다. CEP는 학교 및 지역사회에서 인성교육을 제공하고자 하는 개인이나 단체들에게 ① 효과적인 인성교육 평가도구로서 '효과적인 인성교육 실천을 위한 11개 원칙(11 principles of effective character education)'을 개발 및 보급하였고, ② 인성 함양을 위한 학교단위의 체계 변화를 목적으로 학교 교사와 행정가들이 전문적인 개발을 할 수 있도록 지원하고, ③ 인성교육에 관한 전국 포럼을 개최하며 ④ 학교 인성교육 프로그램(National Schools of Character Program)을 통한 교육구의 학교 개선과정을 지원하고, ⑤ 각종 자료와 정보를 제공하고 있다.

• **인성교육연구센터(American Institute For Character Education)**

인성교육연구센터는 유치원부터 초등학생에게 적용 가능한 인성교육을 개발, 구축하는 비영리 연구기관이다. 미국 44개 주 18,000개의 교실에서 이 연구센터에서 마련한 교육과정을 적용하고 있으며 시행 결과 학생들의 친사회적 행동이 증가하고, 알코올이나 약물 남용이 감소하고, 학교 출석률이 향상된 것으로 나타났다. 이 센터는 교육과정에서 교육자 자신이 롤 모델이 될 것과 토론, 문제해결방법을 권장하고 있다. 도덕적 가치, 윤리적 강령을 중시하며, 창의적인 문제해결력, 브레인스토밍, 토론, 역할놀이 등의 창의적 교육방법을 다양하게 활용한다. 또한 인성교육이 학교교육의 틀 속에서 다차원적, 범교과적 활동을 통하여 이루어져야 함을 강조하고 있다(김만곤 외, 2016). 즉, 유아 인성교육을 위한 표면적 교육과정과 잠재적 교육과정이 잘 조화를 이룬 한 사례라고 할 수 있다.

[표 6-7]은 최근 미국 인성교육의 동향에서 알 수 있듯이 활발하게 운영되고 있는 미국의 CASEL에서 2013년 우수 인증 사회정서학습 프로그램들이다(김수진, 2014).

표 6-7 2013년 CASEL 우수 인증 사회정서학습 프로그램

프로그램 명	내용
Caring School Community	• 배려의 학교 공동체를 조성하기 위한 활동 : Class meeting, Cross-Age Buddies, Homeside Activities, Schoolwide Community-Building Activities • www.devstu.org
Competent Kids, Caring Communities	• 사회성-감성 기술을 높임으로써 '능력 있는 아이들'로 발달시키고 가정-학교의 협력 관계를 구축하는 데 목적이 있음 • www.competentkids.org
I Can Problem Solve(ICPS)	• 학생들이 대안적인 해결책을 만들어 내며, 결과를 예상하고 효과적으로 문제를 해결할 수 있도록 하는 데 초점이 있음 • www.researchpress.com/product/item/4628
The Incredible Years Series	• 학생의 감정 이해 및 인식을 위한 교육과정(Dinosaur Curriculum), 교사의 교실관리 및 교수 전략 발달을 위한 교육과정, 학부모와 참여의 3가지로 구성 • www.incredibleyears.com
Michigan Model for Health	• 미시건 주의 보건교육과정 중의 하나로 사회적-정서적 건강 포함 : 친구 사귀기, 감정에 대한 이해, 의사결정, 문제해결, 존중 발달, 목적 수립 등에 초점 • http://www.emc.cmich.edu/EMC_Orchard/michigan-model-for-health
Mind Up	• 신경과학을 토대로 자기통제, 학업 성취를 위한 집중력의 향상, 스트레스 감소 등에 초점 • www.thehawnfoundation.org/mindup
Open Circle	• 관계 수립, 의사소통기술, 감정에 대한 이해와 조절, 문제해결에 초점을 둔 34개의 수업으로 구성 • www.open-circle.org
PATHS(Promoting Alternative Thinking Strategies)	• 자기통제, 감정조절, 감정이입, 평화적인 갈등 해결, 책임 있는 의사결정에 초점 • www.channing-bete.com/paths
Positive Action	• 긍정적인 자기 개념(긍정적인 행동을 할 때 자기 자신에 대해 좋은 느낌을 가질 수 있다는 것), 긍정적인 행동(모든 것을 긍정적으로 할 수 있다는 것)에 초점 • www.positiveaction.net
Raising Healthy Children	• 배려의 학습자 공동체를 만들기 위해 학교, 가정, 개별 프로그램을 통합 • http://www.sdrg.org/rhcsummry.asp
Resolving Conflict Creatively Program(RCCP)	• 관계 형성, 감정 이해, 공감발달, 감정조절, 사회적 책임감의 발달을 강조 • http://www.morningsidecounter.org/resolving-conflict-creatively-program

프로그램 명	내용
Responsive Classroom	• 아이들의 신체적, 감정적, 사회적, 지적 필요에 반응적인 교실을 만들기 위한 다양한 교실 전략을 포함 • www.reponsiveclassroom.org
RULE Approach	• 정서 문해력(emotional literacy)을 높이는 데 목적이 있음 • 인식(Recognizing), 이해(Understanding), 라벨링(Labeling), 표현(Expression), 감정조절(Regulating emotions) • www.theruleapprach.org
Second Step	• 감정이입, 감정조절, 우정, 문제해결 학습에 초점 • www.ssecondstep.org
Social Decision Making Problem Solving Problem	• 자기통제, 사회적 인식, 효과적인 의사결정 기술의 발달에 초점 • http://www.ubbcisweb.org/sdm/
Steps to Respect	• 학교폭력 예방에 초점을 두면서 친구 사귀기, 감정에 대한 이해와 인식, 학교폭력에 대한 대치와 같은 주제를 다룸 • www.cfchildren.org/steps-to-respect.steps
Too Good for Violence	• 존중, 다양성에 대한 인정, 감정과 행동에 대한 이해 등의 인성을 길러주는 학교폭력 예방 프로그램이자 인성교육 프로그램 • www. mendezfoundation.org/forgood
Tribes Learning Communities	• 매력적이고 지원적인 학습 환경을 만들기 위한 교육 공동체 구성원들(학교 행정가, 교사, 가정, 지역사회 구성원)의 모든 참여와 협력을 목적으로 함 • www.tribes.com

출처 : CASEL(2013), 각 프로그램 홈페이지 참고.

2) 독일 인성교육

독일의 인성교육은 학습자들에게 행복을 되찾아 주는 교육이다. 독일인들은 '어떻게 행복한 인생을 살 것이냐'에 끊임없는 질문을 한다. 선생님들은 아이들로 하여금 경쟁을 지양하고 함께 하는 학습을 가장 가치 있는 공부라고 가르친다. 아이들의 반에서 가장 존중받는 친구는 남을 먼저 생각하고 자신을 희생할 줄 아는 사회적인 사람이다(김만곤 외, 2016).

독일의 경우, 인성교육의 최근 동향은 [표 6-8]과 같다.

표 6-8 독일 인성교육의 최근 동향

순	최근 동향	구체적 내용
1	**총체적 차원의 인성교육**	• 인성교육을 위한 한 두 가지 정책이나 프로그램으로 국한하지 않는다. • 굳이 대학진학을 하지 않더라도 자신의 장점을 살린 직업교육을 통해 '다 함께 사는 법'을 배우는 것이 국가 경쟁력이라는 교육방식과 사회적 분위기
2	**저(低) 경쟁교육** (low competitive education)	• 교사, 학부모 모두 1등 다툼보다는 아이들 스스로 자기만의 방법을 찾도록 한다. • 경쟁의 부담이 없으므로 다양한 활동으로 존중, 배려, 정직, 정의, 규칙 등의 인성교육을 수행
3	**선행학습을 금지시키는 학교**	• 학생들이 모두 비슷한 여건에서 시작하여 성적이 좋고 나쁜 것은 수업시간에 누가 더 집중을 잘 하느냐에 달려 있다.
4	**이원의 교육시스템**	• 학교와 기업이 합심해서 학생들에게 현장교육과 실습 기회를 제공 • 인문계 학생은 김나지움으로, 직업교육을 받은 학생은 레알슐레(직업계 고등학교) 또는 하우프트슐레(종합 직업학교)로 진학 • 우리나라 초등학교 5학년 나이에 진로가 거의 결정되어 20대 초반에 일자리를 얻음
5	**가정에서의 엄격한 훈육**	• 독일 학생들의 공손함 뒤에는 가정에서의 엄격한 훈육이 있고, 학교에서의 엄격한 학칙이 적용

독일 인성교육의 대표적인 사례인 '칼 프리드리히 김나지움'의 특징은 인문학 교육을 표방하며, 학생 간, 학생과 교사 간, 학교와 학부모 간 상호 신뢰, 책임 있는 시민성, 상호 존중, 사회적 책임, 개방성, 지적 능력 등의 인성의 함양을 추구한다. 종교교육과 철학교육 그 자체가 인성교육으로 별도의 프로그램은 없다. 문제행동을 하는 학생, 규칙을 위반하는 학생의 경우에는 학부모를 소환하여 상담하고, 무단결석을 2번하면 정학 처분을 내릴 만큼 엄격한 교칙을 가진다. 매년 과테말라 노숙 어린이 돕기 행사를 통해 지구촌 이웃에 대한 배려심을 함양한다(김만곤 외, 2016).

3) 핀란드 인성교육

핀란드는 전통적으로 '평등교육' 실현을 추구했다. 그래서 소규모집단 활동을 통해 학생들이 상호 협력하여 문제해결능력을 기르고, 공동체의식 및 소통능력을 함양할 수 있는 교육환경을 조성하는 데 주안점을 두어 인성교육을 실시하고 있다. 또한 교과별로 존중, 배려, 기본예절, 규칙 준수, 정직, 관용, 정의와 같은 인성교육 덕목을 추출하여 수업 속에서 학생들의 내면화를 지향하고 있다. 그리고 학생들이 따돌림과 같은 문제행동의 발생 시 상호 토론 및 협의과정이라는 협업을 통해 교사, 학생, 학부모, 지역사회가 함께 해결방안을 모색한다 (김만곤 외, 2016).

다음 [표 6-9]는 핀란드 인성교육의 특징을 나타낸 것이다.

표 6-9 핀란드 인성교육의 특징

순서	특징	구체적 내용
1	롤 모델로서의 어른	• 인성의 습득이 다른 사람을 배려하고 환경을 보호하며 책임을 다하는 어른들의 삶을 통해서 자연스럽게 이루어진다.
2	인성체득을 위한 다양한 활동	• 자유롭게 개인의 생각과 표현을 할 수 있는 분위기 조성에 주력 • 교과서 공부보다 놀이, 음식 먹기, 예술 활동 등을 통해 자연스럽게 다양한 것을 습득
3	경쟁하지 않는 교육	• 교육정책이 시장의 논리가 아닌 교육의 논리와 철학을 바탕으로 시행 • 서열을 매기는 평가방식을 기초학교 교육기간인 16세 전까지는 법적으로 금지 • 학생 간 경쟁이 아닌 자신과의 경쟁으로 학생 스스로 자연스럽게 인성을 되찾아가는 환경 조성
4	예술 활동을 통한 창의 · 인성교육	• 특성화 고교에서도 기능 위주의 교육이 아니라 창의성과 인성을 키우는 교육이 수행되고 있다.

4) 프랑스 인성교육

프랑스에서는 1995년부터 시민교육(civique education)의 중요성을 강조하여 초등학교와 중등학교에서 주로 개인위생, 안전, 환경보호, 규칙준수, 타인 존중, 책임감, 근면, 성실, 협동 등의 실천을 통하여 인성교육을 구현하고 있다(범대진, 2014).

프랑스 저소득층의 학생들은 학업경쟁의 심화에서부터 오는 스트레스 때문에 학교생활의 편안함을 잃고 학업실패로 이어지는 심리상태를 겪고 있고 이것은 학교폭력으로 확장되고 있다. 이러한 문제를 해결하고자 프랑스 정부는 40년 세월이 넘도록 중단하였던 도덕교육을 2013년부터 실시하고 있다. '도덕이란 올바른 것을 이해하고 선과 악을 구분하며 권리와 마찬가지로 의무, 미덕 그리고 무엇보다도 가치를 이해하고 구분하는 것' 이라고 강조하면서, 학생들이 학교교육 가운데 인성과 합리적 사고에 바탕을 두고 있는 보편적 가치에 대한 개념들을 습득하고 내면화되는 것에 초점을 둔 교육에 주력하고 있다(김용채, 2012).

5) 중국 인성교육

중국은 현재 다양한 분야에서 급격한 사회환경의 변화를 겪고 있다. 그러한 시장화, 정보화, 도시화는 각종 청소년들의 위기 상황을 표면화시켜서 성격장애, 자기비하, 반항심리, 신경쇠약, 학습 불량, 흡연 및 음주, 자살, 범죄 등의 문제들로 나타나고 있다. 더불어 도시 내에서는 일하러 나간 부모와 떨어져 있는 자녀의 교육문제와 농촌에서도 도시로 일하러 나간 부모와 떨어져 농촌에 남겨져 있는 자녀의 교육문제가 큰 사회적 이슈로 자리 잡고 있다. 이러한 자녀들은 교육뿐만 아니라 심리적인 위기 상황을 겪을 수 있다는 판단하에 심리장애에 대한 예방 차원의 목적으로 심리건강교육을 시행하고 있다. 이러한 심리건강교육의 교육과정은 초등학교와 중등학교에서 시행되는 예가 많은데, 놀이나 단체 활동, 사회실천 활동, 조별토론 등으로 학습자들을 심리체험활동에 참여시킴으로써 주 교육 내용인 3가지 측면, 즉 교사와 학생 간, 부모와 자식 간, 동료 간, 이성간의 인간관계 측면과 학업 스트레스, 학습곤란, 학업기피, 학습장애 등 학습 측면, 자아의식, 자아체험, 자기평가, 자제력 등 자아측면에 적용하고 있다(이근진, 2012).

6) 캐다나 인성교육

캐나다에서 주로 시행되고 있는 인성교육 프로그램은 공감능력 증진을 위한 것들이 많다. 이미 2010년 우리나라에도 단행본으로 번역되어 소개된 진바 있는 '공감의 뿌리(Roots of Empathy)' 는 유치원 교사였던 저자 메리 고든이 갓난 아기를 데리고 간 유치원에서부터 초 · 중등학교를 거치면서 보여 주는 아기의 성장과정을 통하여 공감능력이 어떻게 발달하는지, 공감능력이 가지는 중요성 등을 강조하고 있다. 다른 사람의 감정을 이해하기, 말로 표현하기, 애착 형성하기, 기질에 대한 이야기, 아기와 친밀히 만나기 등에 대한 내용으로 이루어진 이 프로그램은 현재 캐나다의 9개 주에서 실행되고 있고 다른 나라에도 점차 확산되고 있다(유지연, 2012). 또한 각 주 정부는 1990년대 초반 실시되었던 다양한 학업중단방지 프로그램(Dropout Prevention Program)을 발전시켜서 유 · 초등학생 대상으로 초기방지(Early Prevetion Programs), 중등 재학생을 위한 중재(Intervention Programms), 학업중단 직전 또는 직후 대상의 취업(School-to-Work Transition Strategies)과 복학(Re-entry/Retrieval Initiatives)의 네 가지 유형으로 나뉘어 진행되고 있다(정문숙, 2013).

7) 일본 인성교육

일본은 우리나라와 가장 유사한 방식으로 인성교육을 수행해 오고 있다. 제2차 세계 대전 이후 지금의 초등학교인 소학교와 중학교에서는 도덕, 고등학교에서는 윤리과목이라는 교과목으로 인성교육을 실시해 왔고, 그 이후에는 1989년에 고시된 '학습지도 요령'에 따라 인성교육을 실시하고 있다. 일본 인성교육의 핵심은 '오모이야리' 이다. 한자어로 '사견(私見)의 의미를 가지고 있는' '오모이야리'의 뜻은 '생각을 보내다'는 것으로 다른 사람을 도와야 할 어떤 상황에서 자신의 마음과 다른 사람의 마음이 동일해지는 첫 마음을 표현한다(홍현길, 1995). 현재 일본 문부성에서 수행하는 인성교육은 'Cultivating Richness in Mind'를 구성방향으로 하여 학업능력의 향상과 초 · 중 · 고 학생들의 인간애(humaity)와 사회성을 함양시키고자 'Notebooks for moral education'을 보급하고 있다(최준환, 2009).

7장

영유아 인성교육 영향요인

교육은 변화이다. 하지만 변화는 저절로 일어나지 않는다. 그냥 키가 크고 몸무게가 늘어가는 것 같은 신체적인 변화조차도 연령의 증가와 영양이 미치는 영향이 매우 크다. 영유아 인성의 발달에도 많은 영향요인이 작용한다. 그러한 영향요인의 탐색은 영유아 인성교육을 수행함에 있어서 보다 효과적이고 체계적인 접근을 도울 수 있다. 본 장에서는 영유아 인성발달에 영향을 미치는 많은 요인 중 주 핵심요인이라고 할 수 있는 자아존중감, 조망수용능력, 그리고 자기조절능력에 대하여 살펴볼 것이다.

1. 자아존중감

1) 자아존중감의 개념 및 구성요소

한 개인의 자아존중감은 바람직한 인성 형성 및 함양에 매우 밀접한 관계가 있는 요인이다. 인간발달의 핵심 내용으로서 자아존중감은 '사회 · 정서발달의 토대'(Kagan, Moore & Bredekamp, 1995)이며, 자기인식이나 자아개념이란 용어와 구분하여 이해할 필요가 있다.

정의적 측면을 반영한 자아존중감(self-esteem)이 자신에 관한 가치 평가인 반면, 자기인식(self-awareness)과 자아개념(self-concept)은 인지적 측면을 반영한다(Cassidy, 1990 ; Woolfolk, 2011). 이들 개념을 살펴보면 다음과 같다.

- **자기인식(self-awareness)**

  자신에 대해 분별하여 통찰하는 과정에서 자기이해를 함으로써 자아존중감 발달의 기초가 되는 것이다(Kostelnik et al., 2006). 자기인식은 영유아가 자신의 주변에 있는 인적 및 물적 환경과 상호작용을 통해 자신을 지각함으로써 이루는 세상에 대한 인지적 과정으로 사회에 대한 이해를 하는 것이다. 이러한 자기인식의 출현과 성장은 영유아가 사회적 능력과 정서적 능력의 기초를 얻기 위한 사회적 상호작용에 참여자가 되었다는 증거라고 할 수 있다(Shaffer, 2005). 자기인식을 통한 사회적 이해의 사고과정은 영유아가 세상과 소통을 할 수 있도록 자신에 대한 수용감과 사회적 관계에 대한 유능감을 확장시킨다(Lewis & Carpendale, 2004).

- **자아개념(self-concept)**

  지속적으로 변화하는 것으로 타인과 변별할 수 있는 자신의 고유성을 다각도로 고려하여 자신에 대해 해석한 개념이다. 자신의 이미지, 자신의 감정, 자신의 태도를 인지적으로 조합하여 타인과의 관계를 통해 형성되는 자아개념은 자신을 스스로에게 설명하는 도식이다. 하지만 영구적으로 고정된 개념이 아니라 성장에 따라 통합과 조정의 변화를 겪는다.

• **자아존중감(self-esteem)**

자기인식과 자아개념이 형성되어 자신에 대한 이해를 하게 되면 점차로 그것을 바탕으로 자신의 가치에 대한 긍정적 또는 부정적 평가를 하게 된다. 이러한 평가는 영유아들의 성장과 함께 변화하는데, 이러한 가변성은 타인의 언어와 행동을 통해 지각되는 자신에 대한 가치 평가에 기인한다(Harter, 1999). 즉, 자신이 똑똑해 보이는지, 다른 사람이 자신을 좋아하는지, 자신이 일을 잘 처리할 수 있을지 등에 대한 내적 · 외적 기준에 의해 타인으로부터 받는 평가를 바탕으로 자아상을 내면화한다고 보았다.

자아존종감의 개념은 그 구성요소를 살펴볼 때 보다 구체적으로 알 수 있다. [표 7-1]은 학자들이 설명하는 자아존중감의 구성요소이다.

표 7-1 영유아 자아존중감의 구성요소

학자명	자아존중감의 구성요소	
Harter(1983)	힘과 통제(power and control), 수용(acceptance), 능력(competence), 도덕적 가치(mral worth)	
Smelser (1989)	인식요소	• 기술적인 표현 • 자신의 힘, 확신, 작용과 같은 특성을 나타내는 것
	감정요소	• 긍정 또는 부정적 태도의 정도를 확인하는 것과 관련 • 높거나 또는 낮은 자아존중감
	평가요소	• 관념적 기준에 의한 가치의 속성
박경 (2014)	자신감	• 생활 속에서 도전적인 것에 직면하였을 때 나타나는 확신
	자존감	• 자신의 가치에 대해서 행복하다고 느끼는 것
지성애, 김영옥, 박희숙 (2003)	인지적 자아	• 기본적인 학습활동의 수행능력, 의사소통 능력과 수 · 과학적 개념 및 호기심과 문제해결능력에 대해 유아 자신이 지각하는 자아
	사회적 자아	• 또래, 교사로부터 수용되고 인정받고 있는지에 대한 여부와 원만한 관계를 유지하기 위해 필요한 사회적 행동에 대한 자아
	신체적 자아	• 운동이나 실외 놀이 등에서 자신의 신체를 잘 조절하고 즐겁게 참여할 수 있는 능력과 건강, 신체적 외모에 대한 자아

학자명	자아존중감의 구성요소	
	가족수용 자아	• 가족에게 느끼는 행복감과 부모와의 관계에서 느끼는 정서적 안정감 및 수용에 관한 자아
	정서적 자아	• 주어지는 과제수행능력에 대한 능력감, 자신감, 성취감, 독립심, 만족감 등에 대한 자아

2) 자아존중감의 발달

자아존중감은 고정불변한 것이 아니라 영유아에게 의미 있는 타인인 부모, 교사, 또래 등과의 상호작용과 함께 오랜 기간에 걸쳐 발달해 나간다.

표 7-2 자아의 발달단계

출생~1세	2~4세	5~7세	8~11세
• 양육자와 분리된 존재로서 자아에 대한 일반적 인식 가짐 • '나'를 인식하기 시작	• 한 번에 한 가지씩 자신을 구체적인 용어로 기술함(나는 여자야! 내 눈은 갈색이야!)	• 자기 정의를 내리기 위해서 구체적인 사실들을 말함(나는 빨리 달리고, 높이 뛰고, 수영을 잘하고 … 난 운동을 잘해!)	• 자신의 특성을 따라 여러 군집으로 기술함. 나는 사교적이고(친구가 많음, 인기 있음), 부끄러움이 많음(낯선 사람이 있을 때)
• 자아 인식이 시작함	• 전반적으로 자신에 대해 긍정적인 관점을 가짐 • 자신을 부정적으로 보지 않음	• 자신에 대해 전반적으로 긍정적인 관점을 가지며, 긍정적인 틀을 유지하기 위해 부정적인 측면을 무시하기도 함	• 자신의 긍정적인 측면과 부정적인 측면을 모두 인식하고 인정함
• 비교하지 않음	• 공평성의 문제가 아니라면 타인과 비교하지 않음(그 아이가 나보다 많이 가졌어!)	• 일시적인 비교를 함. 공평함과 자신의 과거 수행에 관련해서 비교함(내가 4살 때에는 내 이름 중 한 글자만 쓸 줄 알았는데, 지금은 다 쓸 수 있어)	• 사회적 비교를 함. 자신과 타인이 할 수 있는 것을 비교하며, 이것이 아동이 자신 을 더 잘 이해하도록 함(나는 수영이만큼 수학을 잘하지 못하지만 다른 아이들보다 더 빨리 단어 퍼즐을 맞출 수 있어)
• 자신에 대한 타인의 반응에 주목함(자신이 울면 양육자가 안아줌)	• 자신에 대한 타인의 반응을 인식함(우유를 쏟았을 때 머리를 숙임)	• 자신에 대한 타인의 평가를 인식함 • 자신을 조절하는 데 타인의 평가를 사용함	• 자신을 평가함 • 어떤 행동을 할지 결정하기 위해 타인의 평가를 사용함

출처 : Kostelnik, M., Whiren, A., Soderman, A., & Gregory, K.(2009). Guiding Children's Social Development and Learning, 6th Edition.

3) 자아존중감에 영향을 미치는 언어적 환경

언어적 환경은 말뿐만 아니라 침묵까지도 포함하는 모든 요소, 말의 양, 말의 내용, 말하는 방법, 말하는 사람 그리고 듣는 사람 등으로 구성된다. 영유아에게 의미 있는 사람과 상호작용을 이루는 언어적 환경은 영유아의 자아존중감을 세우는 데에 절대적이라고 할 수 있다.

(1) 긍정적 언어환경

영유아교육기관에 오랜 시간 동안 머무는 영유아에게 긍정적 언어환경을 조성해 주는 교사와의 만남은 자아존중감의 열쇠를 쥐어주는 것과도 같다. 자신을 가치 있는 존재라고 여기는 것만큼 삶의 큰 에너지는 없다. 영유아에게 의미 있는 사람인 교사의 말 한마디에 영유아는 어린 연령임에도 자신에 대한 개념 형성과 중요한 평가를 할 수 있다. [표 7-3]에서 교사의 긍정적 언어환경하에서의 상호작용에 따른 영유아의 반응과 해석을 살펴볼 수 있다.

표 7-3 긍정적 언어환경과 영유아에게 미치는 영향

교사의 행동 및 상호작용	행동의 이유	영유아의 반응 및 가능한 해석
영유아에게 적극적으로 관여하기 • 반드시 해야 하는 것이 아닌 잡다한 일은 영유아가 없을 때 하기 • 다른 성인과 영유아가 없을 때 상호작용하기	• 교사는 영유아가 자신을 항상 찾아 주기를 원함	• 나는 중요한 존재다. • 나는 같이 시간을 보낼 만큼 가치가 있다. • 선생님이 나를 알아봐 주셨다.
영유아에게 관심 있음을 말로 표현하기 • 반영을 사용해서 영유아에게 주목하기("넌 공룡 퍼즐을 열심히 하고 있구나.") • 영유아의 성취에 주목하기("컴퓨터 차례를 오랫동안 기다렸구나. 이제 네 차례다.") • 영유아와 함께 웃기 • 영유아의 질문에 대답하기 • 영유아가 같이 놀자고 청했을 때 진심으로 수용하기("그거 정말 재미있을 것 같은데, 나랑 같이 하자고 해서 고마워.")	• 교사가 영유아에게 진심으로 관심이 있음을 영유아가 알았으면 함 • 교사는 영유아에게 온정과 자신이 옆에 있음을 전달함 • 교사는 영유아를 수용하고 있음을 전달함 • 교사는 영유아의 생각과 활동을 존중하고 있음을 영유아가 알기를 원함	• 나는 중요한 존재다. • 나는 가치가 있다. • 내 생각/작품을 선생님이 알아차렸다. • 나는 유능하다. • 나는 이 선생님을 믿을 수 있다.

교사의 행동 및 상호작용	행동의 이유	영유아의 반응 및 가능한 해석
영유아의 말을 적극적으로 듣기 • 영유아의 생각에 잘 생각해서 대답함 • 영유아의 아이디어를 수용함 • 영유아의 말을 들어줄 수 없는 상황일 때에는 나중에 영유아의 생각이 무엇이었는지 잊지 말고 물어봄 • 영유아가 자신의 생각을 정교화시킬 수 있는 기회를 줌	• 교사는 영유아가 온정, 수용, 진실, 공감, 존중을 경험하기를 원함	• 나는 중요한 존재다. • 선생님이 내 생각과 나에게 관심을 가진다. • 나는 유능하다. • 나는 가치가 있다. • 나는 선생님과 나눌 대화의 내용을 어느 정도 통제할 수 있다. • 나는 유능하고 내 생각은 훌륭하다. • 나는 이 선생님을 믿을 수 있다.
영유아에게 공손하게 말하기 • 중간에 방해하지 않고 영유아가 말을 끝낼 기회를 줌 • 인내심을 보여 줌 • 수용적인 목소리 톤을 사용함 • 대화 중 "고마워", "미안하지만"과 같은 사회적인 예의를 나타내는 표현을 사용함	• 교사는 영유아와 관계를 맺고 싶어 함 • 영유아가 온정과 수용을 느끼길 바라며 지금 그리고 이후에도 자신과 생각을 공유하기를 바람 • 교사는 영유아에게 진심으로 관심이 있다는 것을 영유아가 알기를 원함 • 영유아를 존중한다는 것을 보여 주고 싶어 함	• 나는 중요한 존재다. • 내 생각은 가치 있다. • 나는 가치 있다. • 나는 재미있다. • 나는 유능하다. • 나는 대화 중 일부를 통제할 수 있다. • 나는 이 선생님을 믿을 수 있다.
적절한 상황에서 전문가답게 영유아에 대해 논의하기 • 영유아를 명명하지 않음 • 영유아를 판단하는 말을 하지 않음 • 적절한 상대와만 영유아와 관련된 문제를 논의함	• 교사는 영유아와 가족이 가치 있으며 존중받고 있다고 느끼길 원함 • 영유아와 관련해서 비밀을 지킴 • 부정적인 말이 영유아에게 미치는 영향을 앎	• 아무도 나에 대해서 나쁜 말을 하지 않는 것으로 봐서 나는 괜찮은 아이다. • 나는 가치 있다. • 나는 이 선생님을 믿을 수 있다.
하루 중에 비형식적으로 영유아와 대화하기 • 개별 영유아와 현재 이들의 욕구와 관심에 집중함(습식, 배변, 시험 불안, 버스 등)	• 교사는 영유아와 이들이 중요하게 생각하는 것을 알고 싶어함 • 영유아와 진심으로 대화하고 싶어 함 • 영유아가 존중받고 있으며 수용되고 있다고 느꼈으면 함 • 교사가 온정적이며 영유아에게 공감하고 있음을 영유아가 알았으면 함	• 선생님은 나에 대해 듣고 싶어 하신다. • 내가 무엇을 말하든 간에 선생님은 관심을 가져주신다. • 선생님은 나를 좋아하신다. • 나는 가치가 있다. • 나는 사물에 대해 말할 수 있으므로 세상에 대해 얼마간 통제할 수 있다. • 나는 내 유능성을 선생님과 공유할 수 있다. • 나는 이 선생님을 믿을 수 있다.
영유아의 흥미와 생각에 기초하여 대화하기 • 영유아가 대화를 주도하도록 함 • 각 영유아에게 관심이 있다고 생각되는 주제를 제시함	• 영유아가 진정으로 가치 있고 이들의 생각이 존중받으며 수용된다는 것을 알기를 원함 • 영유아가 온정적인 관계를 느끼기를 원함	• 나는 재미있다. • 나는 가치가 있다. • 나는 대화를 통제할 수 있다. • 나는 유능하고, 내 생각은 이야기 나눌 정도로 중요하다.

교사의 행동 및 상호작용	행동의 이유	영유아의 반응 및 가능한 해석
영유아의 대답을 듣기 위해 질문하기 • 영유아의 생각을 자극하는 질문을 함	• 영유아가 자신의 생각과 의견이 진심으로 존중받고 수용된다는 것을 알기를 원함 • 영유아의 문제해결능력을 길러주고자 함	• 나는 재미있다. • 나는 가치가 있다. • 나는 내 대답의 깊이와 생각의 내용을 통제할 수 있다. • 선생님이 내 생각을 듣고 싶어 할 정도로 나는 유능하다.
영유아의 이름을 부정적인 명령이 아니라, 긍정적 상황에서 사용하기	• 영유아의 자아개념이 이름과 아주 관계가 깊다는 것을 알고 이름에 대해 좋은 감정을 가지도록 노력함	• 나는 가치가 있다.
영유아의 행동을 지도해 주는 말을 사용하기 • 격려해 주는 말을 함 • 적절한 영유아를 도와주기 위해서 말함 • 자아개념이 손상되지 않고 영유아의 행동을 변화시킬 수 있도록 조심스럽게 단어를 선택함	• 언어와 영유아의 자아개념의 영향을 인식함 • 긍정적인 방식으로 행동을 지도하고 친사회적 행동을 증가시키고 반사회적 행동을 줄이기를 원함 • 영유아가 온정, 수용, 진실, 공감, 존중을 느끼기를 원함	• 나는 선생님이 나에게 노력을 기울일 정도로 가치 있다. • 나는 새로운 행동을 학습할 수 있다. • 나는 가르칠 만한 가치가 있다. • 나는 가치가 있다. • 나는 유능하다. • 나는 내 행동을 통제할 수 있다.

출처 : Kostelnik, M., Whiren, A., Soderman, A., & Gregory, K.(2009). Guiding Children's Social Development and Learning, 6th Edition.

(2) 부정적 언어환경

교사의 목소리에서부터 교사의 말 속에 있는 내용까지 교사가 마련해 주는 언어적 환경은 영유아들에게 자신감을 주기도 하지만 때로는 두려움을 주기도 상실감을 주기도 한다. 교사가 영유아를 위하여 어떤 언어환경을 선택하느냐에 따라 영유아가 자신의 행복을 결정한다고 해도 과언이 아니다. [표 7-4] 는 교사가 제공하는 부정적 언어환경으로 영유아에게 미치는 영향에 대해 살펴본 것이다.

표 7-4 부정적 언어환경과 영유아에게 미치는 영향

교사의 행동 및 상호작용	행동의 이유	영유아의 반응 및 가능한 해석
무관심 • 영유아의 존재를 인식하지 못함 • 영유아가 곁에 있을 때 말을 걸지 않음 • 상호작용을 시도하려는 영유아에게 거의 반응하지 않음	• 교사가 급하거나 바쁘거나 생각 중임	• 선생님은 나에게 관심이 없다. • 나는 중요한 존재가 아니다. • 나는 같이 시간을 보낼 만한 가치가 없다.
피상적인 반응 • 주의를 기울여서 듣지 않음 • 관련 없는 질문이나 폐쇄형 질문을 함 • 부적절한 대답을 함 • 눈을 맞추지 않음 • 영유아의 말을 중간에 끊음	• 교사가 다른 생각에 빠져 있음	• 선생님은 나에게 관심이 없다. • 내 생각은 중요하지 않다. • 나는 중요하지 않다. • 나는 같이 시간을 보낼 만한 가치가 없다. • 내 생각은 쓸만하지 않다.
무례한 반응 • 다른 아이와의 대화를 방해함 • 성인과의 대화를 방해함 • 영유아가 교사의 요청에 즉시 반응하도록 재촉함 • 목소리 톤이 상황에 맞지 않음 • 미안해, 고마워 등 사회적인 예의를 무시함	• 교사가 생각을 하고 있지 않음 • 영유아에게 미치는 정기적인 효과를 고려하지 않고 단기적인 수정에만 관심이 있음	• 내가 말하는 것이 중요하지 않거나 흥미가 없거나 관련이 없다. • 선생님이 더 중요하다. • 나는 같이 시간을 보낼 만한 가치가 없다. • 나는 아무것도 통제할 수 없다. • 나는 유능하지 못하다.
빈정거리는 반응 • 부정적인 톤을 사용함 • 부정적인 단어를 사용함 • 영유아를 농담의 대상으로 삼음 • 영유아를 비꼼("얘는 너무 똑똑해서 선생님 말을 듣지 않아도 된다고 생각해!")	• 교사가 그 상황을 통제하고 싶어 함 • 교사는 권위를 위해서 빈정거림 • 교사는 이것이 유머라고 생각함	• 창피하다. • 나는 중요한 존재가 아니다. • 나는 멍청하다. • 나는 가치가 없다. • 나는 아무것도 통제할 수 없다. • 나는 이 교사와 말하고 싶지 않다. • 나는 전혀 유능하지 않다.
평가적인 반응 • 영유아를 부정적인 단어로 명명함 (이기적인, 게으른, 욕심 많은) • 영유아에게 직접적으로 혹은 영유아가 들을 수 있는 거리에서 영유아를 어떻다고 명명하기	• 교사는 그 상황을 통제하고자 함 • 교사는 영유아의 감정을 전혀 고려하지 않음	• 나는 중요하지 않다. • 나는 가치가 없다.
영유아가 자기 생각을 표현하지 못하게 함 • 영유아에게 "조금 있다가"라고 하고는 나중에 듣지 않음 • "쉿"이라고 하며 영유아에게 조용하라고 함 • 영유아에게 "지금 말고"라고 말함	• 교사의 계획에 따름 • 교사는 일을 끝내려고 한 것임 • 교사는 바쁘거나 빨리 끝내야 한다고 느낌	• 내 생각이 있지만, 내 생각은 중요하지 않다. • 나는 중요하지 않다. • 나는 가치가 없다. • 나는 아무것도 통제할 수 없다. • 내 생각은 내가 유능하지 못한 만큼 좋지 않다.

교사의 행동 및 상호작용	행동의 이유	영유아의 반응 및 가능한 해석
영유아의 관심 무시하기 • 영유아에게 지금 말하는 주제 말고 다른 것에 대해 말하려고 함("난 지연이와 네가 싸웠다는 말에 이제 넌더리가 난다. 다른 말은 없니? 없으면 조용히 해라") • 성인의 지침을 따르게 하기 위해서 영유아가 하고 있는 것을 그만두라고 말함("이제까지 나비를 충분히 보았잖아. 이제 여기로 와서 앉으렴.") • 교사의 계획에 따르게 하기 위해서 영유아의 말이나 질문을 무시함	• 교사의 계획에 따름 • 교사는 일을 마쳐야 하기 때문에 마음이 급함 • 교사는 관심이 없음	• 나는 재미없다. • 내가 요구하고 바라는 것은 가치가 없다. • 나는 같이 시간을 보낼 만한 가치가 없다. • 선생님 말이 내 말보다 더 중요하다. • 나는 아무것도 통제할 수 없다. • 나는 선생님을 귀찮게 한다. • 내 생각은 좋지 않다. • 나는 유능하지 못하다.
대화가 아니라 영유아를 통제하기 위해 말함 • 지시를 함("의자에 앉아라.", "네 그림을 그려라.") • 규칙을 말함("싸우면 안 돼.") • 영유아와 최소한의 대화만 함	• 교사는 영유아의 행동을 통제하고자 함 • 교사는 말이 중요하다는 것을 알고 있으며, 그래서 영유아와 함께 대화하는 것이 아니라 영유아에게 많은 말을 함	• 내가 더 낫게 행동해야 한다. • 나는 중요하지 않다. • 나는 가치가 없다. • 나는 유능하지 않다(만약 내가 유능하다면, 선생님은 나에게 말을 했을 거야.) • 나는 아무것도 통제할 수 없다.
수사학적인 질문하기 • 공허한 질문을 함("오늘 너는 뭐가 문제니?") • 빈정거리는 톤으로 말함("네 머리를 집에 두고 왔니?")	• 교사는 영유아의 행동을 말로 통제하고 있음 • 교사는 좌절되었거나 그 상황이 불쾌함	• 나는 중요하지 않다. • 내 반응을 원한 것도 아니고 내 반응을 좋아하지도 않는다. • 나는 가치도 없다.
영유아의 이름을 "안 돼.", "하지마."의 대용으로 사용하기	• 교사는 영유아의 행동을 통제하고 있음 • 교사는 화가 났거나 좌절되었거나 그 상황이 불쾌함	• 나는 중요하지 않다. • 내 결정체인 내 이름은 나쁘다. 나는 나쁜 아이임에 틀림없다.
영유아를 비판하기 • 영유아가 할 수 있는 것이 아닌, 영유아가 할 수 없는 것을 강조함 • 대안을 거부함으로써 발전할 기회를 빼앗음(넌 너무 어려서, 넌 너무 작아서) • 완벽을 기대함 • 바람직한 행동에 가까운 행동을 무시함 • 영유아가 할 수 있는 것을 놀림 • 할 수 없다는 사실에 대해서 영유아를 조롱함	• 교사는 영유아의 행동을 통제하고 있음 • 교사는 이러한 방법이 영유아를 동기화되도록 도와준다고 생각함	• 나는 가치가 없다. • 나는 절대 성공하지 못 한다. • 나는 시도조차 할 수 없다. • 나는 유능하지 않다. • 목표행동이 작은 조각들로 나누어지지 않아서 나는 그 상황을 통제할 수가 없다. • 아무도 나를 도와줄 시간이 없다. 나는 가치가 없는 사람이다.

교사의 행동 및 상호작용	행동의 이유	영유아의 반응 및 가능한 해석
성의 없거나 해로운 칭찬하기 • 긍정적인 행동을 부정적인 평가와 연결함("내가 지금 앉아 있어서 선생님이 기쁘구나. 넌 하루 종일 잘 앉아 있지 못했어.") • 모든 영유아들에게 같은 칭찬의 말을 사용함("잘했어.", "좋은데.") • 다른 영유아들을 깎아내리면서 칭찬하기 ("다른 아이들은 다 틀렸는데 너만 잘했구나.") • 거짓으로 달콤한 목소리로 이야기함	• 교사는 영유아의 행동을 통제하고자 함 • 교사는 영유아를 동기화시키고자 함 • 교사는 이 방법이 유용하다고 생각함	• 이 선생님을 믿을 수 없다. • 선생님이 말하는 것을 믿을 수 없다. • 선생님이 나를 보지 않았으면 좋겠다(내가 잘했건 못했건 선생님은 항상 나쁘다고 하니까) • 내가 성취한 것을 선생님이 알아치릴 수 있을 만큼 중요한 존재가 아니다. • 나는 다른 이이들과 다르지 않다. • 나는 가치가 없다. • 나는 통제할 수 없다. • 나는 유능하지 못한 게 틀림없다.

출처 : Kostelnik, M., Whiren, A., Soderman, A., & Gregory, K.(2009). Guiding Children's Social Development and Learning, 6th Edition.

교사가 영유아의 자아존중감 증진을 위하여 제공할 수 있는 중요한 언어적 환경수단으로 '칭찬'이 있다. 하지만 교사가 영유아를 무분별하게 칭찬할 경우, 영유아는 칭찬을 대수롭지 않게 여겨 오히려 칭찬은 부정적 언어환경수단이 될 수 있다(Parson, Kaczala & Meece, 1982).

표 7-5 효과적인 칭찬과 비효과적인 칭찬의 비교

비효과적인 칭찬	효과적인 칭찬
영유아를 평가하는 것 : "그림을 잘 그렸구나."	**영유아를 인정하는 것 :** "여러 가지 색을 사용해 그림을 그렸구나."
일반적으로 칭찬하는 것 : "잘했어."	**구체적으로 하는 것 :** "그림을 열심히 그렸구나.", "뭘 그릴지 많이 생각했구나."
영유아를 다른 영유아와 비교하는 것 : "너는 누구보다도 가장 재미있게 글을 썼구나."	**영유아의 발전을 과거의 수행과 비교하는 것 :** "이번에는 전에 사용하지 않았던 단어를 두 개나 적었네."
영유아의 행위를 외적 보상과 연결하는 것 : "책을 세 권 읽었구나. 상자에서 스티커 가져가라."	**영유아의 행위를 즐거움과 만족과 연결하는 것 :** "책을 세 권이나 읽었구나. 그렇게 많이 읽어서 기분이 좋아 보인다."

비효과적인 칭찬	효과적인 칭찬
성공을 운이나 과제가 쉬운 탓으로 돌리는 것 : "저건 운 좋게 잡은 거야."	**성공을 노력과 능력으로 귀인하는 것 :** "네가 빠르게 달려가서 공을 잡았구나."
내용이나 톤에 대해 생각 없이 칭찬하는 것	**생각을 많이 하고 칭찬하는 것**
가성이나 무표정한 톤으로 칭찬하는 것	**자연스러운 목소리 톤으로 칭찬하는 것**
항상 똑같이 칭찬하는 것	**영유아와 상황에 맞도록 개별화하여 칭찬하는 것**
칭찬이 영유아의 작업을 방해하는 것	**방해하지 않고 칭찬하는 것**

출처 : Kostelnik, M., Whiren, A., Soderman, A., & Gregory, K. (2009). Guiding Children's Social Development and Learning, 6th Edition, Canada: CENGAGE Learning.

2. 조망수용능력

1) 조망수용능력의 개념 및 발달

조망수용능력이란 다른 사람의 느낌, 생각, 태도 등을 추론하는 능력이며 다른 사람의 입장을 이해하고 수용하는 사회인지능력이다. 영유아가 다른 사람의 생각, 입장, 태도 등을 이해하고 공감하려면 자기중심적 사고에서 벗어나는 과정이 이루어져야 한다. 영유아들이 속한 사회에 성공적으로 자연스럽게 동화되고 적응되면서 바람직한 인간관계를 유지하기 위해서는 다른 사람에 대한 이해, 즉 사회인지가 발달해야 하는데, 사회인지 중 흔히 역할수용(role-taking)이라고도 말하는 조망수용능력은 타인을 이해하고 받아들이기 위한 가장 중요한 인지적 능력이다.

Flavell은 조망수용을 자기와 타인 사이의 상호관계를 타인의 눈을 통해 보고 이해하는 능력이라고 했고, Higgins는 다른 사람의 감정뿐 아니라 사고동기까지 이해하는 것을 포함하는 것을 조망수용이라 정의하였다.

이를 종합해 보면, 조망수용능력이란 한 개인이 사회구성원으로서 다른 사람과 관계를 맺기 위해 타인의 느낌, 생각, 태도 및 입장을 이해하고 수용하는 능력이라고 할 수 있다.

Piaget는 조망수용을 유아의 자기중심성에 반대되는 개념으로 사용했고, 7세 이전의 유아는 조망수용능력이 형성되지 않는다고 하였다. 그러나 Selman은 유아들에게도 어느 정도의 조망수용능력이 있다고 보았으며, 조망수용능력을 영유아가 다른 사람의 입장에서 사물이나 사건을 바라보고 이해하는 능력으로서 나와 다른 사람의 관점 간의 관계에 대한 본질을 이해하는 능력이라고 정의하고 다섯 개의 발달단계로 구분하였다.

표 7-6 Selman의 조망수용능력 발달단계

단계	내용	타인에 대한 사고
0단계 : 자기중심적 조망수용 (3~6세)	– 자신 이외의 어떤 다른 관점도 알지 못하는 단계 – 영유아가 자신의 경험과 타인의 경험에 대한 차이를 알지 못함으로써 자기중심적 오류를 나타낸다. – 모든 대상과 물체를 자기 자신의 입장에서 보고 생각하므로 타인의 입장, 관점, 견해를 취하지 못함	자신과 타인의 생각이나 심리적 특성이 서로 다르다는 것을 완전하게 변별하지 못하는 자기중심적이며 미분화된 조망수준
1단계 : 사회정보적 (주관적) **조망수용** (6~9세)	– 사람들이 자기와 다른 관점을 가질 수 있다는 것을 인식하나 그것을 고려하지 못하는 단계 – 타인이 다른 생각을 가지고 있다고 생각은 하나 그 내용을 생각하지 못한다.	개개인이 서로 다른 사고와 내적 세계를 가질 수 있다는 것을 이해하는 분화된 조망을 지니지만 각자의 조망의 차이를 정확하게 판단하는 능력에는 한계를 갖는 주관적 조망수용
2단계 : 자기반성적 조망수용 (7~12세)	– 아동들은 같은 정보를 가졌다 하더라도 자신과 타인의 관점이 갈등을 일으킬 수 있다는 것을 인식하는 단계 – 아동은 타인의 관점을 이해하고 그들의 행동에 대한 타인의 반응을 예견할 수 있게 된다. – 그러나 자신과 타인의 관점을 동시에 고려하지는 못한다. 이로 인해 타인의 입장은 생각하나 자신의 입장과 상충될 때는 받아들이지 못한다.	자신의 사고나 행동에 대해 객관적 관점에서 되돌아 볼 수 있으며 동시에 타인의 사고나 감정을 이해하고 예측할 수 있는 이인자적 조망 수준 양자를 통합하는 상호적 · 조망수준에는 미치지 못함

단계	내용	타인에 대한 사고
3단계 : 상호적 조망수용 (10~15세)	- 아동은 자신과 타인의 견해를 동시에 고려할 수 있게 되고, 타인도 자신의 관점을 고려할 수 있다는 것을 아는 단계 - 자신을 타인의 위치에 놓을 수 있게 된다. - 타인의 사고나 느낌, 행동 또는 시각을 이해하고 판단하는, 즉 타인의 입장이 되어보는 것을 생각해 볼 수 있다.	제3자의 입장에서 자신과 상대의 관점을 모두 통합하는 일반화된 타인 조망 또는 상호적 조망수준
4단계 : 사회인습적(사회적) 조망수용 (12세~성인)	- 아동은 사회체제가 갖고 있는 일반화된 관점에 비추어 타인의 관점을 이해할 수 있게 된다.	사회의 전체적인 조직이나 체제의 관점에서 모든 것을 조망하는 사회적 또는 심층적 조망수준

출처 : 이현정(2016) ; 박신애(2004).

특히 [표 7-6]의 단계들 중 0단계와 1단계가 영유아기에 해당하는 것으로 영유아들의 조망수용능력이 위 단계로 올라가기 위해서는 적절한 자극이 필요하다. 즉, 영유아의 조망수용능력의 발달을 이루기 위해서는 영유아들이 타인의 입장에 서는 것이 어떤 의미인지, 타인의 생각을 어떻게 알 수 있는지, 그것은 왜 필요한 지에 대한 이유를 파악하고 그에 대한 적절한 자극을 주는 교사의 역할이 중요하다고 할 수 있다.

2) 조망수용능력의 유형

조망수용능력은 세 가지 유형으로 나눌 수 있다. 첫째, 공간적 배열에 대한 타인의 지각적 관점을 추론해 내는 공간적 조망수용(Spatial Perspective Taking), 둘째, 타인의 의도나 태도, 생각을 추론해 내는 인지적 조망수용(Cognitive Perspective Taking), 셋째, 타인의 느낌이나 감정적인 반응을 이해하는 정서적 조망수용(Affective Perspective Taking)이다. 이 중 인지적 조망수용과 정서적 조망수용은 사회인지의 가장 핵심이 되는 것으로서 영유아가 사회공동체에서 맺는 사회적 대인관계에 매우 중요한 역할을 한다(Flavell, 1968).

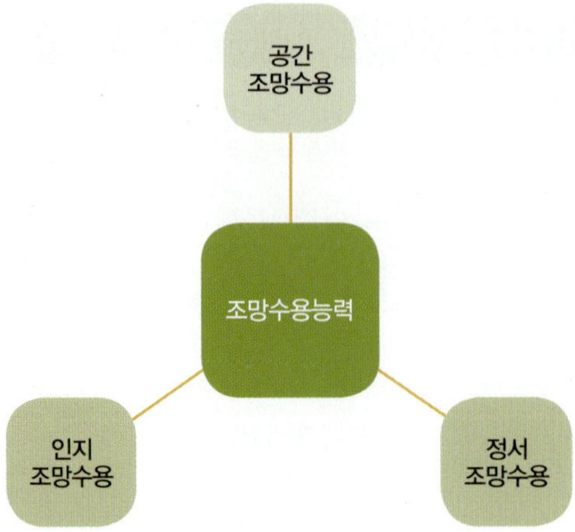

그림 7-1 조망수용능력의 유형

(1) 공간적 조망수용(Spatial Perspective Taking)

공간적 조망수용은 눈앞에 보이는 대상이 그것을 보는 관찰자가 어디에 서 있느냐에 따라 다르게 보인다는 것을 아는 능력과 특정한 위치에서 관찰했을 때 대상이 어떻게 보일 것인지를 판단하는 능력을 말한다. 영유아는 자기중심적 사고경향으로 이러한 공간 지각에 의한 조망의 전환이 어렵다. [그림 7-2]의 세 산 모형실험은 영유아의 조망수용이 어려운 이러한 자기중심성을 잘 보여 준다.

아이에게 곰돌이가 A, B, C, D 위치에 있을 때 어떤 순서대로 산을 보는지에 대해 물으면, 아이는 자기가 서 있는 위치에서 본 산의 순서로만 대답한다. 만 5~7세가 되기까지도 여전히 자기중심적인 답변을 한다.

그림 7-2 세 산 모형실험

(2) 인지적 조망수용(Cognitive Perspective Taking)

인지적 조망수용은 다른 사람이 가지고 있는 지식을 평가하는 능력인데, 이 능력이 발달함으로써 유아들이 사회에 대한 보다 폭넓은 지식을 갖게 되고 이해하며 수용할 수 있게 된다. 이러한 인지적 조망수용은 타인의 의도, 견해, 지식 등을 추론하고 평가하는 능력으로서 타인의도조망과 타인사고조망으로 구성되어 있다.

① 타인의도조망

타인의도조망은 다른 사람이 어떤 일련의 행위를 보였을 때 그 의도를 어떤 것인지 바르게 판단하는 능력이다. 즉, 타인의 행동에 대한 의도를 조망하여 결정하는 능력인데, 이것은 대인관계 형성에 중요한 영향을 미친다.

의도는 인간의 어떤 행위가 왜 나타났는지 그리고 그 나타난 결과로서의 행위와의 관계가 어떠한지, 인간행위의 원인과 결과를 분석하거나 또는 그 행위에 따른 비난 혹은 칭찬은 대략 만 4세경에는 가능한 것으로 보인다.

② 타인사고조망

타인이 생각하는 것이 무엇인지 또는 타인이 처해 있는 특정한 상황이나 사건에서 알고 있는 것이 무엇인지 추론하는 능력이다.

이러한 인지적조망수용을 알아보기 위하여 [표 7-7]과 같이 세 가지 연구방법이 사용되어 왔다(Shantz, 1975).

표 7-7 유아의 인지조망수용 연구방법

연구방법 유형	내용
의사소통행동 (communication behavior)	• 유아가 자신이 지닌 정보를 타인에게 전달하기 위해서는 언어를 어떻게 사용하는지를 연구한다. • 정보에 관한 효과적인 전달을 위해서는 자신의 정보를 편집해야 하는데, 이와 같이 정보의 편집은 상대방의 관점이나 속성을 분석하는 데서 시작된다.
게임놀이 (game playing)	• 게임에서 승리하기 위해서는 상대방의 전략을 정확히 추론해야 하며 또한 상대방이 자신의 생각을 추론하려고 한다는 사실도 인식해야 한다.
이야기 분석 (story analysis)	• 유아에게 이야기를 제시한 후 등장인물의 관점을 조망하게 하는 방법이다. – 유아에게 투사적 형태의 이야기 과제를 주고 이를 각 이야기 주인공의 관점에서 재구성해보도록 하는 연구방법 – 사회적 딜레마가 포함된 이야기를 제시하고 등장인물의 다양한 관점에서 딜레마의 이해를 질문을 통해 파악하는 방법 – 유아가 정보 차원이 다른 조망대상자의 관점에서 이야기될 때 이야기가 변형되는 것을 분석하는 방법

(3) 정서적 조망수용(Affective Perspective Taking)

정서적 조망수용은 어떤 상황에서 타인이 어떻게 생각하는지 어떻게 느끼는지를 대신 느껴보는 등, 타인의 입장이 되어보는 과정으로 타인의 생각 및 태도, 감정 등을 알고 이해하는 능력이다. 또한 이러한 과정이 자신의 느낌을 기초로 하지 않고, 타인의 감정, 반응, 관심을 추론 · 평가하는 것(Underwood & Moore, 1975)으로 공감의 의미로 사용되기도 한다. Hoffman(1984, 1987)은 타인의 내적 상태에 대한 인식적 능력과 타인의 입장이 되어보는 타인 정서적 능력을 공감이라고 보고, 네 가지 발달수준을 다음과 같이 제시하였다.

Hoffman의 공감발달 4수준

• 수준 1. 총체적 공감(생후 11개월경)

영아들은 타인이 자신과 구별되는 물리적 실체라는 사실을 지각할 수 있게 되기 훨씬 이전에 가장 단순한 야기양식들(arousal modes)를 통해서 공감적 고통을 경험한다. 영아 대부분은 생후 첫 해 동안 다른 사람이 곤경에 처해 있음을 부게 되면 총체적인 공감적 고통의 반응을 나타낸다. 따라서 이 수준의 영아는 희미하게 지각된 타인으로부터 고통의 단서가 보일 때 그것을 자기 자신 내부에서 공감적으로 야기된 불유쾌한 감정으로 혼동하게 된다.

• 수준 2. 자기중심의 공감(생후 18개월부터)

영아들은 점차로 대상영속성(object permanence)의 개념을 습득하고 타인과 자기 자신을 다른 물리적 존재로서 구별하여 지각할 수 있게 된다. 자아의 이미지와 타인의 이미지를 별개로 구분하는 수준으로 발달한다. 하지만 타인의 내적상태를 파악하지 못하고 자신의 내적상태와 동일하다고 여기는 영아는 울고 있는 친구를 자신의 엄마를 데리고 가서 달래주도록 요구한다.

• 수준 3. 타인감정에 대한 공감(2~3세경부터)

타인이 가지고 있는 감정이 '나' 자신의 감정과 다른 것이고 타인들 나름대로의 욕구와 상황에 대한 해석을 토대로 이루어진다는 사실을 지각하게 된다. 따라서 다른 사람이 실제로 느끼는 것에 대한 단서를 찾으려는 노력에 민감하게 되고 언어를 습득함으로써 더 복잡해진 감정들을 폭넓게 공감하는 것이 가능해진다. 희생당한 타인의 고통으로부터 궁극적으로 자아존중감(self-seteem) 손상의 불안도 공감할 수 있다.

• 수준 4. 타인의 생활여건에 대한 공감(아동 후기 무렵부터)

자기자신과 타인에 대한 개념이 생겨나서 각각 다른 성장 배경과 정체감을 가지고 산다는 사실을 알게 된다. 또한 사람들이 즐거움과 고통을 느끼는 것은 타인의 당장 현재 고통에 대해서도 공감하나 그 고통이 장기화될 것이라는 것을 알게 되면 더욱 강한 공감적 반응을 하게 된다. 따라서 이 수준의 공감적 정서는 타인의 고통 또는 바람에 대한 일반적 수준의 정신적 표상과 결합된다고 할 수 있는 단계이다.

3. 자기조절능력

1) 자기조절능력의 개념 및 구성요소

자기조절능력(self-regulation ability)은 유아 스스로 주어진 상황에 맞게 흥미와 계획에 따라 자신의 생각과 행동을 적절하게 조절할 수 있는 능력으로서 성공적인 사회적 관계를 형성하는 데 매우 중요한 역할을 한다(박지현, 2010 ; Neizel & Stright, 2003).

[표 7-8]에서 학자들이 주장하는 자기조절능력의 구성요소를 살펴보면서 자기조절능력의 개념을 보다 자세히 알아볼 수 있다.

표 7-8 자기조절능력의 구성요소

학자	자기조절능력의 구성요소	
Kendall & Wilcox(1979)	행동적 요인	• 자기강화 • 자기점검 • 자기평가
	인지적 요인	• 사려 깊게 계획하는 능력 • 심사숙고 할 수 있는 능력 • 문제해결능력 • 평가능력
Derruberry & Rothbart(1988)	주의집중	• 자기조절력에 초점을 유지하는 능력
	주의전환	• 자극에서 다른 자극으로 초점을 바꾸는 능력
	억제통제	• 충동을 억제하거나 참는 능력
Bronson(2000)	인지통제	• 주의집중하는 능력 • 문제해결을 지시하고 점검하는 능력 • 사고하는 능력
	외적 행동통제	• 특수한 상황에 적응하는 능력 • 성인의 요구에 순응하기 위해 정서와 행동을 점검하는 능력
Lengua(2002)	주의력 조절	• 주의를 전환하고 집중하는 능력
	억제통제	• 원하지 않는 활동을 시작 또는 지속할 수 있는 능력 (정서 관련 조절행동)
	충동성	• 목적이나 목표를 위해 기다리지 못하고 반응하는 시작의 속도

학자	자기조절능력의 구성요소	
이정란(2003)	자기점검	• 자기평가 • 자기결정
	자기통제	• 행동억제 • 정서성
양옥승(2004)	인지조절	• 상위인지 차원에서 자신의 인지과정을 조절하는 측면 (계획하기, 점검하기, 평가하기)
	정서조절	• 주의, 정서, 행동 등 외적 행동과 관련되어 있는 순응행동, 억제행동(정서인식, 정서억제통제, 대치하기)

2) 자기조절능력의 발달

일반적으로 자기조절능력은 2세경에 표상능력, 기억능력과 같은 인지능력의 발달과 함께 나타나기 시작하여 3~6세경에는 자기 중심적인 혼잣말이 정보의 요소와 자기조절의 요소로 작용하여 자기조절의 의미 있는 변화가 이루어지게 된다(Flavell, 1987 ; Kopp, 1982, 1989 ; Vygotsky, 1978).

Kopp는 자기조절능력의 발달을 5단계로 나누어 설명하였다.

(1) 1단계(출생~2,3개월) : 신경생리학적 조정단계

시청각의 발달과 부모와의 상호작용으로 인한 감각운동적 조절을 하여 각성상태의 조절과 반사운동으로 기능하는 양상을 보인다. 따라서 양육자의 섬세한 관심과 애정어린 보살핌으로 영아와의 상호작용은 영아의 자기조절능력발달에 중요한 요인이 된다.

(2) 2단계 (3~9개월) : 감각운동적 조정단계

자발적이며 비반사적인 방식으로 자신의 움직임을 통제한다. 순간적이 아니라 지속적으로 유도하는 외부 요인으로 동기화된 자극에 의해 형성된 감각운동적 적응이 나타나서 자신과 타인의 행동을 구분하게 된다. 이 시기에 영아의 자율적인 행동패턴이 나타나는데, 어떤 사건의 발생 시 그 반응으로 행동을 보인다.

(3) 3단계(12~18개월) : 통제단계

생활 속에서 지각하는 사회적 요구에 따라 사회화를 위한 순응행동이 나타난다. 이것을 위해 다른 사람과 상호작용을 통해서 신체행동이나 의사소통을 시작, 조정, 중지할 수 있다. 이 시기에는 기호에 대하여 민감성을 가지고 있으며, 이것은 사회적 행동에 대한 선입관과 부모와의 상호작용의 질에 의해 결정된다. 논리적 규칙에 따른 적응과정보다 양육자의 명령이나 요구가 매우 중요한 요인이 되어 양육자로부터의 사회적 요구나 과제요구에 대한 인식이 발달한다.

(4) 4단계(24개월) : 자아통제단계

외부감시나 훈육 없이도 사회적 기대에 대한 적절한 행동을 수행할 수 있다. 이것은 표상적 사고와 기억능력 등의 인지적 발달에서 기인하며 제한된 정도(융통성의 부족, 유보능력의 한계 등)의 만족지연능력을 나타낼 수 있다.

(5) 5단계 (36개월) : 자기조절단계

내성, 의식, 초인지(meta-cognition)와 같은 전략과 반성적 사고를 사용할 수 있다. 상황에 따른 요구 변화에 보다 민첩하고 융통성 있는 대처능력과 함께 적응하고 조절하는 순응성 및 만족지연능력으로 사회적 규준을 따른다.

3) 자기조절능력의 중요성

자기조절능력은 영유아가 성장하면서 부모 또는 교사 등 주변 성인이 지속적으로 점검해야 할 중요한 발달지표이다(Shonkoff, 2010).

자기조절능력이 잘 발달된 사람은 과제수행수준이 높고, 계획을 하거나 문제해결을 하는 고차원적 인지기능에 있어서 실행능력이 뛰어나며, 학교와 직장에서 목표한 바를 성공적으로 잘 이루어 내고, 좋은 대인관계를 형성하여 자기 효능감을 증진할 뿐만 아니라 긍정적인 자아개념을 형성한다. 하지만 자기조절능력이 덜 발달된 사람은 과잉행동, 공격적 행동, 충동성 같은 문제행동이 나타난다(Tangney, Baumeister, & Boone, 2004).

자기조절능력의 중요성을 인지조절과 정서조절의 측면에서 살펴보면 다음과 같다.

첫째, 인지조절능력은 자기가 세운 목적을 달성하기 위하여 계획하고 평가하는 목적 지향적인 조절능력이다. 이것을 위하여 지속적인 모니터링을 통한 인지적 조작 수행능력을 발휘할 수 있는 메타인지과정을 필요로 한다(양옥승, 2006 ; Bodrova & Leong, 2008). 메타인지능력은 '반성적 사고'를 통해 나타나는데, 문제해결에 있어서 자신의 행동을 계획하고, 점검하고, 평가하는 자기조절능력에서 중요한 요소이다.

둘째, 정서조절능력은 사회적 상호작용을 통하여 나타나는 내면화된 문제행동과 외적으로 표현되는 행동과 관련이 있다. 특히, 사회적 상호작용에 어려움을 겪는, 예를 들면 또래들로부터 왕따를 당하거나 피해를 당하는 영유아들에게 매우 요구되는 자기조절능력이다. 정서조절능력이 잘 발달된 영유아들은 영유아기 이후에 성공적인 인지수행 및 사회적 관계 형성에 영향을 미치게 된다. 즉, 정서조절능력이 발달된 영유아는 자기 순서와 차례를 기다릴 수 있고, 갖고 싶은 놀잇감을 빼앗고 싶은 욕구를 절제하며, 성인과의 일도 함께 수행하고, 부정적인 감정도 능동적으로 조절하려고 한다(Berg et al., 2006). 더 발전된 정서조절능력은 자신의 일에 대해 미리 스스로 예측하여 계획하고 준비하는 행동 및 점검을 통하여 자율적으로 문제해결 전략을 선택함으로써 충동성, 불안감, 산만성 등의 문제들이 감소될 수 있다(장혜진, 2009).

표 7-9 자기조절능력의 증진방안

지도 전략	내용
모델링	부모나 교사가 문제를 해결하기 위해 어떻게 자신의 욕구를 통제하는가를 봄으로써 유아들도 그 방법을 수용하게 된다.
긍정적인 언급	무엇이 수용될 수 있는 행동인지 분명히, 간단하게, 구체적으로 알게 하는 것에 초점을 두는 것으로 유아의 행동 결과에 대해 주어지는 칭찬보다는 간단한 정보의 제공으로 무엇을 기대하고 있는지를 알려주는 보다 직접적인 교수 형태
유아에 대한 긍정적인 관심	무엇보다 강력한 강화수단으로서 유아의 행동에 대해 구체적으로 피드백을 주었을 때 유아는 무슨 행동이 긍정적 인식을 갖게 하였는지 정확하게 이해하게 된다.
재지시	유아들이 잘못된 행동을 하더라도 교사가 유아에게 수용적인 행동을 구체적으로 재지시하면 유아가 잘못된 행동을 하기 전에 자신의 행동을 바꿀 수 있다.
제한 설정	허용되지 않은 행동이 있다는 것을 유아들이 분명하게 이해할 때, 그 행동을 지도하려는 욕구가 줄어들므로 제한에 대한 이유를 유아와 함께 이야기할 수 있는 기회를 가지거나 제한설정에 함께 참여하는 것이 필요하다.
선택의 허용	교사와 유아가 함께 함을 공유하기 위해서는 제한에 어떻게 반응할 것인가에 대한 선택을 제공해야 한다. 유아와 교사가 제한을 함께 하는 기회를 갖게 된다면 유아는 제한의 범위 내에서 개별적으로 조절할 수 있는 힘을 갖게 된다.
자연적 · 논리적 귀결 경험	유아는 자신의 행동에 대한 구체적 경험을 통해 효과적으로 학습하므로 직접적인 시행착오를 통해 행동과 결과의 인과관계를 배우도록 기회를 제공하는 것이다.
문제해결을 위한 토의방법	갈등 상황에서 협상하는 기술을 경험하는 것이다. 이러한 경험은 문제 상황에서 자신의 노력과 자신의 방법으로 해결할 수 있다는 신념을 갖게 한다.
나-전달법	교사의 정서적 표현은 솔직하게 표현하여 유아의 행동을 바꿀 수 있도록 지도할 수 있다.

출처 : Gestwicki(2004). Home, school and community relations(5th ed).

8장

영유아 인성교육과 관계

2015년 7월부터 우리나라 전역에서 시행되고 있는 〈인성교육진흥법〉의 핵심은 '관계'이다. 개인, 다른 사람, 공동체에서의 관계를 원만하게 형성하도록 돕는 인성에 주목하고 있다. 사회구성원으로서 바람직한 관계를 맺지 못한다면 행복한 삶은 생각할 수 없다. 그렇다면 영유아들에게 있어서는 "어떤 바람직한 관계"들이 필요하며, "어떻게 관계를 맺어야 하는가"를 살펴보는 것은 매우 중요하다고 할 수 있다. 본 장은 영유아의 인성교육이 실제적으로 적용되어야 할 맥락의 문제를 다룬다.

1. 부모와의 관계

1) 부모의 역할

(1) 부모역할의 개념

사람은 다른 동물과 다르게 성인으로서 성숙되기까지 많은 시간이 요구된다. 그것은 또한 사람에게 있어서 부모역할의 중요성을 강조하는 것이기도 하다. 부모는 자녀에게 최초의 인적 환경으로서 매우 중요한 역할을 하며, 자녀의 성장과 발달을 돕는다. 이것은 단순히 신체발달을 위한 자녀의 영양공급이나 자신의 조절을 위한 능력을 가르치고 사회에서의 구성원으로서의 역할을 행할 수 있는 지식과 기능을 습득하는 것을 비롯하여 사회에 올바르게 적응할 수 있는 태도와 가치관을 길러 그에 따라 살아나기는 행복을 영위할 수 있도록 역할 모델로서 자녀의 사회화를 돕는다(강석규, 2004).

표 8-1 전통적인 부모의 역할

구분	역할	의미
아버지	도구적 역할 (instrumental role)	경제적 책임과 함께 자녀로 하여금 사회생활에 필요한 가치를 획득하도록 도와주는 역할
어머니	표현적 역할 (expressive role)	가사와 육아를 담당하면서 자녀의 정서적 욕구 충족을 도와주는 역할

현대사회에서의 부모의 역할은 점차 그 경계가 불분명해지고 있다. Gelbert와 Hanson(1982, 1983)의 연구에 의하면, 부모의 역할을 자녀양육 면에서 13가지 영역으로 설정해 놓고, 그에 따른 부모의 책임의식을 조사해본 결과, 부모 모두 자녀양육에 대한 책임감을 높게 지각하고 있는 것과 같이 오늘날에는 아버지와 어머니가 자녀의 양육뿐만 아니라 교육에 공동의 책임을 갖고 참여하는 것이 현대사회의 바람직한 부모의 역할이라고 인식하고 있다.

(2) 영유아기 부모역할

① 신체 · 운동발달과 부모역할

영유아의 신체발달은 영유아의 인지, 언어, 도덕성, 사회정서 등의 모든 발달영역의 기초가 되므로 이에 대한 부모역할은 매우 중요하다.

• 안전한 공간 마련
• 또래집단 형성 기회 제공
• 영유아의 식습관, 수면, 청결관리 및 배변훈련

② 인지발달과 부모역할

• 개방적이고 허용적인 분위기 제공
• 질문에 대한 성실한 답변
• 창의적 사고를 돕는 환경 마련
• 다양한 경험을 위한 현장학습

③ 언어발달과 부모역할

• 영유아의 말하기를 돕는 자유롭고 허용적인 분위기 조성
• 영유아의 언어능력에 대한 인정과 잘못된 언어습관 교정
• 다양한 개방식 질문
• 다양한 그림책이나 동화책 읽기, 쓰기 격려
• 언어발달을 자연스럽게 유도할 수 있는 놀잇감 제공(예: 글자 블록, 퍼즐)

④ 사회성발달과 부모역할

• 다른 사람과의 관계에서 바람직한 태도 형성 돕기
• 성역할 개념발달 돕기
• 일관된 양육태도 보이기

⑤ 훈육 및 벌과 부모역할

• 기대되는 행동과 기대에 어긋난 행동에 대한 결과 예측 돕기
• 잘못된 행동 후 즉시 수행된 벌이 효과적
• 벌은 사랑과 존중의 관계에서 실시
• 행동의 결과보다 동기나 과정을 중요시

⑥ 정서발달과 부모역할

- 정서적으로 안정된 환경 분위기 조성
- 따뜻한 미소와 애정 어린 신체접촉

2) 부모-자녀관계

(1) 부모-자녀관계의 의미

타인과 건강하고 친밀한 관계를 맺는 것은 인간이 갖는 가장 기본적이고 핵심적인 욕구이며, 충족되지 않을 시 병리현상까지 유발되는 것으로서, 한 인간이 사회화되어 가는 과정에 있어서 매우 지대한 영향을 미친다(Baumeister & Leary, 1995).

한 개인이 맺는 인간관계 중 부모-자녀관계는 대부분 생물학적인 근간에 기초하여 자연스럽게 형성되는 것으로서 가장 최초이며 다른 관계를 이루는 기초가 된다(오영희, 엄정애, 1997).

특히, 영유아기 부모-자녀관계는 영유아에게 있어서는 영유아의 전인적 성장과 사회적 성장의 밑바탕이 되어 자신과 타인에 대한 지각을 발달시키고, 다양한 사회적 기술을 습득하게 될 뿐만 아니라, 부모에게도 영향을 미쳐 인간이 경험할 수 있는 가장 성숙된 경험과 인격 도야의 기회를 제공받게 된다(Bigner, 2007). 최근의 이러한 부모-자녀관계 양상은 일방향이 아니라 양방향 모델로 설명되어지는데(Parke & Buriel, 2006), 부모-자녀관계가 시간의 흐름에 따라 발달적인 변화를 경험함으로써 서로 영향을 주고받아 자녀의 발달뿐만 아니라 부모의 사회 · 심리적 발달에 중요한 기회를 제공하게 된다(Bigner, 2007).

(2) 영유아 인성과 부모의 언어통제 유형

현대사회는 부모의 맞벌이로 인하여 영유아들이 일찍부터 영유아교육기관에 맡겨지고 양육이 위임되기도 하지만 그렇다할지라도 부모가 영유아에게 미치는 영향은 시대가 지나도 달라지지 않을 것이다. 부모가 가지고 있는 많은 요인들이 영유아의 인성발달에 영향을 미치나 특히 대부분의 양육의 방식이 언어로 표현되기 때문에 부모가 어떤 언어를 사용하는가가 영유아 인성발달을 좌우한다고 해도 과언이 아닐 것이다.

언어통제 유형이란 상대방의 행동을 변화시키기 위하여 개인이 사용하는 언어적 표현양식이다(Bernstein, 1971). Bernstein(1971)은 영유아의 사회화 과정에서 가장 중요한 매체가 언어라는 언어사회학적 접근에 근거하여 부모가 가정에서 영유아의 행동을 통제할 때 사용하는 언어양식을 분석하여 명령적 통제 유형, 지위 지향적 통제 유형, 인성 지향적 통제 유형으로 구분하였다.

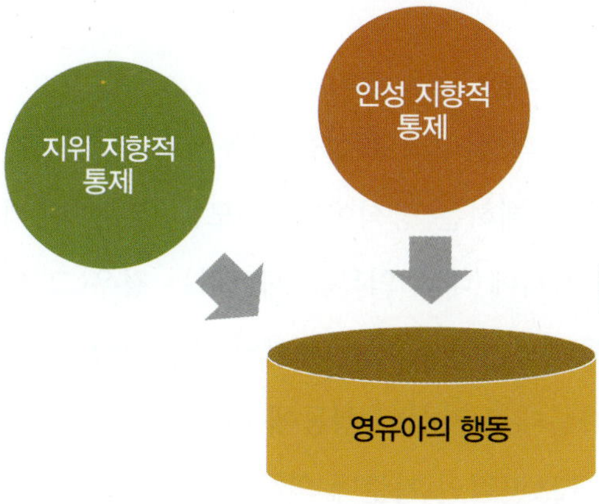

그림 8-1 부모의 언어통제 유형

① 명령적 통제 유형(imperative control)

영유아에게 주어진 역할 재량권이 거의 없고 주로 제한된 언어 형식에 의해서 표현되며 신체적 변화나 위협, 언어적 처벌 등으로 이루어지는 통제방식이다. 즉, 구체적인 설명 없이 배척, 철회, 수용 등의 말로 표현하며 자녀를 통제하는 것으로 명령적 통제 유형이 지위 지향적 통제 유형과 다른 점은 통제의 이유를 설명하거나, 영유아를 설득하지 않고, 정해진 규칙을 명령문의 형태로 표현하여 자녀의 의도와 요구 등을 무시한 채 일방적으로 배척, 철회한다는 것이다.

② 지위 지향적 통제 유형(position-oriented control)

학습과정에서 영유아를 비슷한 특성이나 보편적 지위를 갖는 다른 사람과 연결지어 표현하는 언어방식이다. 이 표현양식은 영유아가 다른 사람과 동일하게 공유하고 있는 특성이나 상황을 지각하도록 하는 규칙을 가지고 있다. 이러한 규칙에 대한 언어표현양식을 경험한 영유아는 그 사회의 규범체계를 수용하여 내면화하게 된다. 즉, 영유아가 속한 사회에서의 지위에 대한 보편적인 규준을 적용하여 부모는 자녀에게 그 사회의 구성원이 갖는 지위, 위치 및 규준에 따르는 행동을 하도록 요구하는 것을 말한다.

③ 인성 지향적 통제 유형(perspective-oriented control)

영유아의 동기, 의도, 성향 등의 심리적 특성을 영유아의 사회적 지위보다 먼저 고려하여 영유아의 행동을 통제하는 방식이다. 부모는 영유아에게 선택하도록 하는데, 영유아가 부모의 지시에 대해 의문을 제기하는 경우 그에 대한 설명을 해준다. 인성 지향적 통제에서는 영유아가 자신의 행동 방향에 대해 스스로 판단하고 책임을 짐으로써 나름대로 자신의 행동에 대한 방향을 인식할 수 있게 된다. 즉, 인성 지향적 통제는 보편적인 기준에 의하지 않고 통제하는 부모나 규제를 받는 자녀의 특성에 초점을 맞추어 자신의 행동이 타인에게 어떠한 영향을 미치는지를 설명하고 타협하는 언어적 통제라고 말한다.

표 8-2 언어통제 유형과 언어표현의 예

통제	통제방법 및 준거		언어표현의 예
명령적 통제	체벌		너 엄마한테 혼날 줄 알아
	언어적 벌		자꾸 그러면 때려줄 거야/ 가서 자.
	명령		남의 물건 훔치지 마.
지위 지향적 통제	지위 규범	연령	너만한 얘가 누가 그런 행동을 하니?
		성	남자애들은 인형을 가지고 노는 게 아니야.
		상하관계	동생이 형한테 대들면 되겠니?
	사회 및 보편 규범	가족	우리 집안에서는 그런 짓을 못하게 되어 있어.
		일반	남의 물건을 훔치는 것은 나쁜 짓이야.
인성 지향적 통제	부모 중심	인지	그런 행동을 하면 엄마가 너보고 착하다고 하겠니?
		정의	네가 자꾸 그러면 아빠가 싫어하실 거야.
		권위강화	아빠의 입장에서 너의 행동이 옳다고 하지 않으실 거야.
	타인 중심	인지	물건을 잃어버린 사람이 얼마나 마음이 아플까?
	아동 중심	인지	학교에 가지 않고 친구들을 많이 사귈 수 있겠니?
		정의	너의 뜻은 잘 알겠지만.

출처 : Gumperz(1973). Directions in sociolinguistics: the Ethnography of communication.

3) 인성교육을 위한 가정과의 연계

현대사회가 아무리 영유아교육기관에 영유아의 인성교육에 대한 책임을 많이 부여했다고 할지라도 가정에서 부모와의 연계가 이루어지지 않으면 궁극적인 영유아 인성의 실천적 내면화는 이루어지지 않을 것이다.

Berkowitz(2006)는 영유아교육기관이 영유아의 인성발달에 가장 핵심적인 역할을 하지만 가장 큰 영향을 미치는 것은 바로 '가정'이라고 주장한다. Berkowitz는 인성교육의 효과가 나타난 33개의 미국 인성교육 프로그램을 분석하여 무엇이 학습자의 인성발달을 촉진하는지를 확인하여 공통되는 8가지 교육적 전략을 정리하였다.

인성교육을 위한 8가지 교육적 전략

1. 직접 교수(direct instrunction)
2. 또래 관계(peer relationship)
3. 교실 · 행동관리(classroom/behavior management)
4. 제도의 재조직(institutional reorganization)
5. 모델링과 멘토링(modeling & mentoring)
6. 지역사회 봉사 · 봉사학습(community service/ service learning)
7. 교사 전문성 발달 교육(educator professional development)
8. 가정 · 지역사회의 참여(family/ comuntiy participation)

Berkowitz는 '부모는 학교의 동반자'라고 하면서 인성교육의 결실을 맺기 위해서 교육기관은 3가지 방식으로 부모의 참여를 이끌어 내도록 하였다.

표 8-3 인성교육을 위한 부모 참여방식

참여방식	내용
정보 수혜자 (information Recipients)	• 가장 소극적인 참여방식 • 부모는 홈페이지, 이메일, 가정통신문을 통해 학교 행사, 성적표 등의 정보를 제공받음
동반자 (Partner)	• 가정에서는 부모가 교사의 역할을, 교육기관에서는 교사가 부모의 역할을 대신하여 상호 동반자적 관계
고객 (Client)	• 자녀를 위한 부모교육(집단 따돌림, 훈육방법, 위험행동 등) 제공 • 참여하지 않는 가정에 직접 연락을 취함

• 미국 CASEL의 '학교-학부모 연계방안'

CASEL(Collaboration for Academic, Social and Emotional Learning)은 사회 • 정서적 능력의 배양을 위하여 다음과 같은 학교와 학부모가 견고한 파트너십을 형성하여 학습자의 인성발달에 도움을 주어야 한다고 주장한다.

1. 학교교육에 가치를 두고, 교육이란 학교뿐 아니라 인생 전반을 위해 중요하다는 자세를 가진다.
2. 가정에서 긍정적인 학습 분위기를 조성해준다. TV 시청을 줄이고, 조용히 책 읽고 숙제할 수 있는 분위기를 마련한다.
3. 가정에 학교 게시판을 만들어 학교 일정이나 통신문을 붙여준다. 부모와 자녀가 학교 활동에 참여할 수 있도록 이야기를 나눈다.
4. 가정에 학교 게시판을 만들어 학교 일정이나 통신문을 붙여준다. 부모와 자녀가 학교 활동에 참여할 수 있도록 이야기를 나눈다.
5. 숙제를 도와준다. 다른 활동보다 학교숙제에 우선권을 두고 먼저 할 수 있도록 돕는다.
6. 가정에 학교 게시판을 만들어 학교 일정이나 통신문을 붙여준다. 부모와 자녀가 학교 활동에 참여할 수 있도록 이야기를 나눈다.
7. 학교에서 자원봉사 활동을 한다. 학교 활동에 참여하면, 자녀의 학교생활에 대해 더 잘 이해할 수 있게 된다.
8. 학교 행사에 참여한다. 학교의 다양한 행사에 참여함으로써 자녀와 교사에게 당신이 가진 교육에 대한 관심을 표현할 수 있고, 다른 사람을 만날 기회를 가질 수도 있다.
9. 독서모임을 만들거나 참여하도록 한다. 자녀의 사회 · 정서발달을 도울 수 있는 책을 찾아 읽고, 부모로서 할 수 있는 일에 대해 논의를 나누는 장으로 활용할 수 있다.
10. 교사와 의사소통한다. 부모가 도와야 하는 학교 숙제에 대해 질문하거나, 가정의 문화적 배경, 특수한 상황 등에 관해 이야기한다.

출처 : 장영은(2010). 유아 · 초등교육 내에서의 인성교육 활성화 방안.

2. 교사와의 관계

1) 교사–영유아관계의 개념 및 중요성

영유아교사는 영유아가 가정을 벗어나 맺게 되는 매우 의미 있는 존재로서 영유아의 성장과 발달에 직접적인 역할을 한다(전경아, 2003). 이렇게 형성된 교사–영유아관계란 영유아의 발달을 돕는 과정에서 교사와 유아가 서로 나누는 감정과 태도, 부정적 또는 긍정적 반응, 정서에 대한 표현 또는 요구, 갈등에 대한 표현을 포함하는 상호작용을 나타내는 것으로 서로 간에 의미 있는 대상인 교사와 유아가 따뜻한 애정 있는 정서적 유대를 가지고 서로 지지하고 지원하나 지나치게 의존하지 않는 것이다(Pianta, 1991).

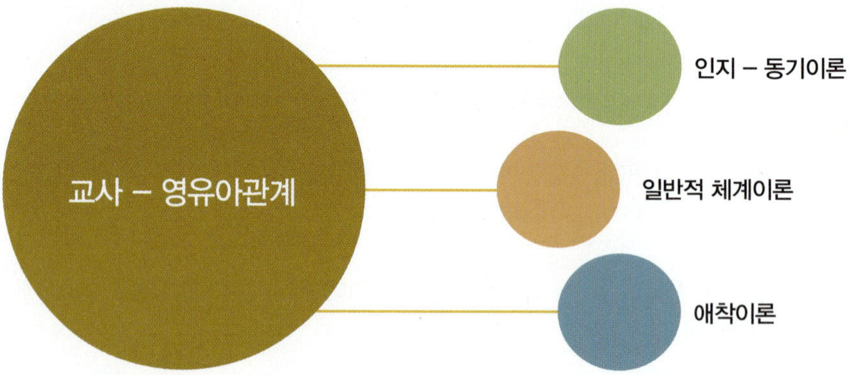

그림 8 – 2 교사–영유아관계 이론

교사-영유아관계 이론

• **인지 · 동기이론**

영유아가 교사를 좋아하게 되면 유치원 활동에 대한 참여와 성취에 영향을 주게 되는데, 영유아교육기관에 대한 영유아들의 태도와 학문적 동기를 지지해주는 것이 영유아가 교사와의 관계를 인식하기 때문이다. Connell과 Wellborn(1991)은 영유아들이 갖는 교사와 부모와의 긍정적인 관계가 영유아가 속한 영유아교육기관에서의 학문적 성취를 위한 동기를 제공한다고 하였다. 또한 보다 더 지지적인 교사와의 관계를 경험한 영유아는 사회적으로 더 유능하게 성숙했다고 보고되었다(Pallas, Enwisle, Alexander, Cadogan, 1987).

• **일반적 체계이론**

교사와 영유아의 관계에서의 기능과 역할 외에도 사회문화적 맥락에서 이루어지는 상호작용 차원이 고려되어야 한다는 견해이다(Ford & Ford, 1987). 교사와 영유아의 상호작용은 또래와의 상호작용 및 영유아의 교육기관에의 적응에 영향을 미쳐 또래에 대한 인식을 형성한다(Hughes, Timothy & Jackson, 1999).

• **애착이론**

영유아의 애착에 대한 만족감을 교사와의 안정된 관계 형성으로 이룰 수 있다고 보는 견해이다(Howes, Hamilton, & Matheson, 1994). Bowlby(1969)는 애착이론의 관계성에 대한 근거를 다음과 같이 설명한다.

첫째, 애착은 인간의 일차적인 욕구로 대인 간 정서적 유대이기 때문에 이것에 대해 부정적인 대처는 심리적으로나 행동적인 문제를 초래할 수 있다.

둘째, 건강한 영유아가 가지는 활동의 두 가지 경향성, 애착과 우호관계 추구, 그리고 탐색과 자발적 개별화가 있다.

셋째, 애착관계의 건전성 여부를 영유아 개인의 심리적 · 행동적 적응의 구체적 과정으로 설명한다.

2) 인성발달 촉진을 위한 상호작용

상호작용은 영유아가 사회 · 도덕적 지식을 발달시키는 매우 중요한 기제이다. 사회 · 도덕적 지식의 발달은 영유아의 도덕성 및 인성발달에 있어서 핵심적인 과정이며, 따라서 영유아의 발달을 돕는 상호작용에 있어서 교사는 의미 있고 신중한 계획과 전략을 세우는 것이 필요하다. 무엇보다 학습자로 하여금 바람직한 역할 모델로서 상호작용에 대한 동기유발을 할 수 있도록 교사의 적절한 태도가 마련되어야 한다.

표 8-4 상호작용을 위한 교사의 태도

교사의 태도	의미
경청하기	영유아들이 말한 것에 세심한 주의를 기울이고 영유아가 의도한 의미를 해석해야 할 필요가 있다면 물어서 확인한다.
즐거움 촉진하기	학습이 흥미진진하면서도 오락과 같도록 교실 분위기를 즐겁게 만들어 준다.
자기 노출을 이끌어 내기	영유아의 관심과 생각을 묻고 영유아의 반응에 대해 긍정적인 강화를 준다.
낙관주의	자기 주변의 것들에 대해 즐거워하고 자기 비판적이지 않으며, 다른 사람을 비판하지 않는 사람과 같이 자신에 대한 긍정적인 사고방식을 드러낸다.
감성	감정이입을 하고 공감하며 "나는 한 인간으로서 당신과 당신의 생각에 관심을 가집니다."와 같은 태도로 말한다.
대화의 규칙 준수	사회화에 적합한 문화적 규칙을 따르고, 공손하게 대하며, 영유아가 말한 것에 관심을 보인다.
편안한 자아	환경, 자신, 영유아에 대한 확신을 드러내고, 편안하고 만족한 모습을 보여 준다.
비언어적 친밀감	미소 짓기, 영유아와 자주 눈 맞추기, 가까이 몸을 기울이고 관심을 나타내는 비언어적 단서를 보여 준다.
이타주의	영유아의 행동에 도움을 주거나 조언을 한다.
역동성	신체적, 음성적 생동감을 통해 학생에게 역동적이고, 활동적이며, 열정적인 모습을 보여 준다.
관심을 끄는 자아 보여 주기	과거의 성취를 부가하고, 긍정적인 면을 공유하며, 자신의 지식을 드러낸다.
신용	교사로서 책임감이 있고, 믿을 만하며, 공정하고, 정직하며, 진지하고, 신념과 행위가 일치하고 약속 이행 의지가 충만하다고 영유아에게 믿도록 한다.

출처 : Cooper, P. J., & Simonds, C. J. (2010). 교실 의사소통.

영유아교육기관의 하루 일과 속에서 교사는 영유아들과 다양한 방법으로 상호작용하는데, 상호작용은 교사와 영유아 쌍방 간의 언어적 대화뿐만 아니라 함께 활동하면서 영유아가 교사의 말에 반응하고 교사는 영유아의 요구와 신호에 민감하게 반응하고 수용하는 것 등을 모두 포함하는 개념이다(서지은, 2014). 따라서 교사와 영유아 간의 상호작용이란 다양한 활동 속에서 나타나는 의사소통으로서 언어적 · 비언어적 표현 등 다양한 방법을 통해서 직 · 간접적으로 개입하는 개별적이고 집단적이며 상호적인 관계를 의미한다(최혜영, 2004).

임옥희(2006)는 바람직한 교사–영유아관계 형성을 돕는 교사와 영유아의 상호작용을 다음과 같이 설명하고 있다.

(1) 적극적인 활동 참여

영유아에게 협동적인 활동을 마련해주고 참여하도록 격려하며 동시에 개별적인 행동을 지지하면서 놀이에 참여할 수 있도록 하는 것 등을 포함한다.

(2) 경험의 다양성

다양한 경험을 놀이를 통해 가질 수 있도록 하는 것으로, 능동적으로 놀이공간을 탐색할 수 있도록 허용하고, 자신이 선택한 놀잇감을 가지고 놀이하도록 한다. 교사뿐만 아니라 다양한 상호작용의 대상자를 접할 수 있는 기회를 제공하고 영유아의 발달수준에 맞는 놀잇감으로 영유아가 능동적으로 놀잇감을 탐색하고 몰입하여 놀잇감과의 상호작용도 이루어질 수 있도록 한다.

(3) 교사의 반응적 태도

영유아와 함께 있는 것을 좋아하고, 늘 관심을 가진 채 지켜보면서 영유아의 요구에 항상 민감하게 반응한다.

(4) 교사의 허용적 태도

교사가 자신의 감정조절에 대한 어려움으로 화가 나도 소리를 지르거나, 짜증을 내지 않고 자신의 일관되지 않는 감정에 따라 영유아의 행동을 간섭하거나 제한을 하지 않는 행동이다.

3. 또래와의 관계

1) 또래 갈등의 중요성

영유아들의 연령이 증가함에 따라 가정에서부터 영유아교육기관으로 사회적 관계가 확대되고, 하루 중 영유아교육기관에서 대부분의 시간을 보내는 현대사회의 영유아에게서 일어나는 갈등의 대부분은 또래와 관련이 있을 수 있다. 따라서 또래와의 관계는 영유아의 사회관계에서 중요한 비중을 차지한다(차나림, 2003). 또래는 '나이나 정도가 서로 비슷한 무리'(민중 엣센스 국어사전, 2008)로 유아들은 어린 연령부터 또래라는 말 대신 친밀한 동료라는 의미를 지닌 친구라는 명칭을 사용하기 시작한다(Hartup, 1989). 유아들은 유치원의 교실 내에서 또래와 다양한 상호작용을 하며 사회적 관계를 형성한다. 이 과정에서 유아들은 의견대립, 다툼, 공유, 협력 등을 하며 친구를 만들기도 하고, 친구가 되기도 하지만, 반대로 잘못된 사회적 기술을 통해 또래들에게서 배척되기도 하고 고립되기도 한다. 즉, 유아들은 또래관계에서 생기는 갈등을 통해 타인과 잘 지내는 방법을 배우기도 하지만 타인을 배척하고 편견을 갖거나 반사회적 행동에 참여하는 방법 등을 배우기도 한다. Kreidler(2007)는 이러한 갈등을 또래 간의 관계를 개선함으로써 긍정적인 결과를 가져오는 기능적인 갈등과 승패에 따라 일부 유아를 패배감에 물들게 함으로써 폭력적인 또는 또래의 희생양이 되는 결과를 가져오는 기능장애적인 갈등으로 구분했다. 그러나 실제로 또래관계에 어려움을 갖는 유아들은 적절한 표현력이 결여됨으로써 잦은 갈등에 노출되고, 갈등 상황에 노출되었을 경우 자신의 요구를 우선시함에 따라 강압적인 방법으로 갈등을 해결하고자 하는 경향이 있고(정은실, 2012), 이런 유아들은 또래들로부터 종종 '문제행동을 일으키는 아이'로 낙인찍히거나 또래와의 놀이에 거부 또는 소외되며 이러한 현상이 반복 · 지속되는 악순환이 될 수 있다(오정임, 2006). Miller(1993)에 의하면 이전 경험의 일관성은 상대방에게 반응하기 위한 개인 간의 이해와 지침의 토대를 제공함에 따라 향후 상호작용에 영향을 미치는데, 이는 유아기에 또래와의 초기 관계를 형성하는 경험을 어떻게 하느냐가 이후의 관계 형성에도 영향을 미침을 의미한다. 따라서 유아기 또래와의 초기 관계에 있어서 지속적이고 반복적인 갈등은 유아로 하여금 또래로부터 수용되지 못하는 어려움을 겪게 할 뿐만 아니라, 향후 지속적인 또래관계에까지 영향을 주어 유아가 건강한 사회인으로 성장하는 것을 방해한다(윤수진, 2013).

표 8-5 영유아 또래갈등의 양상

유아 특징	갈등 양상		학자	연구 내용
연령	갈등 쟁점	어린 유아일수록 사물 소유와 영역 차지에 관한 논쟁이 많음 → 나이가 들어감에 따라 역할과 과정에 대한 논쟁	Hay & Ross(1982)	21개월 된 유아 갈등의 88%가 물체와 물리적 공간에 집중
			Brenner & Mueller(1982)	2세 유아 갈등의 대부분 사물분쟁
			Strayer & Strayer(1976)	가장 높은 평균연령 그룹에서 사물에 관한 분쟁비율이 가장 낮음(다른 연령그룹에 비해)
			Hay(1984)	나이 많은 유아의 싸움에서 사물분쟁은 여전히 많은 주제
	갈등 전략	연령증가에 따라 단순한 신체적 갈등은 줄고 복잡한 언어적 전략을 많이 사용	Cummings, Iannotti, & Zahn-Waxler(1989)	2~5세 사이에서 연령이 증가할수록 공격성 감소
			Wilson(1988)	갈등의 화해적 해결과 종료에 있어서 2, 3세 유아보다 4, 5세 유아들에게 화해적 해결이 더 많이 발견

<table>
<tr><th>유아
특징</th><th colspan="3">갈등 양상</th><th>학자</th><th>연구 내용</th></tr>
<tr><td rowspan="8">성별</td><td>빈도수</td><td colspan="2">여아들보다 남아들이 많다.</td><td>김신형(2005), Miller(1986), Shantz(1986)</td><td></td></tr>
<tr><td rowspan="3">발생
원인</td><td rowspan="2">여
아</td><td>• 놀이역할 시 자신의 의견과 대립
• 집단에 가입 시</td><td>김희진 · 이지현(1997), 문윤경(2003), Hay(1984)</td><td rowspan="3">여아는 대인관계의 문제에서, 남아는 힘과 권력에 대한 문제에서 보이고 청소년기까지 비슷한 양상(Hongling, 1999 ; Youniss & Smolla, 1985 ; 김송이, 2001에서 재인용)</td></tr>
<tr><td>사람통제나 사회적 통제에 관련된 문제</td><td>고인옥(2001), Hay(1984)</td></tr>
<tr><td>남
아</td><td>• 소유권문제(사물통제, 놀이방해, 신체공격)</td><td>김희진 · 이지현(1997), 문윤경(2003), Hay(1984) Eisenberg(1996)</td></tr>
<tr><td rowspan="4">갈등
해결</td><td rowspan="3">여
아</td><td>언어적인 해결방법</td><td>김희진, 이지현(2001)</td><td rowspan="4">• 여아는 친사회적 전략, 남아는 지배 전략이나 신체적 공격 전략 사용(김송이, 2001)
• 여아들은 조화로운 사회적 관계 유지에 관심이 있으나 남아들은 자기 중심적으로 자신의 목표를 달성하는 것에 관심 있음(Miller, 1986)
• 여아와 남아에 대한 문화적 고정관념으로도 나타남(김지현, 이지현, 2001)
• 유아의 성별에 따른 갈등해결 전략에 차이가 없다(문윤경, 2004 ; 배미자, 2012 ; 현우자, 2009)</td></tr>
<tr><td>힘이나 강력한 요구보다 친사회적 전략인 협력이나 협상</td><td>김희진, 이지현(2001), 박향아(2012), 송미진(2001), Hartup(1992), Miller(1986)</td></tr>
<tr><td>언어적 공격성이 남아보다 많다.</td><td>Shantz(1986)</td></tr>
<tr><td>남
아</td><td>• 공격적이고 적대적인 전략
• 공격적인 언어도 많이 사용하고 신체적 공격도 여아보다 많다.</td><td>박향아(2012), Chut & Asher (1996), Hay(1984), Shantz(1986)</td></tr>
<tr><td rowspan="2">갈등
발생
비율
&
갈등
처리
방법</td><td colspan="3">친밀도 여부에 따라 달라짐</td><td>Hartup, French, Laursen, johnston, & Ogawa(1993)</td><td>• 갈등은 친하지 않은 사이보다 친한 사이에서 더 많이 발생
• 갈등 동안에 더 적은 말을 함
• 친한 친구 사이에서 여아가 남아보다 갈등에서 더 이론적 근거에 의한 주장을 사용</td></tr>
<tr><td colspan="3">유아의 사회적 지위에 따라 달라짐</td><td>Putallaz, Hellstern, Sheppard, grimes, & Glodis(1995)</td><td>높은 지위의 유아들이 낮은 지위의 유아보다 기술있는 언어적 저항 전략을 사용하여 긍정적인 갈등의 결과에 영향</td></tr>
</table>

유아 특징	갈등 양상	학자	연구 내용
갈등 발생 비율 & 갈등 처리 방법	사회적으로 거절된 유아들은 다른 유아들과 더 많은 갈등에 개입하는 것으로 나타남	Dodge, Cole, Pettn & Price(1990), Shantz(1986)	거절되지 않은 또래보다 더 갈등 악화
		신은수(1995)	또래 간 인기도가 높은 유아가 그렇지 못한 유아보다 협상, 제안 등의 문제해결행동방안을 많이 사용하는 반면, 비인기아 집단의 유아는 공격이나 독점, 복종이나 회피의 문제해결행동방안을 많이 사용
집단 크기	집단 크기가 클수록 갈등비율이 적음	Hay(1984)	

2) 또래 갈등에 대한 견해

영유아의 또래 갈등을 설명하는 데는 여러 가지 견해들이 있다.

인지발달적 입장에서 갈등을 살펴보면, 또래 간의 갈등은 개인의 인지발달을 촉진시킨다고 설명하고 있다(Piaget, 1962). 즉, 영유아는 또래 간의 의견 불일치를 통해서 남과 자신은 서로 다른 생각을 가지고 있음을 알게 되면서 다른 사람의 생각에 관심을 갖고 다양한 의견을 통합하여 합의에 도달하게 된다고 한다. 또한 성인과 영유아의 상호작용보다는 영유아와 영유아 사이의 상호작용을 강조하였는데, 이는 능동적인 인지적 재구성 과정을 통하여 이루어진 합의는 인지발달을 가져올 수 있다는 것이다. Neal과 Bazerman(1983)은 갈등 상황에서 상대방을 조망하는 능력이 부족하면 성공적인 합의에 도달하지 못한다고 하였다. 타인을 정확하게 조망하는 것은 타인의 관심과 기대를 예상할 수 있는 능력을 증가시켜 주기 때문에 오류를 적게 범하게 되며, 그 결과 갈등을 통합적으로 해결할 가능성을 증가시켜 준다는 것이다(박승민, 1993).

Doise와 Mugny(1984)는 Piaget와 마찬가지로 인지발달에 있어서 갈등을 중요한 요소로 보았다. 그러나 개인의 발달에 대한 사회적 상황의 인과적 영향을 고려하지 않은 것을 비판하면서 Piaget의 갈등기제에 Vygotsky의 이론을 접목시켜서 사회인지적 갈등가설을 제안하였다. 이들은 개인 간의 사회적 상호작용에 의해서 야기된 사회인지적 갈등이 개인 간의 갈등을 유발하고 이러한 개인 간의 갈등이 인지, 도덕적 성장을 가져온다고 보았다(박은진, 1998).

사회인지적 관점에서는 Vygotsky의 이론에 근거하고 있다. Vygotsky는 영유아들이 성인이나 보다 능력 있는 또래와 사회적 상호작용을 할 경우 영유아들은 이들의 도움을 받아, 혼자 해결할 수 있는 능력이 생기기 이전에도 새로운 문제를 해결할 수 있다고 하였다(엄정례, 1998). 즉, 어린이 혼자 할 수 있는 수준과 도움을 받아 할 수 있는 잠재적 수준 사이의 차이를 '근접발달지대'라고 하였다(Vygotsky, 1978). Vygotsky는 문제해결조절이 성인으로부터 영유아에게로 전이되는 것을 관찰하였다. Forman과 Kracker(1985)는 이런 과정의 예를 Wertsch(1979)의 성인과 영유아의 문제해결 연구를 들어 설명하였다. 첫째 성인과 영유아가 문제해결을 하려고 할 때 목적과 과정에 대한 생각은 서로 다르나 성인이 영유아의 행동을 관찰하고 평가하여 고쳐주면서 이들 서로는 같은 생각을 가지게 되며 문제를 완수하게 되고 공통의 개념을 가지게 되는 것이다. 두 번째로 성인은 영유아에게 전략적 정보를 제공한다. 영유아는 이를 문제해결에 필요하다는 것은 알지만 기술을 모아 문제의 목적을 해석하거나 자신의 행동을 검토하는 것을 잘 하지 못한다. 그러나 이러한 전략적 기술은 성인에 의해 제공되며 영유아는 점차 자신의 것으로 만들게 되는 것이다. 이와 같이 발달이 빠른 영유아들은 더딘 영유아들에게 도움을 줄 수 있다. 즉, 영유아들은 약간 더 나이가 많거나 좀 더 유능한 영유아들과 같이 짝을 이루어 활동할 때에 도움을 많이 받는다(Azmitia, 1988).

발달적 입장에서 갈등에 대한 Piaget와 Vygotsky의 차이점은 Piaget가 또래 간의 상호작용이 인지적 갈등을 일으켜 인지적 성장에 영향을 준다고 주장함으로써 갈등을 성장의 중요한 요소로 설명한 반면 Vygotsky는 또래 간의 상호작용에서의 갈등 상황보다는 문제를 해결하는 데 있어서 의견 수렴과정을 중요시여겼다. 또한 Piaget는 또래와의 상호작용을, Vygotsky는 성숙한 협력자와의 상호작용을 강조한 점도 차이점이라 할 수 있다.

이러한 영유아의 또래 갈등에 대한 이론과 입장을 [표 8-6]으로 정리하였다.

표 8-6 영유아의 또래 갈등에 대한 견해

구분	갈등에 대한 견해				
	개체발생 입장	인지발달 입장	사회문화적 측면	사회언어적 측면	사회적 관계 측면
대표학자	Freud(1938) Erikson,	Piaget(1965) Selman(1980)	Vygotsky (1978)	Garvey & Shantz(1992)	Coser(1956), Stoner(1978)
내용	• 갈등은 개인의 충동과 사회의 요구나 규칙 간의 불일치 • 영유아는 자신의 충동과 끊임없이 갈등을 겪는다. • 성격의 기본단위인 원초아, 자아, 초자아는 계속해서 불균형상태인데, 자아가 충동과 현실 간에 일어나는 갈등을 협상해 주는 역할	• Piaget는 영유아가 또래와 상호작용하는 과정에서 자연스럽게 갈등을 경험하게 되고 그러한 갈등이 영유아의 인지적 변화를 가능하게 한다. • 대인 간 갈등은 개인 내 인지적 갈등을 유발하며 그러한 개인 내 인지적 갈등은 인지적 변화와 다른 사람들과의 협력발달 • Selman은 개인 간의 욕구, 바람, 혹은 이해의 정도가 일치하지 않은 갈등 상황에서 자신과 타인의 주장을 협상하는 데 기초가되는 추론능력이 영유아의 연령이 증가함에 따라 점차 정교화됨	• 사회 안에서 영유아가 성인보다 능력 있는 영유아와 사회적 상호작용을 할 경우 영유아는 이들의 도움을 받게 되면 혼자 해결할 수 있는 능력이 생기기 이전에도 새로운 문제를 해결할 수 있다. • 성인이나 보다 능력 있는 영유아의 도움으로 혼자할 수 있는 수준에서 도움을 받아 할 수 있는 수준 간의 차이(근접발달지대)안에서 논쟁과 갈등 상황에 대한 보다 향상된 협상 전략을 이용하는 기회 얻음.	• 사회언어학적 조망에서 보면 갈등 행동은 논쟁을 하는 사람들의 상호작용적이고 해석적인 작업의 결과 • 갈등이나 논쟁은 구조와 내용이 특성을 가진 대화 사건 • 주된 관심은 의사소통 행위에서 비롯되는 현상 • 갈등해결능력은 의사소통능력(사회적 능력)	• 갈등을 대립되는 양편의 목적이 바라는 가치를 획득하고 동시에 상대편을 없애거나 물리치려는 의도에서 가치에 대한 투쟁과 신분, 권력 및 제한된 자원을 얻기 위한 권력 투쟁 • 희소 자원이나 작업 활동을 분배하게 되는 경우에 서로 다른 처지, 목표 가치, 인지 등이 존재할 때 조직 내의 둘 또는 그 이상의 개인 간이나 집단 간에 일어나는 대립적 작용

9장

영유아
인성교육과 교육과정

교육의 실제적인 시행은 교육과정 수립을 어떻게 하느냐에 달려 있다. 교육과정은 그것의 형식, 교육과정 주체의 수준, 의도의 여부 등으로 다양하게 그 중요성을 가질 수 있다. 하지만 교육과정의 분류가 어떠하든지 교육과정이 연령에 따라 어떻게 활용되든지 교육과정 안에 녹아져 있는 인성교육에 대한 의미 있는 발견을 하는 것이 본 장에서의 핵심적인 작업이다.

1. 교육과정의 중요성

1) 교육과정과 영유아 교육과정

교육과정(curriculum)은 한 나라 교육에 대한 이상(ideal)을 담는 그릇이다(임미혜 외, 2014). 그래서 그 안에 무엇을 담느냐에 따라 뒤따르는 교육 실천의 의미가 달라질 수 있다. '어떤 내용을 담을 것인가?', '어떤 방법으로 운영할 것인가?', '어떤 방식으로 평가할 것인가?' 등이 궁극적인 교육의 목표와 연결되어 교육과정이 조직된다. 영유아 교육과정 역시 교육 및 보육 목표가 설정되면 그에 따라 영유아의 발달과 맥락이 고려된 내용이 마련되고, 그것의 적용을 위한 방법이 강구된다. 물론 영유아 교육과정은 다른 학교 급별 교육과정과는 다른 특수성이 있으나 이러한 일정한 규준이 없이 교육수행이 이루어진다면 또 새로운 발달과 성장을 위한 객관적이고 구체적인 평가에 있어서 어려움이 있을 것이다.

(1) 교육과정의 개념 및 구성요소

교육과정(curriculum)의 어원은 라틴어로 쿠레레(currere)로서, '경주로'의 의미를 갖고 있다. 즉, 육상선수가 목표지점을 향해 달리듯 학습자가 달려가는 일련의 코스(course)인 것이다.

그림 9-1 교육과정의 어원 '쿠레레'의 의미

이러한 어원적 의미로서 교육과정이란 '학습목표와 학습방법이라는 일정한 순서에 따라 학습자들이 학습할 내용을 조직하고 배열한 것'이라고 설명할 수 있다(유광찬, 1999).

표 9-1 다양한 준거에 따른 교육과정 개념의 유형

준거	관련 학자	교육과정의 개념 유형
교육 내용과 방법	Tanner & Tanner (1980)	• 내용으로서의 교육과정 • 경험으로서의 교육과정 • 계획으로서의 교육과정 • 결과로서의 교육과정
교육과정의 주체수준	Goodlad(1966)	• 수업수준 교육과정 • 기관수준 교육과정 • 사회수준 교육과정
교육과정 실현수준	김호권 (1985)	• 의도된 교육과정(계획으로서의 교육과정) • 전개된 교육과정(실천으로서의 교육과정) • 실현된 교육과정(산출로서의 교육과정)
문서화 여부	Jackson(1978)	• 형식적 교육과정 • 비형식적 교육과정
의도성 여부	Eisner(1979)	• 표면적 교육과정(사전 계획으로서의 교육과정) • 잠재적 교육과정(의도, 계획되지 않으나 학생이 경험하는 교육과정) • 영교육과정(교육적 가치가 있는 특정 내용을 약화하거나 배제된 교육과정)
교육의 목적	Eisner & Vallence(1974)	• 인지과정의 발달에 중심을 둔 교육과정 • 기술로서의 교육과정 • 자아실현으로서의 교육과정 • 학문적 이성주의로서의 교육과정 • 사회재건으로서의 교육과정
교육과정의 구성요소	Tyler(1949)	• 교육목표 설정 • 교육경험 선정 • 교육경험 조직 • 교육평가
시대적 변천	Pinar(1988)	• 전통주의(교과의 효율적인 운영) • 개념 · 경험주의(학문 중심 교육과정 지향) • 재개념주의(새로운 관점에서 교육과정 강조)
	임재택(1996)	• 교과 중심 교육과정 • 경험 중심 교육과정 • 학문 중심 교육과정 • 인간 중심 교육과정 • 생태 중심 교육과정

출처 : 전경화 외(2014). 누리과정에 기초한 유아교육과정.

교육과정의 개념을 보다 구체적으로 이해하기 위해서는 교육과정을 구성하는 요소에 대하여 탐색하는 것이 의미 있다. 문서로서 교육과정을 계획할 때 과학적 진술로 공헌을 한 Tyler의 교육과정 구성요소를 [표 9-2]에서 살펴보고자 한다.

표 9-2 Tyler의 교육과정 구성요소

구성요소	교육목표 설정	학습 경험의 선정	학습 경험의 조직	교육 평가
구성요소 내용	학교가 달성해야 할 교육목표는 무엇인가?	교육목표를 달성하기 위해 어떤 학습 경험을 제공해야 하는가?	학습 경험(지도방법, 자료, 상호작용, 분위기)을 어떻게 효과적으로 조직할 수 있는가?	교육목표가 달성되었는지를 어떻게 알 수 있는가?
중점 내용	• 학습자에 대한 연구 • 교과 전문가의 견해 • 사회에 대한 연구	• 사고력 발달에 유용한 경험 • 정보습득에 도움이 되는 경험 • 사회적 태도발달에 도움이 되는 경험 • 흥미개발에 도움이 되는 경험	• 계속성(핵심적인 교육과정 요소가 반복되도록 조직) • 계열성(반복될 때마다 핵심적 요소의 경험 수준 범위가 심화되고 광범위해지도록 조직) • 통합성(핵심적 요소가 여러 교과영역에서 다루어지도록 조직)	• 학습자의 목표 달성도 평가 • 프로그램 효과성 평가

출처 : 전경화 외(2014). 누리과정에 기초한 유아교육과정.

교육과정을 구성하는 4대 요소, 교육목표, 교육내용, 교육방법, 그리고 교육평가 간의 관계는 직선적이거나 단계적인 것이 아니며 상호작용적으로 또는 동시에 이루어지는 것으로 보는 것이 타당하다. 왜냐하면 교육목표를 설정하는 순간에 무엇을 가르칠지에 대한 교육내용과 어떻게 가르칠지에 대한 교육방법, 그리고 교육목표의 달성 정도를 확인하는 적합한 평가방법을 강구하기 때문이다. 따라서 교육과정의 구성요소들 간의 관계는 상호작용적인 관계로 이해하는 것이 적절하다.

(2) 유아교육과정의 개념

교육과정은 그 교육대상에 따라 유아교육과정, 초등교육과정, 중등교육과정, 고등교육과정, 대학교육과정 등으로 구분하며, 특히 유아교육과정은 유아교육이 갖는 학문적 특성이나 대상 연령, 기관 유형의 다양성 등으로 다른 학교 급별 교육과정과는 구분되어야 한다고 한다(Spodek, 1991).

임재택(1992)은 유아교육과정의 개념을 세 가지 용어로 명료화하였는데, 즉 유아교육 프로그램, 유아교육 계획안, 유아교육 프로젝트이다.

① 유아교육 프로그램

어떤 특정 이론을 근거하여 조직된 교육과정 모델로서 일반적인 교육과정 개념보다는 구체화되고 실제 현장에서 가르치는 교육 내용을 상세하게 기술한 교육과정을 말한다.

② 유아교육계획안

교육현장에서 교사가 문서로서 작성하는 연간, 월간, 주간, 일일교육계획안을 말한다.

③ 유아교육 프로젝트

어떤 특정 과제를 일환으로 개발된 유아교육 프로그램을 적용, 평가하는 전반적인 영역을 포함하며 그 예로 헤드스타트 프로젝트, 홈스타트 프로젝트 등이 있다.

표 9-3 유아교육과정의 유형

유형	내용	제한점
"우연히 일어난 것" 으로서의 교육과정	• 교실에서 어떠한 활동이 이루어지든지 유아들의 흥미에 따라 선택되어진 활동에 몰입함으로써 학습이 이루어지는 교육과정	• 교육과정의 범위나 목표 등이 넓고 모호 • 관찰력과 직관적 의사결정이 요구되는 교사의 능력이 요구됨
"유아가 학교에서 갖게 되는 모든 경험" 으로서의 교육과정	• 유아가 유아교육기관에서 생활하는 동안 갖게 되는 모든 경험 • 교사가 의도하고 계획한 것뿐만 아니라 우발적, 비계획적 사건에서부터 갖게 되는 경험도 교육효과를 나타내는 잠재적 교육과정	• 교육의 범위가 넓어서 교사가 유아가 경험에 영향을 줄 수 있는 사회적 변화나 문화적 요인에 민감해야 함 • 교사의 역할과 책임한계가 불분명

유형	내용	제한점
"교수 계획"으로서의 교육과정	• 유아들이 유아교육 현장에서 접하게 되는 교육목표, 교육내용, 교육방법과 절차 등에 대한 계획을 교육과정으로 규정 • 가장 보편적인 교육과정 개념 • 경력교사나 초임교사에게 다 적용 가능	• 유아의 흥미보다 교사 중심 우려 • 세밀한 관찰에 의하지 않고 정해진 교수 계획에 따라 융통성 없는 지도 우려
"교수요목"으로서의 교육과정	• 교육목적에 의해 유아들에게 무엇을 어떻게 가르칠 것인지에 대해 작성한 문서 • 매우 좁은 의미의 교육과정 개념으로 문서화된 일련의 포괄적인 계획으로서 교육과정을 위한 지침 • 국가나 사회가 설정한 목표나 내용에 따라 유아들에게 교육한 내용을 얼마나 성취했는가를 확인하기에 용이	• 유아교육기관과 지역사회의 특성, 유아들의 흥미와 요구, 현장에서의 실제 경험을 반영하기 어렵다.
"프로그램"으로서의 교육과정	• '프로그램'을 교육과정으로 정의하는 입장은 유아교육 분야에서만 볼 수 있다.	• 목표와 내용이 체계적으로 진술되어 유아의 성취 정도를 이해하기 용이

출처 : Schwartz, S. L. & Robinson, N. F. (1982). Designing curriculum for early childhood.

2. 우리나라의 교육과정과 인성교육

1) 표준보육과정과 인성교육

2007년에 처음 수립되어 시행되고 있는 보육과정은 어린이집에서 영유아를 효과적으로 돌보기 위한 목적을 달성하기 위한 구체적 접근 양식이고 기준이다(박지현, 2011). 현재는 만 0~1세 보육과정과 만 2세 보육과정으로 구성된 제3차 표준보육과정이 시행되고 있다.

표준보육과정의 구성 방향은 영유아의 발달특성과 개인차를 고려하여 연령 및 수준별로 구성하였는데, 주 중점 내용은 어린이집에서 편안하고 행복한 일상생활이 되고, 질서, 배려, 협력 등 기본생활습관과 바른 인성을 기르도록 하며, 자율성과 창의성을 기르도록 하고, 사람과 자연을 존중하고 우리 문화를 이해하는 것이다(보건복지부, 2013).

표준보육과정은 기본생활습관, 신체운동, 의사소통, 사회관계, 예술경험, 자연탐구의 6개 영역으로 이루어져 있으며, 6가지 영역의 통합적 접근을 통한 전인발달을 도모한다.

	만 0~1세	만 2세
기본생활영역	건전하고 안전한 일상생활을 경험한다.	건강하고 안전한 생활습관의 기초를 마련한다.
신체운동영역	감각 및 기본 신체운동능력을 기른다.	감각, 신체조절 및 기본 운동능력을 기른다.
의사소통영역	말소리를 구분하고 의사소통의 기초를 마련한다.	의사소통능력의 기초를 기른다.
사회관계영역	친숙한 사람과 관계를 형성한다.	나를 인식하고 다른 사람과 더불어 생활하는 경험을 한다.
예술경험영역	아름다움에 관심을 가진다.	아름다움에 관심을 가지고 예술경험을 즐긴다.
자연탐구영역	보고, 듣고, 만지면서 주변 환경에 관심을 가진다.	주변 환경에 호기심을 갖고 탐색하기를 즐긴다.

그림 9 – 2 제3차 표준보육과정의 영역별 목표

인성교육은 영유아들의 생활 전반에서 이루어져야 하지만, 표준보육과정의 6개 영역 중에서는 특히 기본생활습관과 사회관계영역에서 찾아볼 수 있다.

표 9-4 표준보육과정 중 '기본생활습관'과 '사회관계' 내용 범주 및 세부 내용

영역	내용 범주	세부 내용
기본생활습관	건강하게 생활하기	몸을 깨끗이 하기
		즐겁게 먹기
		건강한 일상생활하기
	안전하게 생활하기	안전하게 지내기
사회관계	나를 알고 존중하기	나를 구별하기
		나의 것 인식하기
	나와 다른 사람의 감정 알기	나의 감정을 나타내기
		다른 사람에게 주의 기울이기
	더불어 생활하기	안정적인 애착 형성하기
		또래에 관심 갖기
		자신이 속한 집단 알기
		사회적 가치 알기

출처 : 이은진(2015). 영아인성교육에 대한 교사의 인식과 실태 : 만 0.1세를 중심으로.

① 기본생활습관 영역 세부 내용 관련 인성 덕목

기본생활습관영역에서는 생활습관을 일상생활 속에서 자연스럽게 연습할 수 있도록 하며, 건강하게 생활하기, 안전하게 생활하기로 내용 범주를 나누고 있다. 세부 내용에 따른 인성교육 덕목으로 청결, 식사예절, 약속, 질서, 순종 등을 연계한 예시자료를 [표 9-5]에 제시하였다.

표 9-5 기본생활습관 영역 세부 내용 관련 인성 덕목(예시)

<table>
<tr><th rowspan="2">내용 범주</th><th rowspan="2">내용</th><th colspan="2">세부 내용</th><th rowspan="2">인성 덕목 관련 요소</th></tr>
<tr><th>1수준</th><th>2수준</th></tr>
<tr><td rowspan="5">건강하게 생활하기</td><td>몸을 깨끗이 하기</td><td colspan="2">• 스스로 손과 몸 씻기를 시도한다.
• 스스로 이 닦기를 시도한다.</td><td>청결</td></tr>
<tr><td>바르게 먹기</td><td colspan="2">• 음식을 골고루 먹는다.
• 도구를 사용하여 스스로 먹는다.
• 정해진 자리에서 먹는다.</td><td>식사예절</td></tr>
<tr><td rowspan="2">건강한 일상생활하기</td><td colspan="2">• 일과에 따라 규칙적으로 잠을 잔다.
• 정해진 시간에 알맞게 휴식한다.
• 하루 일과에 즐겁게 참여한다.</td><td>약속</td></tr>
<tr><td>• 정해진 곳에 배변한다.</td><td>• 화장실에 배변한다.</td><td>약속</td></tr>
<tr><td>질병에 대해 알기</td><td colspan="2">• 질병의 위협을 안다.</td><td>청결</td></tr>
<tr><td rowspan="4">안전하게 생활하기</td><td>안전하게 놀이하기</td><td colspan="2">• 놀이기구나 놀잇감을 안전하게 사용한다.
• 안전한 장소에서 놀이한다.</td><td>약속</td></tr>
<tr><td>교통안전 알기</td><td>• 교통수단의 위험을 안다.</td><td>• 교통수단의 위험을 알고 조심한다.</td><td>질서</td></tr>
<tr><td rowspan="2">위험한 상황 알기</td><td>• 위험한 상황과 위험한 것을 안다.</td><td>• 위험한 상황과 위험한 것을 알고 조심한다.</td><td>질서</td></tr>
<tr><td colspan="2">• 위험한 상황 시 어른의 지시에 따른다.</td><td>순종</td></tr>
</table>

출처 : 황산성(2013). 영아 인성교육에 대한 보육교사들의 인식과 지도.

② 사회관계영역 세부 내용 관련 인성 덕목

사회관계영역에서는 나를 알고 존중하기, 나와 다른 사람의 감정 알기, 더불어 생활하기로 내용 범주를 나누고 있다. 세부 내용에 따라 인성교육 덕목으로 자아존중, 긍정적 마음가짐, 타인존중, 공감, 배려, 우애, 효도 등을 연계한 예시 자료는 [표 9-6]에 제시하였다.

표 9-6 표준보육과정 중 사회관계영역의 세부 내용 관련 인성 덕목(예시)

<table>
<tr><th rowspan="2">내용 범주</th><th rowspan="2">내용</th><th colspan="2">세부 내용</th><th rowspan="2">인성 덕목 요소</th></tr>
<tr><th>1수준</th><th>2수준</th></tr>
<tr><td rowspan="3">나를 알고 존중하기</td><td>나를 구별하기</td><td colspan="2">나와 다른 사람의 모습을 구별한다.</td><td>자기존중
타인존중</td></tr>
<tr><td rowspan="2">좋아하는 것 해보기</td><td colspan="2">내가 좋아하는 것을 찾아본다.</td><td rowspan="2">자기존중
타인존중</td></tr>
<tr><td>좋아하는 놀이나 놀잇감을 선택해 본다.</td><td>스스로 선택한 놀이나 놀잇감을 즐긴다.</td></tr>
<tr><td rowspan="2">나와 다른 사람의 감정 알기</td><td>나의 감정을 나타내기</td><td colspan="2">여러 가지 감정을 말과 행동으로 나타낸다.</td><td>자기조절</td></tr>
<tr><td>다른 사람의 감정에 반응하기</td><td colspan="2">다른 사람이 나타내는 여러 가지 감정에 반응을 보인다.</td><td>타인존중
공감
배려</td></tr>
<tr><td rowspan="8">더불어 생활하기</td><td>내 가족 알기</td><td>내 가족에게 애정을 표현한다.</td><td>내 가족에게 다른 사람과는 구별된 특별한 감정을 갖는다.</td><td>화목
배려
사랑</td></tr>
<tr><td rowspan="2">또래와 관계하기</td><td>또래에게 관심을 보인다.</td><td>또래의 모습과 행동을 모방한다.</td><td rowspan="2">타인존중
배려
나눔</td></tr>
<tr><td>또래의 이름을 안다.</td><td>또래가 있는 곳에서 놀이한다.</td></tr>
<tr><td>자신이 속한 집단 알기</td><td>자신이 속한 반과 교사를 안다.</td><td>자신이 속한 반의 활동에 즐겁게 참여한다.</td><td>소속감
협력
친절
양보</td></tr>
<tr><td rowspan="4">사회적 가치 알기</td><td>도움 받아 물건을 정리한다.</td><td>스스로 물건을 정리한다.</td><td rowspan="2">협력
배려
공공규칙</td></tr>
<tr><td>자기 순서를 안다.</td><td>순서를 기다린다.</td></tr>
<tr><td colspan="2">바른 태도로 인사한다.</td><td>예절
약속</td></tr>
<tr><td colspan="2">간단한 약속을 지킨다.</td><td>약속</td></tr>
</table>

출처 : 황산성(2013). 영아 인성교육에 대한 보육교사들의 인식과 지도.

2) 만 3~5세 연령별 누리과정과 인성교육

2012년 만 5세 누리과정 제정에 이어, 보건복지부와 교육과학기술부(제정 당시)는 2013년 3월부터 만 3, 4세 누리과정을 제정하여 만 3세부터 만 5세 유아를 대상으로 하는『만 3~5세 연령별 누리과정』을 고시하였다. 이것은 어린이집과 유치원의 연계된 공통과정으로 만 3~5세 유아 모두 생애 초기의 공정한 출발선을 보장받게 됨을 의미한다.

표 9-7 2013년 만 3~5세 연령별 누리과정 개념의 변경 내용

구분	2011년	2012년	2013년
지원대상	• 만 3~5세 • 소득하위 70%	• 만 5세 : 전 계층으로 확대 • 만 3/4세 : 소득하위 70%	만 3~5세 시행 전 계층
교육/보육 과정	유치원 교육과정, 어린이집 표준보육과정	만 5세 : 누리과정 만 3/4세 : 해당교육과정	만 3~5세 : 연령별 누리과정
재원부담	유아학비/ 보육료로 이원화	교육청 재원(지방교육재정교부금)으로 유아 학비 보육료 부담 -점진적 시행	
관리체계	유치원(교육과학기술부) 어린이집(보건복지부)		

출처 : 교육과학기술부, 보건복지부(2012). 3~5세 연령별 누리과정 완성, 보도자료 2012 보육정책 개편방안 연구.

'누리'는 세상을 의미하는 순 우리말로서 국가가 교육과정 결정자로서 책임을 가지고 만든 교육을 통해 만 3~5세 유아들이 어린이집과 유치원에서 꿈과 희망을 가지고 마음껏 누리도록 하겠다는 국가적 의지를 담고 있다는 의미를 가지고 있다(장명림 외, 2012). 즉, 취학 직전 1년에 해당하는 유아는 부모의 소득이나 기관이 유형(유치원, 어린이집)에 관계없이 국가가 마련한 국가수준 교육과정으로 보육 또는 교육을 받게 되는 것을 말한다(보육 정책 개편방안 연구, 보건복지가족부, 2009).

(1) 만 3~5세 연령별 누리과정의 구성방향 및 목표

만 3~4세 누리과정은 유아기부터 바른 습관하에 올바른 인성교육을 강화하는 데 중점을 두고 있으며, 만 5세 누리과정과 동일하게 어린 시기부터 인터넷 및 미디어 중독을 예방하여 바른 사용습관을 기르도록 신체운동을 강조하였다. 또한 녹색성장교육이 이루어지도록 다양한 기후 변화에 대한 대처능력과 에너지 절약습관 및 방법을 습득하게 하였다. 또한 다원화된 사회에서 민주시민의 기틀을 다지기 위한 타인과의 우호적인 관계 형성 및 차이를 존중하는 세계관 함양에 기초를 두었다(교육과학기술부, 보건복지부 보도자료, 2012).

만 3~5세 연령별 누리과정은 만 3~5세가 갖추어야 할 기본 능력과 바람직한 인성을 기르고, 민주시민의 기초 마련을 주요 목적으로 심신의 건강과 조화로운 발달을 도모하기 위하여 만 0~2세 표준보육과정 및 초등학교 교육과정과의 연계를 강화하였다. 최근 사회적 문제가 되고 있는 학교폭력이 유아기의 사소한 따돌림으로부터 시작되어 초 · 중 · 고등학교에서 폭력성으로 확대되고 습관화될 수 있다는 우려로 '누리과정부터 인성교육을 강화' 하였다.

만 3~5세 연령별 누리과정의 교육 내용은 신체운동 · 건강, 의사소통, 사회관계, 예술경험, 자연탐구의 5개 영역으로 구성되어 있으며, 각 영역에 대한 교육목표는 [그림 9-3]에 제시하였다.

영역	교육목표
신체운동 · 건강	기본운동능력과 건강하고 안전한 생활습관을 기른다.
의사소통	일상생활에 필요한 의사소통능력과 바른 언어 사용습관을 기른다.
사회관계	자신을 존중하고 다른 사람과 더불어 생활하는 능력과 태도를 기른다.
예술경험	아름다움에 관심을 가지고 예술경험을 즐기며, 창의적으로 표현하는 능력을 기른다.
자연탐구	호기심을 가지고 주변 세계를 탐구하며, 일상생활에서 수학적 · 과학적으로 생각하는 능력과 태도를 기른다.

그림 9-3 만 3~5세 연령별 누리과정영역에 따른 교육목표

(2) 만 3~5세 연령별 누리과정에서의 인성교육 내용

만 3~5세 연령별 누리과정은 기본생활습관과 바른 인성을 기르는 데 중점을 두고, 누리과정 전 영역에 인성교육 요소를 고루 반영하고 있다. 만 3~5세 연령별 누리과정에 반영된 인성교육의 내용을 살펴보면 다음과 같다(장명림, 최은영, 김미나, 백승선, 2012).

표 9-8 신체운동 · 건강 영역에서의 인성교육 내용

<table>
<tr><th>내용 범주</th><th>내용</th><th>만 3세</th><th>만 4세</th><th>만 5세</th></tr>
<tr><td>신체인식하기</td><td>신체를 인식하고 움직이기</td><td colspan="3">자신의 신체를 긍정적으로 인식하고 움직인다.</td></tr>
<tr><td rowspan="3">신체활동에 참여하기</td><td rowspan="2">자발적으로 신체활동에 참여하기</td><td colspan="3">다른 사람과 함께하는 신체활동에 참여한다.</td></tr>
<tr><td></td><td>자신과 다른 사람의 운동능력의 차이에 관심을 갖는다.</td><td>자신과 다른 사람의 운동능력의 차이를 이해한다.</td></tr>
<tr><td>바깥에서 신체활동 하기</td><td colspan="3">규칙적으로 바깥에서 신체활동을 한다.</td></tr>
<tr><td rowspan="2">건강하게 생활하기</td><td>몸과 주변을 깨끗이 하기</td><td>주변을 깨끗이 한다.</td><td colspan="2">주변을 깨끗이 하는 습관을 기른다.</td></tr>
<tr><td>바른 식생활 하기</td><td>바른 태도로 식사한다.</td><td colspan="2">음식을 소중히 여기고 식사예절을 지킨다.</td></tr>
<tr><td rowspan="2">안전하게 생활하기</td><td>안전하게 놀이하기</td><td>TV, 인터넷, 통신기기 등을 바르게 사용한다.</td><td colspan="2">TV, 인터넷, 통신기기 등의 위해성을 알고, 바르게 사용한다.</td></tr>
<tr><td>교통안전 규칙 지키기</td><td>교통안전 규칙을 안다.</td><td colspan="2">교통안전 규칙을 알고 지킨다.</td></tr>
</table>

표 9-9 의사소통 영역에서의 인성교육 내용

<table>
<tr><th>내용범주</th><th>내용</th><th>만 3세</th><th>만 4세</th><th>만 5세</th></tr>
<tr><td rowspan="2">듣기</td><td>이야기 듣고 이해하기</td><td>다른 사람의 이야기를 관심 있게 듣는다.</td><td>다른 사람의 이야기를 듣고 이해한다.</td><td></td></tr>
<tr><td>바른 태도로 듣기</td><td>말하는 사람을 바라보며 듣는다.</td><td>다른 사람의 이야기를 주의 깊게 듣는다.</td><td>다른 사람의 이야기를 끝까지 주의 깊게 듣는다.</td></tr>
<tr><td rowspan="3">말하기</td><td rowspan="3">상황에 맞게 바른 태도로 말하기</td><td></td><td colspan="2">듣는 사람의 생각과 느낌을 고려하여 말한다.</td></tr>
<tr><td>상대방을 바라보며 말한다.</td><td>차례를 지켜 말한다.</td><td>때와 장소, 대상에 알맞게 말한다.</td></tr>
<tr><td colspan="3">바르고 고운 말을 사용한다.</td></tr>
<tr><td>읽기</td><td>책 읽기에 관심 가지기</td><td>책에 흥미를 가진다.</td><td>책 보는 것을 즐기고, 책을 소중하게 다룬다.</td><td></td></tr>
</table>

표 9-10 사회관계 영역에서의 인성교육 내용

<table>
<tr><th>내용범주</th><th>내용</th><th>만 3세</th><th>만 4세</th><th>만 5세</th></tr>
<tr><td rowspan="5">나를 알고 존중하기</td><td rowspan="3">나를 알고 소중히 여기기</td><td>나에 대해 관심을 갖는다.</td><td colspan="2">나에 대해 알아본다.</td></tr>
<tr><td>나와 다른 사람의 차이에 관심을 갖는다.</td><td>나와 다른 사람의 차이점을 알아본다.</td><td>나와 다른 사람의 신체적, 사회적, 문화적 차이를 존중한다.</td></tr>
<tr><td>나를 소중하게 여긴다.</td><td colspan="2">나에 대해 긍정적으로 생각하고 나를 소중하게 여긴다.</td></tr>
<tr><td rowspan="2">나의 일 스스로 하기</td><td>내가 할 수 있는 일을 알아본다.</td><td>내가 할 수 있는 일을 해본다.</td><td>내가 할 수 있는 일을 스스로 한다.</td></tr>
<tr><td>내가 하고 싶은 일을 알아본다.</td><td>내가 할 수 있는 일을 해본다.</td><td>내가 할 수 있는 일을 스스로 한다.</td></tr>
<tr><td rowspan="3">나와 다른 사람의 감정 알고 조절하기</td><td rowspan="2">나와 다른 사람의 감정알고 표현하기</td><td>자신에게 여러 가지 감정이 있음을 안다.</td><td colspan="2">자신의 감정을 알고 표현한다.</td></tr>
<tr><td>다른 사람의 감정에 관심을 갖는다.</td><td>다른 사람의 감정을 안다.</td><td>다른 사람의 감정을 알고 공감한다.</td></tr>
<tr><td>나의 감정 조절하기</td><td>자신의 감정을 조절해 본다.</td><td>자신의 감정을 상황에 맞게 조절한다.</td><td></td></tr>
</table>

내용범주	내용	만 3세	만 4세	만 5세
가족을 소중히 여기기	가족과 화목하게 지내기	가족의 소중함을 안다.		가족의 의미와 소중함을 안다.
				가족과 화목하게 지낸다.
	가족과 협력하기	가족 구성원을 알아본다.	가족 구성원의 역할에 대해 알아본다.	다양한 가족구조에 대해 알아본다.
		가족을 위하여 내가 할 수 있는 일을 알아본다.	가족을 위하여 내가 할 수 있는 일을 알아보고 실천한다.	가족은 서로 도와야 함을 알고 실천한다.
다른 사람과 더불어 생활하기	친구와 사이좋게 지내기	친구와 함께 놀이한다.	친구와 협동하며 놀이한다.	
		나와 친구의 의견에 차이가 있음을 안다.	친구와의 갈등을 긍정적인 방법으로 해결한다.	
	공동체에서 화목하게 지내기		도움이 필요할 때 다른 사람과 도움을 주고받는다.	다른 사람과 도움을 주고받고, 서로 협력한다.
		교사 및 주변 사람과 화목하게 지낸다.		
	사회적 가치를 알고 지키기		정직하게 말하고 행동한다.	
		다른 사람의 소유물을 존중한다.	다른 사람의 생각 행동을 존중한다.	다른 사람을 배려하여 행동한다.
			친구와 어른에게 예의 바르게 행동한다.	
		약속과 규칙을 지켜야 함을 안다.	다른 사람과 한 약속이나 공공규칙을 지킨다.	
			자연과 자원을 아끼는 습관을 기른다.	
사회에 관심 갖기	우리나라에 관심 갖고 이해하기	우리나라를 상징하는 것에 관심을 가진다.	우리나라를 상징하는 것을 안다.	우리나라를 상징하는 것을 알고 예절을 지킨다.
	세계와 여러 문화에 관심 가지기		세계 여러 나라에 대해 관심을 갖는다.	세계 여러 나라에 대해 관심을 갖고, 서로 협력해야 함을 안다.
			다양한 인종과 문화에 관심을 갖는다.	다양한 인종과 문화를 알아보고 존중한다.

표 9-11 예술경험 영역에서의 인성교육 내용

내용 범주	내용	만 3세	만 4세	만 5세
예술 감상하기	다양한 예술 감상하기	나와 다른 사람의 예술 표현을 소중히 여긴다.		

표 9-12 자연탐구 영역에서의 인성교육 내용

내용 범주	내용	만 3세	만 4세	만 5세
탐구하는 태도 기르기	탐구과정 즐기기			탐구과정에서 서로 다른 생각에 관심을 갖는다.
과학적 탐구하기	생명체와 자연환경 알아보기	생명체를 소중히 여기는 마음을 갖는다.		

(3) 만 3~5세 연령별 누리과정과 연계한 인성교육현장 적용 인식

만 3~5세 연령별 누리과정과 연계하여 인성교육을 현장에 적용하기 위하여 영유아교사들은 다양한 교수방법을 활용하고 있다. 김자운(2014)의 연구에 의하면, 누리과정과 연계한 인성교육에 대한 효율적인 지도방법으로 [표 9-13]에 제시하였다.

표 9-13 누리과정과 연계한 인성교육에 대한 효율적인 지도방법

구분	항목	중복 응답(%)
누리과정 연계 효율적인 인성교육 지도방법	① 직접적인 체험을 통한 지도	141(21.2)
	② 교사의 솔선수범	127(19.1)
	③ 가정과의 연계 지도	161(24.2)
	④ 동화를 통한 지도	53(8.0)
	⑤ 기본생활습관 형성 위주의 지도	81(12.2)
	⑥ 인성교육 프로그램을 통한 지도	73(11.0)
	⑦ 상황에 적합한 토의활동을 통한 지도	29(4.4)
	⑧ 기타	1(0.2)
합계		666(100.0)

[그림 9-4]는 이러한 인성교육 지도방법을 통하여 유아교사들이 기대하는 유아의 성장모습을 나타낸 것이다.

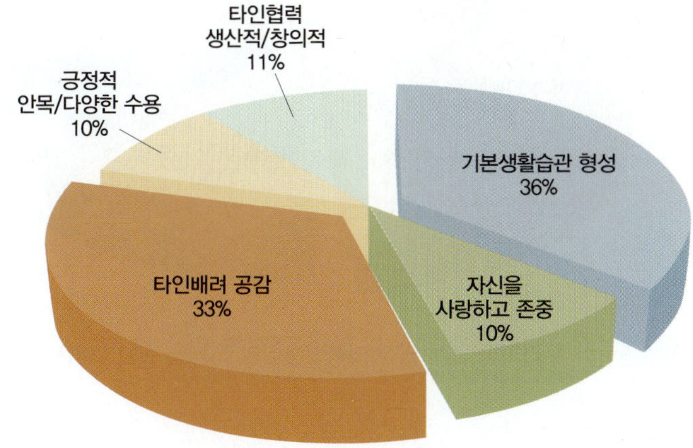

그림 9-4 누리과정 연계 인성교육을 통해 기대되는 유아 성장모습

누리과정을 통해 인성교육을 수행하고 있는 현장 유아교사들은 보다 교사 연수의 필요성 또한 절감하고 있어서 ① 유아 인성교육을 위한 활동 소개 교수방법(66.7%), ② 인성교육 전문기관 견학 및 참고자료 소개(15.7%), ③ 교사를 위한 지식 위주의 인성교육(10.3%), ④ 유아 인성교육의 기초이론(6.1%), ⑤ 기타(1.1%) 등에 대한 교사 연수방법을 요구하고 있다(김자운, 2014).

더불어 누리과정과 연계한 인성교육이 보다 충실히 이루어지기 위해 고려해야 할 사항을 [그림 9-5]와 같이 나타내었다(김자운, 2014).

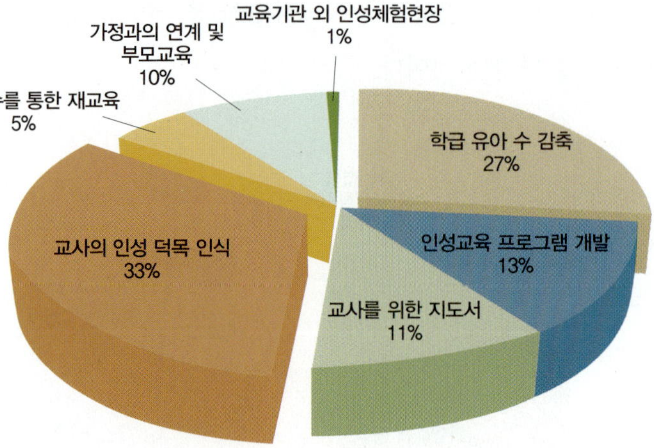

그림 9-5 누리과정 연계 인성교육의 충실한 적용을 위한 고려사항

[그림 9-5]에 따르면 누리과정과 연계하여 인성교육을 보다 충실히 수행하기 위하여 고려되어야 할 사항으로 교사가 인성 덕목을 인식하느냐(33%)가 중요한 관건이 됨을 알 수 있다. 그것은 또한 인성교육에 있어서 교사의 중요성을 암시하고 있는 것이라 할 수 있다.

3. 표면적 교육과정과 잠재적 교육과정의 관계

교육과정의 개념은 그 기준에 따라 다양하게 설명될 수 있는데, 그 중 의도성 여부에 따라 표면적 교육과정과 잠재적 교육과정으로 나누어진다. 특히, 인성교육에 있어서 표면적 교육과정과 잠재적 교육과정이 가지는 의미는 특별하다. 학자들마다 성숙한 교사의 역할이 강조되는 잠재적 교육과정에 의한 인성교육의 수행이 어렵기 때문에 보편적으로 교사들이 적용 가능한 표면적 교육과정에 의한 인성교육을 강조하는 등 그 주장하는 견해와 관점이 다르다. 하지만 가능하다면 성숙한 인격이 갖추어진 교사에 의한 표면적 교육과정의 수행이 이상적인 인성교육이라고 할 수 있다.

1) 표면적 교육과정(manifested curriculum)

일반적으로 주로 공식적인 교육에서 학습자들의 학습이 일어나기 이전에 학습자들에게 교육목표가 효율적으로 성취되기 위하여 수행되어야 할 제반활동과 요소에 대한 사전 계획을 문서화한 교육과정을 말한다. 영유아교육기관에서 공식적으로 가르치는 교수 · 학습자료, 국가수준의 교육과정 문서, 시 · 도 교육청의 교육과정 지침, 지역 교육청의 장학자료, 영유아교육기관의 교육방침 등이 이에 속한다. 또한 유아들을 위한 교육 활동 준비를 위하여 교육목표, 교육내용, 교육방법 등의 계획을 중심으로 하여 매일 매일의 교육 내용을 진술하는 것에서부터 주제나 내용 영역에 따라 일련의 활동들을 진술하는 것의 형태를 가질 수 있다(문미옥, 2008).

2) 잠재적 교육과정(hidden curriculum)

1960년대 중반부터 주장된 것으로서, 공식적인 교육과정에서 의도하거나 계획하지 않았으나 수업이나 학교의 관행 또는 인적 환경에 의해 학습자들이 경험하는 교육과정이다. '잠재적'이란 '숨은, 보이지 않는, 계획되지 않은, 기대되지 않은'이라는 의미이다. 교육기관의 교육은 모종의 의도성에 따라 수행된다. 그러나 교육기관의 의도와는 무관하게 학습자들이 겪는 비형식적인 경험들이 있다. 예를 들면, 영유아에게 의미 있는 존재인 교사와 또래들과 함께 하는 이야기 나누기 시간에 앞에 나가서 발표를 한 영유아에게 반 또래 친구들과 교사의 진심어린 칭찬과 격려를 하게 될 경우, 그 영유아의 성격과 가치관 형성에는 그 칭찬과 격려가 중요한 요인으로 작용하게 된다. 이러한 것은 교사가 작성하는 문서화된 교육과정인 교육계획안 내에서는 확인될 수 없는 내용이다. Bloom(1995)은 잠재적 교육과정이 표면적 교육과정보다 더욱 교육에 있어서 효과적임을 주장한다. 표면적 교육과정은 단기적으로 배우는 것이어서 어느 정도 일시적이지만, 잠재적 교육과정은 장기적이고 반복적이어서 항구성을 가지고 있기 때문이다. 특히, 인성교육에 있어서 잠재적 교육과정의 영향력은 매우 크다(유인종 외, 2012).

그러나 교사가 가지는 신념과 가치관으로 형성되는 민주적이고 도덕적 교실 분위기, 교사의 언행을 통해 확인되는 역할 모델의 중요성은 보편적인 영유아교사들에게는 쉽지 않은 도전적인 영역이다. 따라서 이상적인 영유아 인성교육을 위하여 표면적 교육과정과 잠재적 교육과정과의 균형 있는 조화 가운데, 지속적인 교사 스스로의 인격 도야의 필요성도 요구되며 더불어 보편적으로 적용 가능한 표면적 교육과정의 적용을 위한 인성교육 교수자료 및 교육 활동의 개발이 중요하다고 할 것이다.

표 9-14 표면적 교육과정과 잠재적 교육과정의 관계

구분	표면적 교육과정	잠재적 교육과정
개념	학교에 의하여 의도적으로 조직되고 가르쳐지는 교육과정	학교에서 의도되지 않았지만 학교생활을 하는 동안 은연중에 배우는 것
영역	교과를 통해 배우는 인지적 영역	학교 문화에서 익히게 되는 흥미, 태도, 가치관, 신념 등의 정의적인 영역
관련	교과	학교의 문화풍토
영향력	교과는 단기적으로 배우기 때문에 그 영향은 일시적임	학교생활이 장기에 걸쳐 반복되므로 항구성을 지님
교사의 영향	교사의 지적, 기능적 영향을 받음	교사의 언행 등 전인격적인 영향을 받음

출처 : 양옥승 외(2011). 영유아 교육과정.

10장

영유아
인성교육과 교사

현대사회에서 사람이 사람답게 살아가기 위하여 갖추어야 할 '사람 됨됨이'의 길잡이로서 부모 이외에 교사만큼 중요한 역할이 없을 것이다. 맞벌이 부부와 여성의 사회참여의 증가로 영유아들이 영유아교육기관에 오래 머물러 있기 때문에 영유아 인성교육은 이제 영유아교사들의 필수적인 몫이 되기도 하였지만 또한 그 시간들은 어떻게 생각하면 교사에게도 영유아들의 인성교육을 통하여 자신을 보다 준비하고 성숙시키는 계기가 된다고 할 수 있다.

1. 영유아 인성교육에 대한 교사의 인식

1) 영유아 인성교육에 대한 교사의 인식 및 실태

2015년 1월 공포와 함께 7월부터 각 교육현장에서 시행되고 있는 〈인성교육진흥법〉을 통하여 그 중요성을 더욱 실감하는 영유아 인성교육은 무엇보다 교육을 수행하는 영유아교사가 어떻게 인식하고 있는지 현재 시행되고 있는 영유아 인성교육의 실태를 어떻게 파악하고 있는지에서부터 시작된다.

김효순(2016)의 연구에 의하면, 영유아교사들이 대부분 교사연수를 통하여 인성교육에 대하여 알게 되었으며 인성교육이 강조되는 이유로 지나친 개인주의(24.4%), 도덕성 결여(15.6%), 인간성 상실(13.2%)이 가장 많았는데, 이러한 결과는 영유아교사들이 사회 선반적인 문제로 인식하고 있는 것을 알 수 있다.

또한 교사가 인식한 영유아 인성교육의 목적은 [그림 10-1]과 같이 공동체의식(16.3%), 도덕성 교육(16.1%)이 가장 많았고, 다음 사회성발달(13.4%), 전인교육(10.8%), 기본생활습관 형성(10.6%), 가치관 형성(10.4%) 등의 순으로 나타났다. 그와 더불어 교사가 중요시 여기는 영유아 인성교육의 내용은 배려가 54.7%로 가장 많았고, 존중(26%), 협력(6.3%)의 순으로 나타났다. 이처럼 교사들은 영유아 인성교육이 바람직한 사회구성원으로서 필요한 자질을 준비하는 과정으로 인식하고 있음을 알 수 있다.

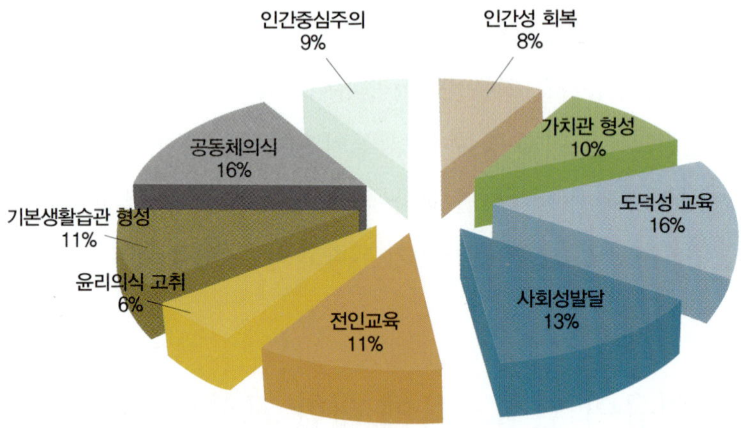

그림 10-1 영유아교사가 인식하는 영유아 인성교육의 목적

영유아 교사가 파악하고 있는 영유아 인성교육의 현장 실태는 [표 10-1]과 같다.

표 10-1 영유아교사가 인식하는 영유아 인성교육의 실태 (N=178)

특성		빈도	퍼센트(%)
교사의 인성교육 준비 정도	아니다	4	2.2
	보통이다	30	16.9
	그렇다	75	42.1
	매우 그렇다	69	38.8
인성 교육 실시 시기	하루 일과 중 수시로	114	64.0
	하루 일과 중 시간을 정하여	14	7.9
	주 1회 요일을 정하여	15	8.4
	월 1회 정기적으로 시간을 정하여	28	15.7
	연중 필요하다고 생각될 때	7	3.9
인성교육 시 교수방법	이야기 나누기	158	57.2
	문학적 접근법(동화, 인형극)	54	19.6
	현장학습(체험하기)	37	13.4
	기관에서 제공하는 프로그램	27	9.8
인성교육 시 활용 교수자료	누리과정 교사용 지도서	88	49.4
	기존 제작된 유아 인성교육 프로그램	56	31.5
	교사가 개발한 인성교육 프로그램	19	10.7
	기타	15	8.4
인성교육 후 인성발달 평가방법	관찰 평가	103	57.9
	면담	15	8.4
	상호 평가	31	17.4
	포트폴리오	1	.6
	평가가 이루어지지 않고 있다	28	15.7
합계		176	100.0

출처 : 김효순(2016). 영유아 인성교육에 대한 유아교사의 인식과 운영실태.

현장에서 영유아 인성교육의 실시 시기는 '하루 일과 중 수시로'가 64.0%로 가장 많았고, 다음으로 '월 1회 정기적으로 시간을 정하여'가 15.7%라는 결과로 보아 수시로 이루어지는 영유아 인성교육에서의 교사의 역할이 중요함을 실감할 수 있다. 인성교육 수행 시 교수학습방법으로는 '이야기 나누기'가 57.2%로 가장 많았다. 그리고 인성교육 시 활동 교수자료로는 '누리과정 교사용 지도서 활용'(49.4%)이 가징 많았고, 인성발달 평가방법으로는 '관찰 평가'(57. 9%)를 가장 많이 하고 있음을 알 수 있다(김효순, 2016).

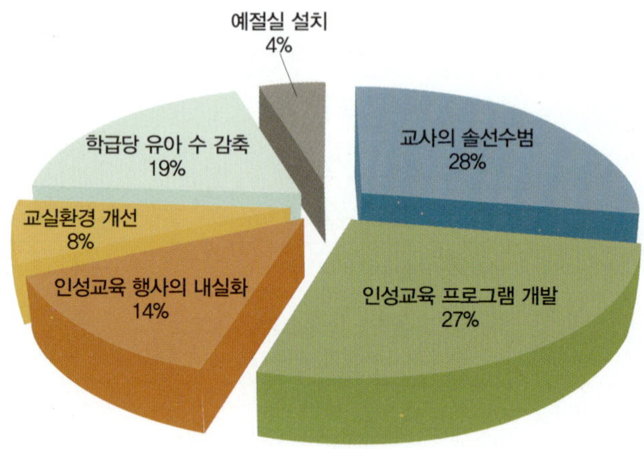

그림 10 – 2 인성교육활동 수행을 위한 교육현장 내부 환경

현장에서의 인성교육 활동을 위한 내부 환경은 '교사의 솔선수범'(27.8%)과 '인성교육 프로그램 개발'(26.9%)이 '교실환경 개선'(7.7%)과 '예절실 설치'(4.6%)보다 현격한 차이로 많이 나타난 결과로 보아 영유아교사들은 영유아 인성교육의 수행에 있어서 물리적 환경의 구비 이전에 교사의 인성이나 프로그램이 더 중요하다고 인식하고 있음을 알 수 있다(김효순, 2016).

표 10-2 영유아 교사가 인식하는 영유아 인성교육 활성화 방안 (N=190)

활성화 방안	평균	표준편차
연간교육계획안에 맞춰 인성교육이 이루어질 필요가 있다.	4.05	0.95
인성교육에 대한 교사 연수는 반복적으로 자주 이루어져야 한다.	3.95	0.96
인성교육에 관한 도서 및 교구 지원이 이루어져야 한다.	4.12	0.89
인성교육 시 활용할 수 있는 자료, 교재, 교수방법이 개발 · 보급되어야 한다.	4.16	0.90
인성교육을 위한 주제별 프로그램의 개발이 요구된다.	4.07	0.90
유아 인성평가도구 개발이 필요하다.	3.91	1.08
인성교육의 개념정의에 관한 교사 연수가 필요하다.	4.02	0.89
인성교육을 위한 구체적인 지도방법에 관한 연수가 필요하다.	4.04	0.88
인성교육을 위한 교사 소모임이 필요하다.	3.65	0.94
인성교육을 위한 교사의 연구시간 확보가 이루어져야 한다.	3.97	0.90

출처 : 김효순(2016). 영유아 인성교육에 대한 유아교사 인식과 운영실태.

영유아 교사들의 영유아 인성교육 활성화 방안에 대한 요구도를 5점 Likert척도로 조사한 결과, 교사들은 '인성교육 시 활용할 수 있는 자료, 교재, 교수방법이 개발 · 보급되어야 한다'를 가장 중요한 것으로 선택하였다. 이는 [표 10-2]에서 알 수 있다.

2) 영유아 인성교육에 대한 교사의 어려움

영유아 인성교육을 수행할 때 교사들은 다양하고 많은 어려움을 겪는 것으로 많은 연구(계영애 외, 2001 ; 김경신, 2011 ; 김자운, 2014 ; 류말순, 2002 ; 박진희 외, 2013 ; 서현 외, 2013 ; 이소형, 2013 ; 이정욱 외, 2013 ; 최민수, 2011 ; 최준화, 박춘심, 연경민, 민영경, 이은아, 정원선, 서지연, 차대길, 허준영, 임청목, 2009)에서 살펴볼 수 있다.

첫째, 넓고 추상적인 인성과 인성교육의 개념에 대한 불분명한 인식을 하고 있다. 기본생활습관교육, 안전교육, 친사회적 행동교육, 감성교육 등 비슷한 개념의 교육들로 인하여 교육계획안 작성 시 혼란을 겪는다.

둘째, 특별 활동으로 이루어진 인성교육의 교사는 영유아의 개인차를 고려 하지않는 영유아인성교육 교재를 사용하여 수업을 실행한다. 영유아를 고려한 적절한 영유아인성교육 교재의 연구가 시급하다.

셋째, 영유아인성교육의 수업을 특성화하여 준비할 때 정신적인 스트레스와 신체적 부담을 겪는다. 현장에서의 과중한 업무로 영유아를 지도해야 할 시기를 놓치는 경우가 발생한다.

넷째, 개념을 알려주는 지식 중심의 인성교육은 한계를 느낀다. 마음으로 느끼고 배울 수 있는 인성교육의 방향을 지향해야 한다.

다섯째, 가정연계를 통한 영유아인성교육 활동의 중요성을 부모들이 인식하지도 않는다. 이것은 현대사회의 급변하는 가족구조의 영향이 큰 것으로 예측해 볼 수 있다.

2. 영유아 인성교육에서 교사의 중요성

1) 영유아교사로서의 책무성

영유아기는 그 상호작용의 관계가 가족에서 타인으로 대상의 범위가 점차로 확대되어감을 통하여 긍정적인 사회적 관계를 형성해야 하는 발달적으로 매우 중요하고 의미 있는 시기이다(Bronfenbrenner & Morris, 1998). 그에 따라 부모 대신에 영유아교육기관에서 영유아와 많은 시간을 함께 보내며 사회적, 정서적, 교육적 지원을 제공하는 영유아교사는 영유아에게 의미 있는 사회적 경험을 통하여 영유아의 전인발달에 영향을 미친다(Kontos & Wilcox-Herzog, 1997 ; Pianta, 1999).

영유아의 전인발달에 대하여 영유아교사는 책무성을 가지고 있다. 책무성

(accountability)이란 사전적 의미로 '누가 누구에게 무엇을 보고, 설명 또는 해명하는 행위'이다. 즉, '교육에서의 책무성'이란 교직원들이 수행한 과업에 대한 성과에 대해 책임을 지고, 그들이 수립한 교육 프로그램의 결과에 대해 책임질 것을 약속하며, 입증된 잘못에 대해서 인정하고 시정할 수 있는 정도를 의미한다(김창걸, 2009).

책무를 유사한 개념인 의무, 직무, 책임과 비교해 보면 다음과 같다.

- **의무**(obligation)

  법적이나 사회적으로 부여된 일, 또는 계약, 약속, 도의적 책임 등에 의해 행해져야 하는 측면에서 의무를 강조한 것

- **직무**(duty)

  법적이고 도덕적인 의무에 기반을 둔 본분

- **책임**(responsibility)

  부여된 임무와 의무를 떠맡고 이에 책임을 지려는 의무

현재 우리 사회는 인공지능(AI)을 앞세워 우리 사회에 도래한 제4차 산업혁명으로 교육혁명을 요구하고 있다. 새로운 변화를 향한 교육 패러다임은 영유아 인성교육에 있어서도 마찬가지이다.

표 10-3 교육 패러다임의 변화

구분	교육 패러다임의 변화
교육환경의 변화	시공간의 제한성 → 시공간을 초월한 사이버 공간
인식론에 대한 인식의 변화	객관주의 인식론 → 구성주의 인식론
지능에 대한 인식의 변화	전통적인 지능이론 → 다중지능이론
교육매체의 변화	언어매체 → 인쇄매체 → 영상매체 → 전자매체 → 웹
교육목적관의 변화	지식 중심 교육 → 인성 및 창의성이 강조되는 교육

구분	교육 패러다임의 변화
교육과정의 변화	주어진 교육과정 → 만들어 가는 교육과정
수업방식의 변화	계획되고 의도된 과정 → 학습자와 환경의 상호작용에 의한 경험과정
수업설계의 변화	발문응답형 → 내용 중심형 → 활동 중심형
학생관의 변화	지식흡수자 → 지식구성자

출처 : 교육과학기술부(2009).

이러한 교육 패러다임의 변화에 따른 영유아교사의 책무는 영유아교사가 스스로 개인적으로 끊임없는 자기 계발과 훈련으로 지도자, 안내자, 관리자, 촉진자로서의 역할을 영유아에게 행함으로써 교육지원 및 학부모와 지역사회에 대한 의견 수렴과 교육 홍보를 수행하는 것이다.

교육 패러다임의 변화에 따른 영유아교사의 책무

첫째, 영유아교사는 영유아교육을 공공재로서 인식하여 능동적으로 대처해야 한다.

둘째, 급속한 사회 변화로 인한 가족환경에서의 영유아와 부모를 이해하고 편견 없는 시각으로 새로운 역할을 모색해야 한다.

셋째, 변화하는 사회 속에서도 교육의 가치를 통한 균형과 창조를 도모해야 한다.

넷째, 세계 속에서의 영유아에 대한 미래를 바라보고 지속 가능한 사회 유지를 위하여 영유아 교육에 임해야 한다.

2) 영유아교사로서의 전문성

영유아교사가 담당하는 영유아기는 발달적 변화가 급격한 시기이고 또래친구들 간에 개인차 역시 큰 시기이므로 영유아교사는 반드시 영유아교육에 대한 전문성을 가지고 있어야 한다.

표 10-4 전문직의 특성

특성	의미
사회적 필요성 (social necessity)	사회적 기능 강화를 위하여 필요한 지식과 기술을 갖춘 전문적 활동으로 사회 유지에 필수적인 것
이타주의 (altruism)	전문직의 활동 동기가 이타성에 근거하고 있는 것
자율성 (autonomy)	전문성을 행할 대상자와 고용주로부터 자율권을 인정받고 그들은 자율적으로 판단하고 행동한다.
윤리강령 (code of ethics)	전문직은 실제에 대한 윤리강령을 가지고 있다.
대상자들과 거리 유지 (distance from the client)	객관적 판단 및 객관성 유지를 위하여 대상자와의 물리적 최적 거리를 유지한다.
실천기준 (standards of practice)	• 누구나 따라야 하는 정도의 낮은 기준 • 모든 구성원들에게 일반적인 문제에 대하여 이해되도록 진술되어야 한다. • 특수한 개인이 아니라 보편적 적용이 가능한 것이어야 한다.
계속적인 훈련 (prolonged training)	전문직 수행을 위한 지속적인 훈련 요구

출처 : 박선혜 외(2013). 보육교사론.

전문직으로서 영유아교사의 자율성의 의미는 매우 크다. 이는 영유아교사가 가지는 교육철학과 신념 및 가치관에 따른 영유아를 이해하고, 안내하며, 교육하고, 평가할 수 있도록 스스로 능동적이며 적극적인 자세로 전문성을 발휘해야 한다는 의미이다.

박세정 외(2013)의 연구에서 제시하는 바람직한 교사의 특성 및 모습은 영유아교사가 미래사회의 영유아교육을 위해 준비되어야 할 영유아교사상으로서 바라봄직하다.

바람직한 영유아교사상

- 바람직한 인간적 모델이 된다.
- 폭넓은 교양을 쌓는다.
- 바람직한 인격을 소유한다.
- 뚜렷하고 건전한 가치의식과 윤리의식을 가진다.
- 바람직한 교육관과 교직관을 가진다.
- 올바른 역사의식을 가진다.
- 영유아교사로서의 투철한 사명감을 가진다.
- 순수한 교육애와 인간애를 지닌다.
- 개혁자로서의 자질과 능력을 갖춘다.
- 교육이라는 전문직에 대해 폭넓은 지식과 과제에 대한 이해와 교직 수행에 필요한 능력을 갖춘다.
- 전문적인 자질을 함양하기 위해 끊임없이 노력하는 자세가 필요하다.

출처 : 김형재 외(2016). 영유아교사 인성론.

3. 영유아 인성교육을 위한 교사의 준비

1) 자격 및 발달

일련의 영유아교사 양성과정을 거치면 영유아를 돌보거나 교육할 수 있는 영유아교사 자격이 주어진다. 하지만 실제로 모든 것을 갖춘 상태로 자격을 소유하거나 교사직을 시작하는 영유아교사는 많지 않다. 이것은 운전면허증을 발급받았다고 그 즉시 best driver가 되지 않는 것과 같은 맥락이다.

동시에 영유아교사는 발달하며 성장한다. '영유아교사 발달'이란 교직에 입문하는 순간부터 전 교직기간에 걸쳐 영유아교사 개인이 갖는 교육에 대한 신념과 철학, 관심사 등 정의적 태도 및 관점, 학급 경영과 교수학습 기술 및 방법, 업무 수행능력 등 인지적 • 행동적 측면이 긍정적 또는 부정적으로 변화하는 것이라고 정의할 수 있다(최윤아, 2015).

(1) Kazt(1995)의 교사발달단계

그림 10 – 3 Kazt의 교사발달단계

① 1단계 : 생존단계

교직에 입문한 첫 1년의 시기이다. 자신이 영유아교사로서 잘 적응하여 생존할 수 있을지에 관심이 집중되어 있다. 이 시기의 영유아교사는 교육현장에서 부딪치는 여러 가지 문제를 원만하고 원활하게 해결해 나갈 수 있을지에 대한 염려와 걱정에 사로잡혀 있다. 따라서 경험이 풍부한 사람의 지원과 이해, 격려와 적절한 위로 등으로 힘을 얻을 수 있고 수업현장에서 발생하는 다양한 문제 상황들에 대해서 구체적인 도움을 얻을 수 있는 방법을 강구해야 하는 시기이다.

② 2단계 : 강화단계

현장에서의 영유아교사 경력 1~3년 정도가 되었을 때의 시기이다. 어느 정도 현장에 대한 경험으로 안정감과 자신감을 가지고 있다. 영유아교사로서 교수능력에 관련된 지식이나 기술, 업무 처리를 몸에 익히는 시기로서, 특히 문제행동을 보이는 영유아에게 관심을 갖게 된다. 이 시기에는 영유아교사에게 수업현장에 대한 정보 제공이나 수업 연구를 돕거나 자문을 해줄 동료교사가 필요하다. 따라서 자신의 수업 분야에서 부족하다고 여겨지는 영역이 있다면 본인 스스로의 훈련도 교사로서 발전할 수 있는 좋은 방법이다.

③ 3단계 : 갱신단계

영유아교사 현장 경력 3~4년의 시기이다. 영유아교사들은 기존에 수행해왔던 수업방식에서 탈피하고자 하는 노력과 새로운 시도를 한다. 연수, 워크숍, 전문단체 또는 학술지 등에서 새롭고 다양한 영유아교육 관련 정보를 제공받고자 한다. 따라서 영유아교사 스스로 자신의 분야에서 전문가로서 일익을 담당하고자 한다면 비형식적이고 폭넓은 교육 프로그램을 지원받고자 지속적인 노력을 해야 한다.

④ 4단계 : 성숙단계

영유아교사 현장 경력 5년 이상이어야 되는 시기이다. 이 시기의 영유아교사들은 자신만의 경험과 노하우를 통하여 얻은 교직관 및 영유아교육에 대한 관점과 안목을 갖게 된다. 따라서 대학원 학위 취득 또는 다양한 분야의 전문가들과의 만남, 세미나와 학회 참석 등의 기회를 통해 자신의 성숙을 향한 노력을 보다 지향하고자 한다.

(2) 직위에 따른 성장

'자리가 사람을 만든다'는 말이 있듯이, 갓 교직에 입문한 초임교사가 경력을 갖게 되면서 직장인 영유아교육기관에서 부여받는 직위는 영유아교사의 내적 · 외적 성장에 영향을 미칠 것이며, 영유아교사 역시 그 직위에 맞는 역할 수행을 통해 얻게 되는 자신에 대한 긍정적인 자아개념은 영유아교사로서의 자신의 교직생활에 대한 행복뿐만 아니라 자신이 담당하고 있는 영유아들의 행복도 보장할 수 있다.

① 초임교사로서의 발달과 과업

영유아교육기관에 처음 입문한 초임교사는 모방을 통해 경력교사의 수업을 위한 교수법과 행동뿐만 아니라 직장 내 조직체제와 인간관계에 적응하게 된다. 영유아들과 관계 형성을 위해 적극적으로 상호작용을 하기도 하지만 실수를 하는 중에 자신의 교수능력에 실망을 하기도 한다.

박은혜(2009)는 초임교사가 교직에 입문하여 1년 동안 겪는 경험을 4개의 발달단계로 나누어 설명한다.

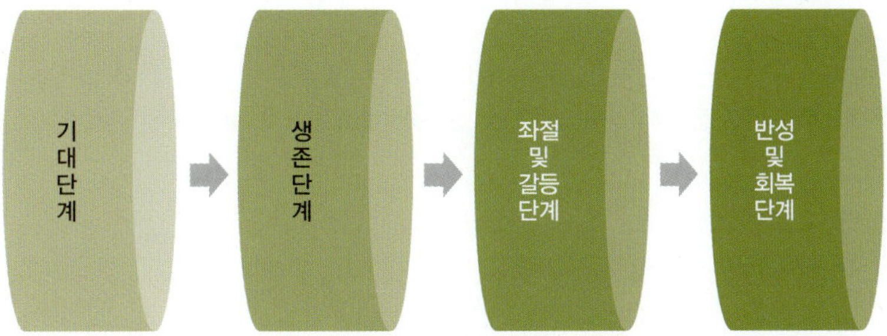

그림 10 – 4 영유아교사 초임 1년의 발달단계

영유아교사 초임 1년 발달단계

- **기대단계**

실습을 마친 후 학급을 맡기 직전까지의 시기이다. 이 시기의 영유아교사는 자신이 현장에 나가서 좋은 영유아교사가 될 것에 대한 기대감을 갖고 있다.

- **생존단계**

실습을 마친 후 학급을 맡기 직전까지의 시기이다. 이 시기의 영유아교사는 자신이 현장에 나가서 좋은 영유아교사가 될 것에 대한 기대감을 갖고 있다.

- **좌절 및 갈등단계**

교직생활을 한지 1~2개월 정도의 기간이 지난 시기이다. 자신이 기대했던 이상적인 영유아교사로서의 생활이나 모습과 다른 현실에서 이상과 실제에 대한 괴리를 느낀다.

- **반성 및 회복단계**

방학기간으로서 영유아교사가 자기 계발을 위하여 연수에 참여하는 등 2학기를 계획하고 준비하는 시기이다. 이 시기에 동료들의 지원을 받는다면 다음 학기에 대한 재충전의 에너지를 얻게 된다. 그러나 전문적 · 인간적 · 사회적으로 지원받지 못하면 교직을 떠날 가능성이 높다. 영유아 교육기관의 원장뿐만 아니라 경력 있는 선배교사의 관심과 격려가 필요하다.

② 경력교사로서의 발달과 과업

현장에서 쌓아져 가는 3년차, 4년차의 경력은 영유아교사에게 교사로서의 자신감 및 성취감과 더불어 자신의 활동에 대한 딜레마에 빠지기도 한다. 동료교사의 적절한 지원 및 협력 구축을 통하여 보다 전문가로서 성숙되어 가는 과정이다. 이 시기의 영유아교사들은 자신을 교사로서 인정함과 동시에 가르치는 일에 자신감과 열정을 가지고 있다.

③ 주임교사로서의 발달과 과업

자신만의 교직생활에 있어서의 안목, 교수방법, 학급운영, 영유아들과의 상호작용방법 등을 세우는 시기로서 다른 영유아교사들의 모델이 된다. 따라서 주임교사는 초임교사를 비롯하여 경력이 낮은 교사들의 전문성발달 촉진을 위한 지원 및 조언을 아끼지 않는다. 이러한 수행을 위하여 주임교사는 조직체계 속에서 철저한 자기관리를 통한 안정된 교사생활을 이룬다.

④ 원감으로서의 발달과 과업

원감은 영유아교육기관에서 가장 중요한 교량의 역할을 담당한다. 영유아교사와 영유아교사, 그리고 영유아교사와 원장 사이에서 서로 간의 중재와 연결을 지원한다. 그 관계의 협력을 지원하고 영유아교육이 성공적으로 교육과정을 운영할 수 있도록 안내해 주어야 한다. 원감은 지도자로서의 덕성과 자질을 연마하고 보다 영유아교육의 전문가와의 깊이 있는 만남과 교육의 기회를 통하여 자신의 발전을 도모해야 한다.

⑤ 원장으로서의 발달과 과업

무엇보다 원장은 영유아교육기관을 이끌어 나갈 수 있는 확고한 교육신념과 철학을 가지고 있어야 한다. 하지만 영유아교사뿐만 아니라 직원들과의 끊임없는 소통을 위한 노력을 통하여 전체 영유아교육기관의 운영 및 관리와 법적 책임을 진다. 원장은 교육자와 운영관리자라는 두 가지 책무를 전문성 있게 감당하기 위하여 다양한 재교육의 노력을 통한 지도자로서의 소양과 자질을 연마한다. 또한 영유아교사뿐 아니라 학부모와 지역사회단체 및 인사들과의 관계도 잘 유지하여 궁극적으로 영유아들의 전인발달을 위한 교육과 보호에 대한 책임을 갖는다.

2) 지식

영유아교사들이 영유아 인성교육을 현장에서 수행하고자 할 때, 많은 어려움을 겪게 된다. 그 어려움의 원인과 이유는 여러 가지가 있겠으나, 그중 한 가지가 영유아 인성교육을 수행하기 위하여 갖추어야 할 인성교육 대상인 영유아에 대한 지식적 측면이다.

교육은 유전적 요소와 환경적 요소를 모두 고려해야 한다. 그것은 인성교육에서도 마찬가지이다. 영유아들의 기질 유형에 따라, 발달수준에 따라 그리고 영유아들이 처한 가정 상황에 따라 교사는 영유아에 대한 인성교육 접근방법을 다르게 해야 한다.

영유아교육기관에의 초기 적응은 생후 초기부터 볼 수 있는 영유아의 개인차의 근원인 기질이 매우 중요한 역할을 한다(김현경, 2013). Buss와 Plomin(1975)은 '성격발달에 관한 기질이론'에서 기질을 유전적 성격특질로서 행동을 직접 결정하기보다는 행동을 조성하는 요인으로 보았다. 또한 기질은 태어나면서 갖게 되는 개별성향이지만 환경의 영향을 받아 변화 가능한 성격특질로 성인기의 성격형성에 중요한 기반이 된다(정미숙, 2013).

Thomas와 Chess(1977)는 기질을 '영유아가 어떻게 행동하는가를 나타내는 행동 유형'으로 정의하였다. 그리고 기질과 환경과의 상호작용을 강조하면서 9가지 기질의 구성요인을 기준으로 기질을 순한(easy) 영유아, 까다로운(difficult) 영유아, 반응이 느린(slow-to-warm-up) 영유아의 세 가지 유형으로 구분하였다.

- 순한(easy) 영유아(연구대상의 40%)

  행복하게 잠을 깨고 장난감을 가지고 쉽게 잘 놀며 쉽사리 당황하지 않고 좌절에도 잘 순응한다. 생물학적 시간표에 따른 규칙적인 수유와 수면이 잘 이루어지고 새로운 생활습관에도 쉽게 적응한다.

- 까다로운(difficult) 영유아(연구대상의 10%)

  눈을 뜨기 전부터 울고, 불규칙적인 생물학적 기능을 하며 불행해 보이고 적대적인 반응을 보인다. 조그만 좌절에도 매우 강한 반응을 보이는데, 따라서 새로운 사람이 상황에 적응하기 위해서는 많은 시간이 요구된다.

- 반응이 느린(slow-to-warm-up) 영유아(연구대상의 15%)
수동적인 모습으로 새로운 상황에 접했을 때 움츠러드는 경향이 있다. 이 유형의 영유아들은 새로운 상황을 좋아하지는 않지만, 다시 또 그 상황이 주어지면 마침내는 흥미를 갖고 이 상황에 참여한다.

표 10 – 5 Thomas와 Chess의 NYLS 9가지 기질 구성요인

구성요인	설명
활동성(activity)	젖 먹기, 목욕하기, 옷 입기 등의 일상생활에서 영아가 하는 신체활동의 양
규칙성(rhythmicity)	수유시간, 수면의 주기, 배변습관 등의 예측 가능성
접근/회피 (appoach/withdrawal)	새로운 사건이나 자극(장난감이나 음식 등)에 영아가 어떤 반응(접근 또는 회피)을 보이는가?
적응성(adaptability)	변화된 상황에 영아가 얼마나 쉽게 적응하는가?
반응강도(intensity)	영아가 보이는 긍정적 또는 부정적 반응의 강도
반응역치(threshold)	영아의 반응을 유발하는 데 필요한 자극의 양
기분(mood)	영아가 보이는 행복하고 기분 좋은 반응의 빈도와 불행하거나 부정적인 행동의 빈도
주의산만성(distractibility)	외부 사건이나 자극에 의해 영아가 현재 하고 있는 행동이 쉽게 방해받는 정도
지구력(attention span and persistence)	어떤 활동의 지속시간과 장소에 직면했을 때 그 활동을 계속하려는 의지

출처 : Thomas, A., & Chess, S.(1986). The New York Longitudinal Study: From infancy to early adult life. In R. Plomin & J. Dunn (Eds.), The study of temperament Change, Contunuities, and challenges. Hillsdale.

일반적으로 잘 적응하고 긍정적인 정서상태를 가진 순한 기질의 영유아는 또래들과의 상호작용에서 더욱 긍정적인 정서관계를 형성한다. 그러나 부정적인 정서상태와 잘 적응하지 못하는 까다로운 기질의 영유아는 또래와의 관계에서도 어려움을 보인다(Walker et al., 2001).

인성의 한 표현양식인 친사회적 행동에 대한 접근에 있어서 인지발달론적 입장은 Piaget(1932)와 Kohlberg(1969)의 도덕적 추론발달이론에 근거한다. Mussen과 Eisenberg(1979)에 의하면 자기중심성이 높은 영유아는 친절이나 도움을 주는 친사회적 행동의 빈도가 낮게 나타났고, 자기중심성이 낮고 타인의 조망을 취하는 능력이 높은 영유아는 도움이 필요하다고 여겨지는 친구들을 많이 도와주거나, 사탕을 나누어 먹는 경향이 높다는 연구결과를 밝혔다. 또 도덕적 추론과 판단 능력이 친사회적 행동과 관계가 있는데, 도덕적 판단이 비교적 성숙한 영유아가 도덕적 판단이 덜 성숙한 영유아보다 관용적이고 다른 사람을 더 많이 도와준다고 하였다. 따라서 친사회적 행동에 앞서 다른 사람의 입장을 이해하는 조망수용능력의 발달과 인지발달의 정도가 중요한 인성발달의 예측변인이라고 할 수 있다. 그러나 영유아의 도덕적 판단과 도덕적 행동 간의 상호 관련성이 있다하더라도 도덕적 판단에 따른 도덕적 행동이 나타나지 않을 수 있다(Maccoby, 1980). 따라서 영유아로 하여금 친사회적 행동을 수행하도록 하기 위해서는 영유아의 이해수준에 적합한 도덕적 이유를 논리적으로 말해주는 것이 외부적 감시가 없는 상황에서라도 영유아가 친사회적 행동을 수행하도록 할 수 있는 역량이 된다고 하였다(Mussen et al., 1984) .

또한 요즘 현대사회의 급변하는 사회현상 중의 하나인 가족구조의 변화는 영유아들에게 안정된 관계를 제공해 주지 못하는 안타까운 현실이다. 실제적으로 현장에서는 맞벌이를 하는 편부, 편모 가정으로 인하여 학부모 참여수업의 의미가 점차 사라져가고 있다. 부모의 이혼을 통한 관계의 깨어짐을 경험하거나 한 자녀가정일 경우에 형제관계의 경험이 없는 영유아에게 영유아교사는 그에 적절한 인성교육을 개별화의 원리에 따라 해주어야 할 것이다.

3) 자질

'자질'이란 타고난 성품이나 소질을 말한다. 어떤 직업을 갖는 데 있어서 '자질'을 논한다는 것은 그것은 그 직업을 선택하는 사람이 그 직업에 얼마나 적합한가를 표현한 것이라 할 수 있다. 영유아교사가 되는 데 있어서는 무엇보다도 자질의 문제가 중요하다. 영유아교사가 감당해야 할 역할을 잘 수행하기 위하여 그 역할에 대한 인식을 어떻게 하느냐가 관건이고 그것은 또한 영유아교사로서의 자질의 여부로서 판단될 수 있기 때문이다.

좋은 교사란 어떤 자질을 가지고 있는 사람을 의미하는 것일까?

좋은 교사란 자신의 능력과 통찰력을 매우 개별화된 방식으로 사용하는 사람(조경자, 2007: Bunting, 2006), 일종의 예술가로서의 좋고 나쁘거나, 옳고 그르다는 개념을 넘어서는 사람(Dewey, 1933), 돌봄의 능력이 있는 사람(Helm, 2006), 교사에게 요구되는 자질을 훌륭히 수행하는 사람(김희용, 2007)이라고 정의한다(이경하, 석은조, 2010). 하지만 이러한 좋은 교사의 자질은 사회적 상황에 따라 구성되며 시대에 따라 변화하기 때문에 좋은 교사를 한 마디로 명료하게 정의하기는 쉽지 않다.

여러 학자들이 제시한 바람직한 교사의 자질은 개인적 자질과 전문적 자질로 크게 나누어 [표 10-6]에 제시하고 있다.

표 10-6 바람직한 교사의 자질요소

구분	인성	건강
개인적 자질	• 유아에 대한 사랑 • 인간에 대한 사랑 • 성실성, 봉사성 • 자발성, 도덕성, 인간관계	• 신체적 건강 • 정신적 건강 · 긍정적 자아관 • 타인에 대한 긍정적 사고 • 건전한 인생관 • 정서적 안정

구분	지식	교수기술	교직관
전문적 자질	• 일반 교양지식 • 교육과정에 대한 지식 • 교수방법, 평가에 대한 지식 • 유아에 대한 지식	• 교육과정 구성기술 • 프로그램실천평가기술 • 의사소통기술 • 부모, 전문가 참여기술 · 창의성 • 융통성 • 교구 · 교재 제작 및 활용 기술	• 교육에 대한 소명감 • 직업윤리 • 전문성 함양 노력

출처 : 이은화 외(2007). 유아교사론.

이에 대해 교사의 입장으로서 예비교사와 현직교사가 인식하는 좋은 영유아 교사의 자질은 다음과 같다(이경하, 석은조, 2010).

(1) 좋은 영유아교사로서의 개인적 자질

① 밝은 표정과 웃는 얼굴을 가진 긍정적인 성격

교사의 긍정적인 가치관과 사고는 평소에 보여 주는 열굴 표정과 미소에서 알 수 있다. 많은 교수활동과 행정, 관리, 상담 등에 이르는 업무가 과중함에도 불구하고 교사의 얼굴 표정이 가지는 영향력이 매우 크다는 것을 간과해서는 안 된다. 영유아교사는 아직 조망수용능력이 발달되지 않은 영유아들을 대상으로 하기 때문에 건강한 표정관리 역량을 필수적인 자질로서 갖추어야 한다.

• 면담 1

정서와 인성을 형성하는 시기이므로 교사의 긍정적인 생각과 말이 아이들의 정서와 인성의 긍정적인 형성을 도우며 유아들의 자신감을 높일 수 있다.
(경력 5년 이상)

② 인내심

영유아들은 발달상으로 신체적 · 정신적 · 정서적 조절이 어렵기 때문에 실수가 빈번하고 행동이 성인과 같지 않다는 것은 당연하다. 그럼에도 불구하고 영유아 교사들이 많은 업무량으로 영유아들의 상황을 고려하지 못할 수도 있다. 그런 상황이 발생됨으로써 우려되는 다양한 문제점들은 영유아교사의 자질로 인내심이 필요한지를 말해준다. 하지만 영유아들은 발달특성상 같은 실수를 되풀이하면서도 스스로 하려는 경향이 강하다. 따라서 이러한 영유아들을 기다리며 그들 스스로 문제를 해결할 수 있도록 다양한 교육적 환경으로 그들의 성장을 안내하고 돕는 인내심은 영유아교사의 매우 중요한 자질이라고 할 것이다.

• **면담 2**

영유아들이 어떤 잘못을 하고 실수를 하더라도 기다려주며 되짚어주고 바로 잡아주는 인내심이 필요하다고 생각한다. 때로 인내심의 한계를 느끼더라도 그 한계를 넘어선 인내심을 발휘하여 유아를 기다려주고 끌어줄 수 있어야 한다고 생각한다.

(경력 3년 미만)

③ 공평함

사회구조의 변화는 영유아들을 이른 시기부터 부모와 떨어져 오랜 시간을 영유아교육기관에서 생활하게 하는 양식을 만들었다. 기관에서 영유아들은 돌봄을 통하여 무엇보다도 안정감에 대한 권리가 확보되어야 한다. 그것은 물리적인 안정일 수도 있지만 정신적 · 정서적 · 심리적 안정도 중요한 영역이다. 영유아들이 안정감을 느끼는 많은 요소들 중 공평함은 영유아가 생애 첫 집단생활에 있어서 안정감을 느낄 수 있는 매우 중요한 요소이다.

- **면담 3**

유아기는 발달특성상 부모나 주변 사람에게 따뜻하고 안정적인 보살핌을 받아야 할 시기인데, 부모와 떨어져 원에서 지내면 적응이 힘들고 외로움을 느낄 수 있기 때문에 교사가 따뜻하게 보살펴주어야 한다. 이러한 정서적 안정감이 충족될 때 긍정적인 발달을 할 수 있다.
(예비 영유아교사)

④ 최선을 다하는 열정

모든 직업군에 있어서 열정이라는 자질은 매우 필요한 요소이나 특별히 계획한 목표에 대한 정확한 결과를 예측하기 어려운 교육영역, 특히 개인차가 큰 영유아교육을 담당하는 영유아교사의 열정은 영유아를 이해하고 관련 지식을 습득하며 감정을 조절하고 바른 인성을 갖춘 근거로서 영유아교사에게 매우 요구되는 중요한 자질이다.

- **면담 4**

교사로서 6년째 이 직업을 가지고 온 것에 자부심이 느껴진다. 지금껏 잘 해올 수 있었던 것은 가슴 속에 열정과 꿈이 있기에 가능하지 않았나 생각한다. 열정과 꿈이 없는 그냥 오늘 하루 대충 시간을 보내는 교사는 교사가 아니라고 본다.
(경력 5년 이상)

⑤ 신체적 건강

영유아교사들은 하루 종일 영유아들을 돌봄과 교육으로 인한 많은 에너지가 요구된다. 다른 학교 급들과 비교할 때 더욱 신체적 건강이 영유아교사의 중요한 자질로 여겨지고 있다. 신체적으로 건강하지 못한 영유아교사는 영유아의 에너지 넘치는 활동성을 감당할 수 없을 뿐더러 건강한 교육을 할 수 없다.

• **면담 5**

마음은 열정적이나 체력이 뒷받침되지 못하면 한계에 부딪힐 상황이 오기 때문에 자기 건강관리도 교사의 자질 중 하나인 것 같다.
(경력 3년 이상 ~ 5년 미만)

(2) 좋은 영유아교사로서의 전문적 자질

① 유아발달 및 유아교육에 대한 전문지식

영유아교사는 개인적 발달차가 큰 영유아를 대상으로 교육하기 때문에 그들에 대한 세심한 관찰을 통하여 얻은 정보를 분석·평가하여 각 영유아들의 발달을 위한 교육에 반영하려면 그에 맞는 영유아발달에 관한 정확한 지식을 습득하고 있어야 한다. 또한 영유아들의 발달수준에 대한 정확한 파악을 한 후에는 그에 맞는 교육목표와 교육 내용을 선정하고 교수방법을 결정할 수 있는 유아교육 전공자로서의 전문지식을 활용할 수 있어야 한다.

• **면담 6**

교사의 관찰력이 부족하면 유아들이 원하는 대답을 찾아줄 수 없으므로 관찰력이 좋아야 빠른 판단이 내려진다. 유아가 가진 내면 속에 있는 걸 끄집어 낼 수 있다.
(경력 3년 이상 ~ 5년 미만)

② 교육적 신념

교사는 다른 직업군과 다른 특별한 소명의식이 필요하다. 왜냐하면 소명의식으로 일구어 낸 사람들이 사회의 각 곳에서 없어서는 안 될 중요한 구성원으로서의 역할을 할 것이기 때문이다. 특별히, 영유아교사는 아직 많은 것이 미발달된 영유아들에게 삶의 기초를 반듯하게 세워주어야 하는 역할을 해야 하므로 영유아교사직에 대한 올바른 인식과 확고한 신념을 바탕으로 현장에서 일어나는 다양한 영유아문제들을 해결할 수 있는 올바른 판단력을 함양하는 것은 매우 중요한 자질이라 할 것이다.

• **면담 7**

단순히 돈을 벌기 위해 일을 한다는 생각으로 현장에 있다면 아이들도 교사도 불행한 시간이 될 것이다. 바른 교육을 위해서는 교사의 마음가짐, 나는 교사라는 자긍심이 필요하다.

(경력 5년 이상)

③ 권위 있는 훈육

전통적으로 훈육은 가정에서 행해지는 중요한 부모의 역할이었다. 그러나 현대 사회구조의 변화 양상은 영유아들의 기본적인 훈육도 영유아교육기관의 교사의 역할이라는 인식을 갖게 하고 있다. 분노조절장애 등 다양한 정서적 장애나 기본생활습관에 있어서 문제행동을 가지고 있는 영유아들에게 적재적소의 교사의 훈육은 필요하나 먼저 자신의 교직관과 아동관에 대한 점검이 선행되어야 할 것이다.

• **면담 8**

평소에는 긍정적이고 밝은 미소로 대하지만 잘못된 행동을 했을 때에는 제대로 훈육하는 교사가 좋다. 훈육하는 것도 애정이 있기에 가능한 것이기 때문이다.
(경력 3년 미만)

④ 자기계발을 위한 노력

교사는 가르치는 자이지만 항상 자기계발을 통하여 배우는 노력을 게을리하지 않아야 한다. 사회의 변화에 따라 지식과 정보 역시 그 형태와 양에 있어서 변화한다. 교사는 자신을 계발하는 것이지만 배움을 통하여 자신에게 녹아져 있는 사회의 지식과 정보를 영유아들에게 전달해 주는 것이다. 더불어 이에 수반되는 성실한 삶은 교사의 필수적인 자질이라고 할 수 있다.

• **면담 9**

학교를 졸업하면 배움이 끝나는 듯 여겨지지만 실제 현장에서 부딪히며 얼마나 부족하고 노력해야 하는지 더욱 절실히 느껴진다. 우리 아이들에게 선생님이라는 이름으로 불리지만 그 이름이 부끄럽지 않게 느껴지도록 더욱 노력해야 하는 사람이 교사인 것 같다.
(경력 3년 이상 ~ 5년 미만)

⑤ 상호작용능력

영유아가 사회 · 도덕적 지식을 알 수 있는 기본적인 기제가 영유아의 의미 있는 주변 사람들과의 상호작용(interaction)이다. 영유아들은 본능으로 상호작용을 하지만 영유아의 발달을 돕는 교육의 목적을 가지고 있는 영유아교사는 영유아들이 각 발달영역에서 보다 원활한 성장을 할 수 있도록 상호작용능력을 발휘해야 한다. 특별히 영유아들의 갈등 상황 발생 시 교사의 적절한 상호작용을 통한 중재는 영유아의 바람직한 인성을 형성하는 중요한 토대가 될 수 있다.

• **면담 10**

유아교사는 유아를 돌보는 일 외에도 하는 일이 많아 유아들이 하는 작은 소리의 말을 소홀히 듣기 쉽다. 유아들의 사소한 말 한마디라도 흘려듣지 않고 경청하여 상호작용하는 교사가 좋은 유아교사라고 생각한다.
(예비교사)

⑥ 눈높이에 맞는 친구

선생님으로서 유아들에게 교육의 내용을 가르치는 것과 친구로서 유아들에게 교육의 내용을 놀이하는 것은 교육의 효과 면에서 상당한 차이가 있다. 특히, 인성교육에 있어서 유아들의 내면을 들여다 볼 수 있는 교사의 특별한 통찰력이 필요한데, 이것은 교사의 공감력에서 비롯한다고 할 수 있다. 유아들을 이해하고 공감하기 위해서 먼저 유아들을 존중하는 마음으로 유아들과 눈높이를 맞추고 대화를 나누며 그들의 이야기에 귀를 기울여야 한다. 영유아에게 친구로서 공감하는 능력은 제4차 산업혁명을 맞이하는 현 시점에서 미래사회를 준비하는 영유아교사의 매우 중요한 자질이다.

• **면담 11**

교사는 교사의 입장에서 유아는 유아의 입장에서 서로의 이야기만을 한다면 그것은 교육이 아닌 것 같다. 교사라면 유아의 입장에서 충분히 이해하고 들어주며 공감할 수 있어야 한다.
(경력 3년 이상 ~ 5년 미만)

4) 역할

교육에 있어서 '교육의 질은 교사의 질을 능가할 수 없다'는 말처럼 좋은 교육환경과 프로그램이 있다 할지라도 교육과정을 운영하는 교사가 그 역할을 제대로 수행하지 못하면 그 교육은 아무 의미가 없다. 특히, 영유아 인성교육에서의 교사의 역할은 매우 중요하다. 다음은 영유아 인성교육을 수행하기에 적절한 교사의 역할에 대한 여러 학자들의 견해를 정리한 것이다.

(1) 민감성 있는 반응자

이것은 영유아와 친밀감 형성하기라는 교수 전략을 활용하는 데 있어서의 교사의 역할이다. 교사는 영유아가 배고프거나, 낮잠을 자고 싶어할 때, 혼자 있고 싶을 때 등을 이해하고 민감하고 적절한 반응을 해야 한다. 안정적 애착과 자아 유능감은 메타-도덕성으로 간주될 만큼 중요한 요인이기 때문이다(Powers, 1982 ; Walker & Tayor, 1991). 영유아는 학급과 유치원에 대한 소속감과 긍정적인 관계를 가져야 한다(Lickona, 1983). 애착이론이 부모-자녀관계에 초점을 맞추어 시작되었으나, 교사가 교실에서 영유아들과 어떻게 관계를 형성하는가와도 밀접하게 관련이 있다(Dalton & Watson, 1997).

(2) 민주적 중재자

이것은 교사가 민주적인 학급을 운영하는 교수 전략에서의 중요한 역할이다. 두 사람 이상이 사회적 갈등 상황이나 어떤 주제에 대해 이야기를 나누면서 궁극적인 문제해결과정으로서 토의를 활용한 문제해결은 효과적인 인성교육의 전략이며 교사의 역할이라고 할 수 있다. 윤리적 문제들을 자주 토의하는 부모의 자녀들은 순종적이고(Kuczunski, et al., 1987), 윤리문제에 더 신중히 논리적으로 사고하며(Haan, Smith, & Block, 1968 ; Holstein, 1976), 양심적이고(Kochanska, 1997) 높은 자존감을 가질 뿐만 아니라, 이타주의를 기를 수 있다(Eisenberg & Mussen,

1989 ; Kuczunsky et al., 1987). 이러한 민주적인 학급 운영은 영유아들이 학급의 바람직한 규칙 만들기에 의사결정자로서 참여하면서부터 시작될 수 있다(Lickona, 1991). 예를 들면, 갈등문제에 대한 이야기 나누기 시, 해결안 선택이나 결정을 할 때 그 방법을 영유아들에게 의견을 물어보는 것이라 할 수도 있고, 두 영유아 사이 문제행동이 발생했을 시 교사가 중재자로서 민주적인 중재를 하지 않을 경우, 영유아들은 교사의 인성에 대해 신뢰하지 않게 된다.

(3) 관찰자

이것은 교사가 인성교육을 운영하는 데 있어서 가장 기본이 되는 것이고 중요한 역할이라고 할 수 있다. 위에서도 밝힌 것처럼 교사가 영유아들 사이에서 발생한 갈등문제를 중재할 경우에 있어서 교사가 그 문제 상황을 정확히 알고 있지 않으면 중재에 어려움을 겪을 수 있다(Berkowitz & Grych, 2000).

(4) 역할 모델

영유아들의 인성 함양을 위한 교사의 노력은 인성의 내용이 되는 인성 덕목을 아는 것에서 시작된다. 바람직한 인성교육을 위하여 교사는 의미 있는 교육과정을 통해 영유아들로부터 근본적인 동기부여를 이루어 낼 수 있어야 한다(김은수, 2014). Carr(1997)는 인성교육에 있어 교사의 중요성을 강조했는데, 교사가 자신의 직업을 성직으로 여기고 학습자에게 인성 덕목의 본보기가 되어야 한다고 말했다. Katz와 McCellan(2001)도 교사는 모든 교육 상황에서 영유아들의 인성 함양에 중요한 영향을 미치는 존재라고 했다. 즉, 교사의 교수 전략은 영유아의 인성의 행동에 영향을 미치고 영유아들은 교사를 본보기로 삼는다는 것이다. 이와 같은 인성교육의 원리는 교사가 교육기관과 그 외의 생활 속에서 영유아들에게 언행의 모범이 되기 위해 노력해야 할 필요가 있다는 것을 시사한다.

인성교육의 교수 전략으로서 모델링을 사용하고자 할 때, 교사는 먼저 자신이 보여 줄 것이 꼭 보여 주어야 할 행동인지 분석하고 검토한 후 영유아들에게 제시해야 한다. 영유아들은 교사가 매일의 일과 속에서 자신과 친구들을 어떻게 다루는지를 보고 교사의 인성을 배운다. 교사는 교실 안팎에서 존경스러워야 하며 책임감 있는 윤리적 인간의 모델로서 보여져야 한다. 교사는 유치원 생활에서나 그 밖에서의 생활에서 도덕적 추론과 양심적 행동에 대한 본보기가 되어야 한다(Lickona, 1991).

(5) 공감자

이것은 자기조절력 증진시키기라는 교수 전략에 적합한 교사의 역할이다. 몇몇 연구에서, 감정을 이야기하며 도덕성 함양을 위한 프로그램을 실시한 경우가 감정을 배제한 채로 실시한 경우보다 더욱 효과적이었다(Doebert, N. W. 1985 ; Waxler, Yarrow & King, 1979). 따라서 교사들은 영유아가 충동조절에서 자기반성, 나아가 조망능력을 갖게 되는 점진적 과정 동안 감정 다루기, 즉 감정적인 균형(Emotional Balance)을 갖도록 중재해야 할 필요가 있다(DeVries & Zan, 1994). 즉, 이러한 교사의 역할은 영유아 자신의 감정이나 반응에 대해 자기 반성을 하도록 격려하며, 영유아들의 감정과 정서상태를 인정해주는 것을 말한다. 특히, 문화에 따라 차이가 있겠으나, 남아들은 자신의 정서 표현에 어려움을 겪는다. 교사들은 교육현장에서 정서와 관련하여 성차에 따른 편견을 갖지 않도록 도와야 한다(Kindlon & Thompson, 1999). 자신의 사회적 관계와 지식에 대한 느낌과 생각을 밝히는 자기표현은 영유아의 감성과 사회성발달을 위해 효과적인 교수 전략이며, 이러한 교사의 역할은 영유아들에게 자신의 주장을 품위 있게 표현하도록 가르치는 것으로 영유아의 사회적 능력을 강화시킬 수 있다(Katz & McCellan, 1997).

(6) 상호작용자

교사는 유아가 배고프거나, 낮잠을 자고 싶어할 때, 혼자 있고 싶을 때 등을 민감하고 적절하게 살펴보아 영유아의 필요에 대하여 반응해야 한다. 영유아가 안정 애착을 형성하거나 자아 유능감을 갖는 것은 영유아의 메타-도덕성 형성의 중요한 요인으로 작용할 수 있기 때문이다(Powers, 1982 ; Walker & Tayor, 1991). 이에 기반하여 영유아는 학급과 유치원에서 긍정적인 관계를 통한 소속감을 가져야 한다(Lickona, 1983). 애착이론이 영유아의 1차 양육자인 부모와의 관계에 초점을 맞추어 시작되었으나, 교사 역시도 교실에서 영유아들과 어떠한 관계를 형성하는 가도 매우 중요하다 할 것이다(Dalron & Watson, 1997).

(7) 계획자

교사는 영유아들의 인성과 관련된 갈등 상황이 언제 발생될지 모르나 잠재적 교육과정뿐만 아니라 영유아들을 위한 표면적 교육과정을 활용한 인성교육을 계획하고 있어야 한다. 그러나 교사들은 교사들 간에도 가르쳐야 할 가치를 선정함에 있어서 불일치가 있을 수 있다. Thomas Lickona(1997)는 다른 교육목표를 위한 교육과정 개발과 같이, 인성교육의 측면에서도 일선 교육관계자들의 충분한 협의 속에서 가치 선정과 교육과정이 개발되어야 함을 주장한다. 특별히 본 연구의 프로그램은 교사의 계획과 준비가 뒤따르지 않으면 안 되는 것이므로 교사의 각별한 계획이 필요하다고 할 것이다(계영애, 강정원, 2000).

(8) 기본개념 설명자 및 행동제시 요구자

영유아의 자연적 성장에서 형성하기 어려운 사회적 지식 및 예절, 전통윤리 존중, 공중도덕 등 배워가야 할 사회생활의 기본 개념을 가르칠 때는 설명자로서의 교사의 역할이 필요하다(Berkowitz & Grych, 1998 ; 이원영 외, 1992). 한편, 영유아의 수준보다 높은 행동을 제시하는 교사의 요구자의 역할은 영유아의 사회적 지식과 도덕적 규준을 내면화하는 데 효과적이다. Demon(1995)은 현대사회가 실패한 것 중의 하나가 영유아들에게 낮은 행동 기준을 정해 놓은 것이라고 했다. 교사는 "싸움을 피하기 위해서 네가 할 수 있는 일은 무엇일까"와 같은 질문으로 영유아의 사회적 능력의 비계설정을 해야 한다(Katz & McClellan, 1997).

(9) 실천적 환경조성자

영유아들에게 도덕성, 공동체의식을 함양시키려면 영유아교육기관 생활 전체가 도덕적 일관성을 유지할 수 있어야 한다. 교육기관 제도와 규칙은 물론 교육기관 운영 자체가 도덕적이어야 한다. 영유아교육기관 전체가 의식적이든 무의식적이든 도덕적인 생활의 장이 되어야 하는 것이다. 영유아교육기관 전체가 도덕적 질서로 잡혀 있을 때 영유아들은 질서 있는 생활을 실천하게 되며, 교사가 민주적인 생활방식으로 학급을 운영할 때 영유아들은 민주적인 생활원리를 자연스럽게 터득하고 실천하게 된다. 말은 민주적이고 행동은 독재적인 생활태도를 보이는 교사들이 아무리 민주시민교육을 가르친들 교육적 효과는 기대하기 어렵다(안귀덕, 1995).

도덕적이며 민주적인 학급 운영을 위한 교사의 실천적 환경 조성은 영유아들이 학급의 바람직한 규칙 만들기 활동에 의사결정자로서 참여하면서부터 시작될 수 있다(Lickona, 1991).

제 4 부

영유아 인성교육의 실제

게임을 활용한 통합적 영유아 인성교육

게임은 표면적 교육과정에서 단위교육활동으로서 활용되는 하나의 교육 활동이나 이 활동의 수행 시 교사가 게임을 운영하기 위하여 영유아들에게 보여 주는 교사의 말과 행동은 영유아들에게 보이지 않는 매우 중요한 교육적 효과를 갖는다. 게임 활동을 통하여 영유아들은 즐겁고 재미있게 놀이를 하면서 용기, 인내, 책임감, 협력, 존중, 정직, 공정을 스펀지가 물을 빨아들이듯이 자연스럽게 빨아올린다.

캥거루처럼 콩콩콩!

(지도학생 - 유영미)

생활주제	동물	대상연령	만 5세
활동목표	1. 게임의 규칙과 방법을 경험하며 즐길 수 있다. 2. 이동운동 동작을 통하여 대근육을 발달시킬 수 있다. 3. 동물의 생활상을 알 수 있다.		
교육과정 관련 요소	신체운동 · 건강 : 신체조절과 기본운동하기 > 신체조절하기 신체운동 · 건강 : 신체조절과 기본운동하기 > 기본 운동하기 사회관계 : 다른 사람과 더불어 생활하기 > 친구와 사이좋게 지내기		
활동자료	1. 캥거루 가면(유아들 사전 활동) 2. 캥거루 동영상(캥거루가 뛰는 모습) 3. 캥거루 몸 자루(파란색 자루 1개, 주황색 자루 1개) –자루 밑에 발구멍 뚫기 4. 작은 바구니 6개, 큰 바구니 2개(파란색과 주황색 띠 테이프로 구분시키기) 5. 주사위 2개 6. 탱탱볼(빨간색, 노란색, 분홍색) 각 2개씩(유의사항 참고) 7. 게임방법 판 8. 게임 점수판 9. 팀 나누기 막대(캥거루 그림) 10. 팀 구별 시트지(파란색, 주황색) 11. 호루라기 1개, 종 2개, 칭찬도장 2개		

교수학습단계	활동 내용	관련 인성 덕목
도입	1. 주의집중 시키기 –'하나하고 하나하면' 손유희로 주의집중을 유도한다. 2. 유아들이 꾸민 캥거루 가면을 보면서 이야기 나누기 –(가면을 보여 주며) 우리 어제 가면을 쓰고 어떤 동물로 변신했었지요? –캥거루는 어떻게 뛰었지요? –캥거루가 될 때 아기 캥거루를 어떻게 했지요?	예절, 경청, 청결, 존중
전개	3. 자료탐색 및 게임방법에 대한 이야기 나누기 –우리가 오늘은 캥거루가 되어볼 거야. –캥거루가 되려면 무엇이 필요할까? –아기 캥거루(색깔공)는 어디에 있는 것이 좋을까? –캥거루가 아기를 데리러 갈 때 어떻게 가면 좋을까? –아기 캥거루를 선택할 때 무엇을 사용할까? –아기 캥거루를 어디에 모아둘까? –출발점에 들어와서 종을 치면 선생님이 칭찬으로 무엇을 해 줄까?	

<table>
<tr><td>전개</td><td>4. 게임방법판을 읽으며 게임방법 확인하기

(1) 캥거루 옷(가면, 주머니)을 입고 출발선에 선다.
(2) 호루라기 소리와 함께 주사위를 던진다.
(3) 캥거루처럼 두 발로 높이 뛰어 반환점까지 간다.
(4) 주사위에 나온 색깔 공을 찾아서 가슴에 있는 작은 주머니에 넣는다.
(5) 다시 캥거루처럼 두 발로 높이 뛰어 출발점으로 들어온다.
(6) 출발점에 있는 바구니 속에 공을 넣고 종을 친다.

5. 규칙 정하기
– 게임을 더 재미있고 안전하게 하려면 어떻게 해야 할까?

6. 팀 나누기
– 파란색 캥거루를 뽑은 친구는 파란색 동그라미를 가슴에 붙이고 주황색 캥거루를 뽑은 친구는 주황색 동그라미를 가슴에 붙여보자.
– 각 팀에 몇 명이 있는지 수를 세어보자.

7. 시범 보이기

8. 게임 진행하기</td><td>공정,
책임감,
협력,
인내,
생명존중
존중,
소속감,
자율성</td></tr>
<tr><td>마무리</td><td>9. 정리하기

10. 게임 결과에 대해 이야기 나누기
– 선생님이 '최고' 도장을 준 친구는 손을 들어볼까요?
– 어느 팀이 더 많은 도장을 받았나요?
– 점수판에는 어떤 팀이 캥거루가 많나요?

11. 느낀 점 회상하기

12. 확장 활동 소개하기
– 동물모양 쿠키를 만들어 보자.</td><td>청결,
수용,
타인존중,
자기존중</td></tr>
<tr><td>평가</td><td colspan="2">1. 유아들이 게임에 즐겁게 참여하였는가?
2. 캥거루의 생활상을 자연스럽게 알게 되었는가?
3. 이동운동동작으로 대근육을 발달시킬 수 있었는가?</td></tr>
</table>

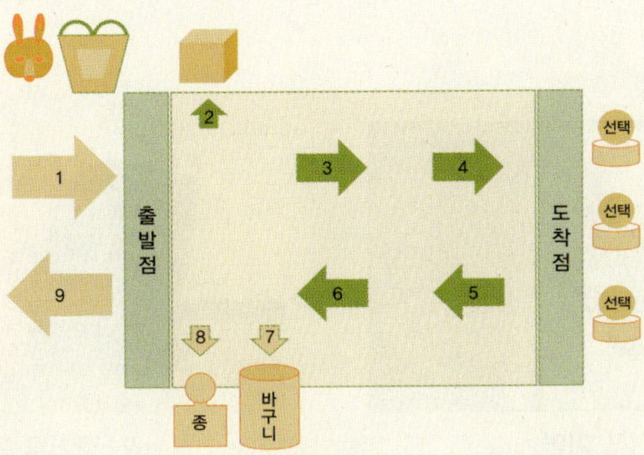

〈게임 진행도 ①〉

〈게임 진행도 ②〉

"캥거루가 콩콩콩" 게임의 특징 및 지도 시 유의사항

● 특징

1. 선행학습인 캥거루 가면 만들기를 한 후 연계수업으로 하여 유아의 흥미를 유발시킬 수 있다.
2. 캥거루 뛰기를 통하여 영유아들의 대근육운동을 격려할 수 있다.
3. 본 게임 활동은 '캥거루'가 주요 소재로서, 어미캥거루가 아기캥거루를 돌보는 생활상을 게임 활동을 통해 체험해 보면서 생명존중에 대한 중요성을 간접적으로 느껴볼 수 있다.

● 유의사항

1. 캥거루가 되어 색깔공(아기 캥거루)을 가지러 가는 길이 미끄럽지 않도록 해야 한다.
2. 즐겁게 캥거루 가면을 쓰고 캥거루 뛰기를 할 수 있도록 선생님의 적극적인 시범을 통한 동기부여가 필요하나, 안전에 유의하여 영유아들과 정한 규칙을 지킬 수 있도록 한다.
3. 영유아들이 게임 활동을 할 때 발생할 수 있는 안전사고에 예방하기 위하여 캥거루용 자루 아래에 영유아의 발이 땅에 닿을 수 있도록 구멍을 뚫는 것이 좋다.
4. 영유아 수가 6명 이상일 경우는 탱탱볼 보다는 작은 공을 영유아 수만큼 준비해야 한다.

활동자료

1. 캥거루 가면

2. 캥거루 몸 자루

3. 아기 캥거루용(공)과 색깔 주사위

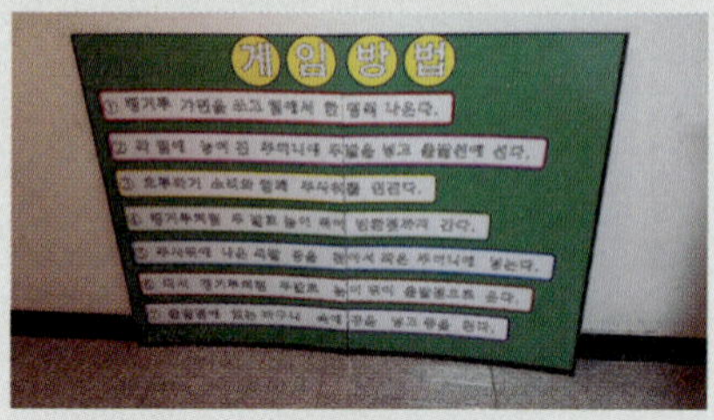

4. 게임방법 판

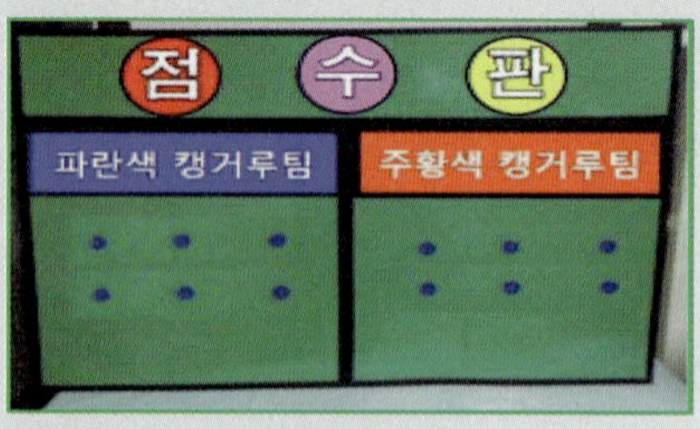

5. 게임 점수판

6. 점수용 캥거루

7. 칭찬도장

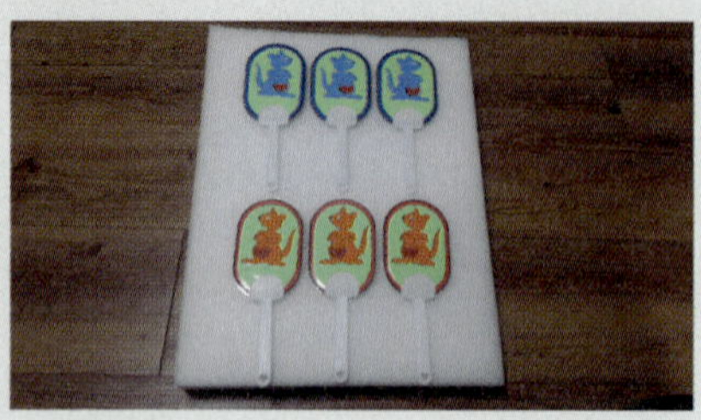
8. 팀 나누기 도구

활동장면

꿀을 옮겨보아요!

(지도학생 – 이정윤)

생활주제	동 · 식물과 자연	대상연령	만 5세
활동목표	1. 꿀벌이 꿀을 모으는 과정을 이해할 수 있다. 2. 게임을 통해 대근육을 발달시킬 수 있다. 3. 게임 규칙을 잘 지키며, 즐겁게 참여할 수 있다.		
교육과정 관련 요소	신체운동 · 건강 : 신체조절과 기본운동하기 > 신체조절하기 자연탐구 : 과학적 탐구하기 > 생명체와 자연환경 알아보기 사회관계 : 다른사람과 더불어 생활하기 > 친구와 사이좋게 지내기		
활동자료	1. 꿀주머니 2. 꽃바구니 2개, 바구니 2개 3. 도입자료(수수께끼판) 4. 게임방법 판 5. 게임 점수판 6. 꽃 모양 붙인 판 2개 7. 벌집 2개 8. 꿀벌 머리띠, 날개 옷 각 2개 9. 팀 나누기 도구, 팀 팔찌, 팀 뽑기 통 10. 종, 호루라기 11. 꿀 주사위 2개 12. 출발선(발바닥 모양 스티커)		

교수학습단계	활동 내용	관련 인성 덕목
도입	1. 주의집중 시키기 – 손유희로 주의집중을 유도한다. 2. 지난 시간 배운 내용에 대하여 수수께끼 내기 – 나는 꽃 주변을 날아다녀요/ 나는 검은색과 노란색 옷을 입었어요/ 나는 꿀을 좋아해요/ 나는 누구일까요? – 꿀벌은 무엇을 먹나요? – 꿀벌은 꿀을 어디에서 찾나요? – 꿀벌은 꽃에 있는 꿀을 어디에 모으나요?	예절, 경청, 청결, 존중
전개	3. 자료탐색 및 게임방법에 대한 이야기 나누기 – 우리가 오늘은 꿀벌이 되어볼 거예요. – 꿀벌이 되려면 무엇이 필요할까요? – 꿀을 가지러 어디로 가야 할까요? – 꿀을 가지고 오려면 무엇이 필요할까요? – 꿀을 가지러 갈 때 어떻게 하면서 갈까요?	

전개	– 꿀을 얼마나 가져오면 좋을까요? – 출발점에 들어와서 벌집에 꿀을 넣고 종을 치면 선생님이 칭찬으로 무엇을 해줄까요? **4. 게임방법 판을 읽으며 게임방법 확인하기** (1) 꿀벌 머리띠를 쓰고 날개를 단 뒤, 발모양 스티커에 선다. (2) 출발 신호를 듣고 주사위를 던져서 나온 숫자를 기억한 후, 꽃이 있는 부분을 꿀벌 흉내를 내며 건넌다. (3) 다 건넌 뒤에 책상 위에 있는 꽃에서 주사위에서 나온 숫자만큼 꿀을 따서 바구니에 담는다. (4) 돌아올 때는 꿀벌 흉내를 내지 않고 꽃이 있는 부분만 밟아서 돌아온다. (5) 마지막 꽃이 있는 곳에서 벌집에 꿀을 하나씩 넣은 후, 종을 친다. **5. 규칙 정하기** – 게임을 더 재미있고 안전하게 하려면 어떻게 해야 할까? – 선생님이 너희들의 소중한 의견을 적어 줄 거예요. **6. 팀 나누기** – 뽑기 통에서 빨간 막대기를 뽑은 친구는 오른쪽에, 파란 막대기를 뽑은 친구는 왼쪽에 앉아보자. – 각 팀에 몇 명이 있는지 수를 세어보자. **7. 시범 보이기** – 어떤 친구가 선생님과 시범을 보일까요? **8. 게임 진행하기** – 게임을 시작해 보자.	공정, 책임감, 협력, 인내, 생명존중 존중, 소속감, 자율성, 정직
마무리	**9. 정리하기** – 누가 선생님을 도와서 게임자료를 정리해 줄까요? **10. 게임 결과에 대해 이야기 나누기** – 우리 이긴 팀에게 박수 쳐 줄까요? – 규칙을 잘 지킨 팀에게도 박수를 쳐 줄까요? **11. 느낀 점 회상하기** – 오늘 게임에서 재미있었던 점이나 아쉬웠던 점은 있었나요? **12. 확장 활동 소개하기** – "꿀벌집과 꿀벌"에 관한 협동조형활동을 한다.	청결, 수용, 타인존중, 자기존중
평가	1. 꿀벌의 생활상을 이해했는가? 2. 게임을 통해 대근육을 발달시켰는가? 3. 게임 규칙을 지키며 즐겁게 참여했는가?	

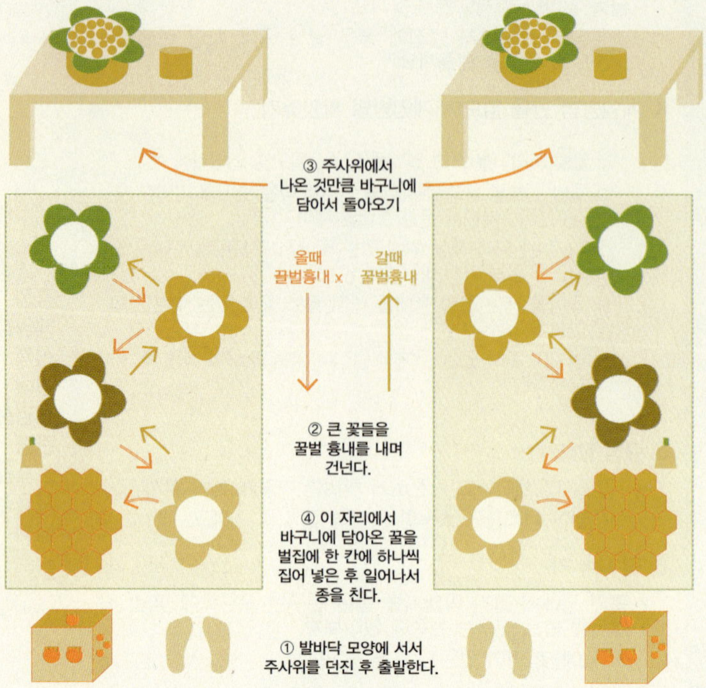

〈게임 진행도〉

"꿀을 옮겨보아요" 게임의 특징 및 지도 시 유의사항

● **특징**

1. 꿀벌이 꿀을 모으는 과정을 아주 섬세한 자료들로 게임을 통하여 매우 재미있게 이해할 수 있는 게임 활동이다.
2. 게임을 통하여 규칙을 익히는 것으로부터 사회적 약속의 중요성을 깨닫기도 하지만 주사위 수대로 꿀을 모아오고 꿀을 모으는 꿀벌의 생활상을 이해함과 동시에 꿀벌의 모습을 창의적으로 표현해 보는 인지적 활동과 창의적 활동임과 동시에 사회 · 도덕적 지식도 습득할 수 있다.
3. 본 게임 활동은 '꿀벌'이 주요 소재로서, 꿀벌로서 자신의 생존 전략으로서의 생활상을 게임 활동을 통해 체험해 보면서 생명존중에 대한 중요성을 간접적으로 느껴볼 수 있다.

● **유의사항**

1. 본 게임은 꿀벌의 흉내를 내는 것도 게임방법에서 소개되어 있으므로 꿀벌의 흉내를 잘 내도록 교사의 적극적인 시범이 중요하다. 또한 창의적인 영유아의 표현에 대한 적극적인 칭찬과 점수를 주는 것은 영유아의 창의적 표현을 격려하는 중요한 방법이다.
2. 편 게임으로서 1팀이 끝난 후에는 벌집통에 있는 꿀주머니 수를 세어 준다.

활동자료

1. 도입자료(수수께기 판)

2. 꿀 주머니

3. 꿀벌 옷

4. 꿀 주사위

5. 꿀 주머니 이동 바구니

6. 더듬이 머리띠

7. 점수용 꿀벌

8. 게임 점수판

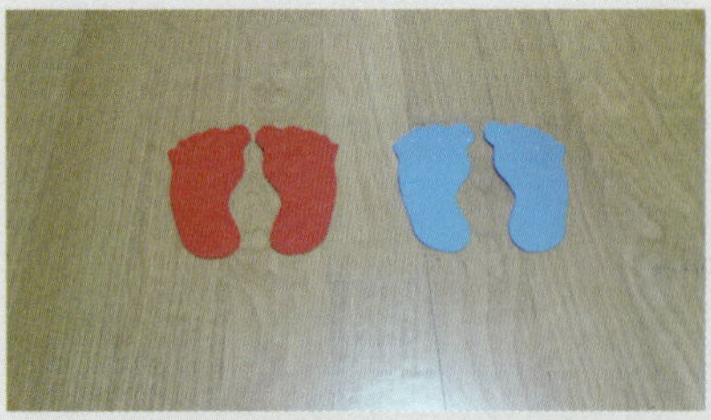

9. 출발점 발바닥

10. 꽃밭 길

11. 팀 팔찌

12. 팀 나누기 도구

13. 도착신호 종

14. 신호도구 - 호루라기

활동장면

여러 가지 교통수단

(지도학생 - 박지현)

생활주제	교통수단	대상연령	만 3, 4세
활동목표	1. 장소에 따른 교통수단의 종류를 안다. 2. 게임에 적극적으로 참여할 수 있다. 3. 대 · 소근육을 발달시킬 수 있다.		
교육과정 관련 요소	신체운동 · 건강 : 신체활용에 참여하기 > 기구를 활용하여 신체 활동하기 신체운동 · 건강 : 안전하게 생활하기 > 교통안전 규칙 지키기 사회관계 : 다른 사람과 더불어 생활하기 > 친구와 사이좋게 지내기		
활동자료	1. 첫글자 주사위 2개 2. 박스 자동차 2개 3. 교통수단 그림카드 4. 게임 점수판 5. 점수 표시 바퀴스티커 6. 편 나누기 통 7. 편 나누기 팔찌 8. 게임방법 판 9. 교통수단 이용 환경판 2개(하늘, 바다, 땅) 10. 도로(교통수단 이름 있음)		

교수학습단계	활동내용	관련인성덕목
도입	1. 주의집중 시키기 - 손유희로 주의집중을 유도한다. 2. 지난 시간 배운 내용을 상기시키기 - 우리는 교통수단을 어디에서 사용할 수 있나요? - 지난 시간에 하늘에서, 땅에서, 바다에서 이용할 수 있는 교통수단을 알아보았군요.	예절, 경청, 청결, 존중
전개	3. 자료탐색 및 게임방법에 대한 이야기 나누기 - 여기 보이는 하늘과 땅과 바다 그림에 이상한 것이 있나요? - 무엇이 이상한가요? - 검은 색깔 교통수단에 색깔을 바꿔주는 게임을 하려고 해요. - 교통수단의 색깔을 바꿔주려면 어떻게 할까요? - 검은색 교통수단의 색깔을 바꾸러 가려면 여기 도로를 따라 가야 하는데, 어떻게 갈 수 있을까요? - 도로 위의 교통수단 글자에서는 어떻게 하면 좋을까요? - 검은색 교통수단의 색깔을 바꾼 후 어떻게 하면 점수를 얻을 수 있을까요?	

전개	4. 게임방법 판을 읽으며 게임방법 확인하기 (1) 자동차에 들어가서 출발 신호를 듣는다. (2) 신호가 들리면 주사위를 굴리고 나온 글자를 확인한다. (3) 주사위를 굴려서 나온 글자로 시작하는 도로 위의 교통 수단에 멈추어서 색깔 교통그림카드를 집는다. (4) 그림카드와 모양이 똑같은 곳을 찾아 붙이고 돌아와서 선생님과 손뼉을 친다. 5. 규칙 정하기 – 게임을 더 재미있고 안전하게 하려면 어떻게 해야 할까요? – 선생님이 너희들의 소중한 의견을 적어 줄 거예요. – 규칙을 잘 지킨 친구에게도 바퀴 점수를 붙여줄 거예요. 6. 팀 나누기 – 팀 나누기 비밀상자에서 나온 팀을 찾아 각 팀으로 나누어 앉자. – 각 팀에 몇 명이 있는지 수를 세어보자. 7. 시범 보이기 – 어떤 친구가 선생님과 시범을 보일까요? 8. 게임 진행하기 – 게임을 시작해 보자.	공정, 책임감, 협력, 인내, 생명존중 존중, 소속감, 자율성
마무리	9. 정리하기 – 누가 선생님을 도와서 게임 자료를 정리해 줄까요? 10. 게임결과에 대해 이야기 나누기 – 게임을 하기 전과 무엇이 달라졌어요? – 너희들 덕분에 예쁜 교통수단들이 되었어요. – 우리 이긴 팀에게 박수 쳐 줄까요? – 규칙을 잘 지킨 팀에게도 박수를 쳐 줄까요? 11. 느낀 점 회상하기 – 오늘 게임에서 재미있었던 점이나 아쉬웠던 점은 있었나요? 12. 확장 활동 소개하기 – "폐품활용 나의 교통수단 만들기"에 관한 조형 활동을 하자.	청결, 수용, 타인존중, 자기존중
평가	1. 장소에 따라 교통수단의 종류를 아는가? 2. 게임 활동을 통하여 대 · 소근육을 발달시켰는가? 3. 게임에 즐겁게 참여했는가?	

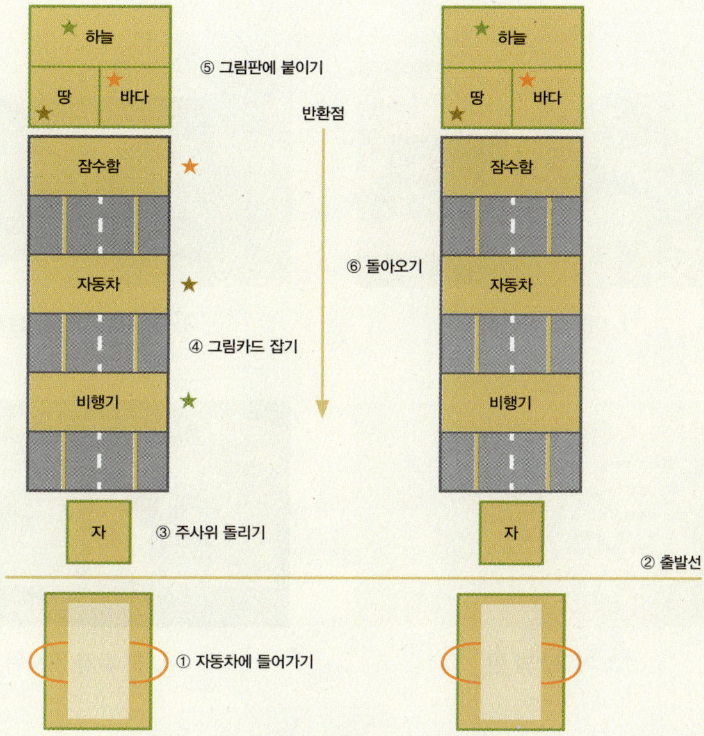

〈게임 진행도〉

"여러 가지 교통수단" 게임의 특징 및 지도 시 유의사항

● **특징**

1. 선행학습으로 두 팀으로 나누어 게임에 활용될 자동차를 협동하여 만들어 볼 수 있다. 그 작업 후에 이 게임을 할 경우 훨씬 게임에 대한 몰입도가 크다.
2. 이 게임은 점수판에 재미있는 아이디어가 숨어 있다. 점수를 받을 때마다 새 타이어가 생기는 기분 좋은 점수판이다.
3. 본 게임 활동은 어린 연령에게 교통수단으로 활용할 수 있는 종류에 대한 인지적 사고를 돕는 재미있는 활동이다.

● **유의사항**

1. 첫 글자 주사위를 사용하는데 앞 친구에게서 나온 글자가 또 나오면 주사위를 다시 돌린다는 규칙을 언급해 주어야 한다.
2. 마무리단계의 게임 회상 활동에서 게임 전과 달라진 점에 대한 교사의 발문은 본 활동의 매우 중요하고 흥미로운 발문이다. 활동 수행 시 꼭 적용하기를 권장한다.

활동자료

1. 이동용 자동차

2. 팀 나누기 비밀상자

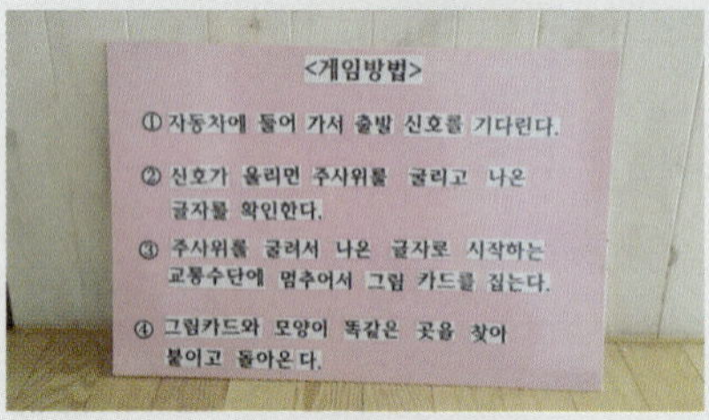

3. 게임방법 판

4. 첫 글자 주사위

5. 게임 점수판

6. 게임판

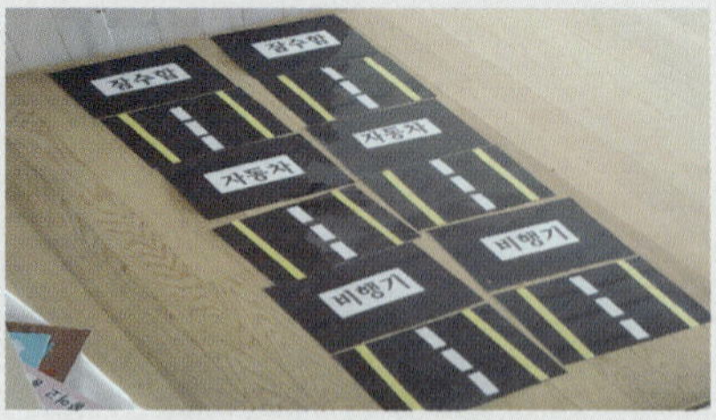

7. (교통수단 이름 있는) 도로

활동장면

눈이 내려요

(지도학생 – 오정하)

생활주제	겨울	대상연령	만 3, 4세
활동목표	1. 겨울철 날씨의 특징에 대해 안다. 2. 게임의 방법을 이해하고 규칙을 지킨다.		
교육과정 관련 요소	신체운동 · 건강 : 신체활용에 참여하기 > 기구를 활용하여 신체 활동하기 자연탐구 : 과학적 탐구하기 > 자연현상 알아보기 사회관계 : 다른 사람과 더불어 생활하기 > 친구와 사이좋게 지내기		

교수학습단계	활동내용	관련인성덕목
도입	1. 주의집중 시키기 – 손유희로 주의집중을 유도한다. (도도도도 무릎입니다. 레레레레 배꼽입니다. 미미미미 가슴입니다. 파파파파 어깨입니다. 솔솔솔솔 머리입니다. 팔랑팔랑팔랑팔랑 손을 무릎에 짝) 2. 지난 시간 배운 내용을 상기시키기 – 지난 시간에 모네의 '아르장퇴유의 설경'에 대해 알아보았지요? – 그림 속의 계절은 어느 계절일까요? – 겨울 날씨에는 어떤 것을 볼 수 있나요? – 겨울 날씨에는 무엇이 필요하나요? – 오늘은 장갑을 끼고 '눈이 내려요' 게임을 해 볼거예요.	예절, 경청, 청결, 존중
전개	3. 자료탐색 및 게임방법에 대한 이야기 나누기 – 여기 풍경판의 계절을 겨울로 만들어 주려면 무엇이 필요할까요? – 풍경판에 눈을 붙이려면 손이 어떨 것 같나요? – 풍경판까지 눈공을 굴리면서 가려면 풍경판에 붙일 눈은 어떻게 가져가야 할까요? – 풍경판에 눈을 붙이고 나서 어떻게 하면 점수를 얻을 수 있나요? 4. 게임방법 판을 읽으며 게임방법 확인하기 (1) 출발선에 선다. (2) 출발신호에 맞춰 장갑을 낀다. (3) 눈길로 공을 굴리고 스티커에 눈을 붙인다. (4) 게임판에 눈을 붙이고 공을 굴리며 돌아온다. (5) 딸랑이를 흔든다.	

전개	5. 규칙 정하기 – 게임을 더 재미있고 안전하게 하려면 어떻게 해야 할까? – 선생님이 너희들의 소중한 의견을 적어 줄 거예요. – 눈공을 눈길로 잘 굴려 준 친구에게도 선생님이 점수를 줄 거예요. 6. 팀 나누기 – 뽑기통에서 빨간색 목도리를 한 눈사람이 나오면 왼쪽에, 초록색 목도리를 한 사람이 나오면 오른쪽에 앉아보자. 그리고 뽑은 것을 선생님에게 주면 선생님이 이 색깔 스티커를 너희에게 줄거예요. – 각 팀에 몇 명이 있는지 수를 세어보자. 7. 시범 보이기 – 어떤 친구가 선생님과 시범을 보일까요? 8. 게임 진행하기 – 게임을 시작해 보자.	공정, 책임감, 협력, 인내, 생명존중, 존중, 소속감, 자율성, 정직
마무리	9. 정리하기 – 누가 선생님을 도와서 게임자료를 정리해 줄까요? 10. 게임 결과에 대해 이야기 나누기 – 어느 팀이 이겼는지 숫자를 세어볼까요? – 우리 이긴 팀에게 박수 쳐 줄까요? – 규칙을 잘 지킨 팀에게도 박수를 쳐 줄까요? 11. 느낀 점 회상하기 – 오늘 게임에서 재미있었던 점이나 아쉬웠던 점은 있었나요? 12. 확장 활동 소개하기 – "나의 눈사람 만들기"에 관한 조형 활동을 하자.	청결, 수용, 타인존중, 자기존중
평가	1. 겨울철 날씨의 특징에 대해 아는가? 2. 게임의 방법을 알고 규칙을 잘 지켰는가?	

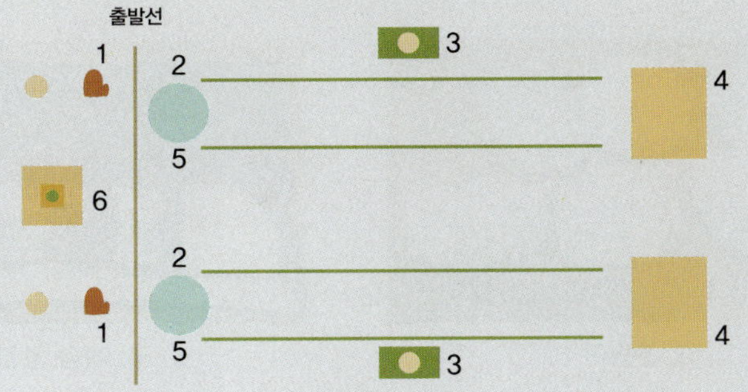

〈게임 진행도〉

"눈이 내려요" 게임의 특징 및 지도 시 유의사항

특징

1. 본 게임은 추운 날씨 때문에 겨울을 싫어하거나 집에만 웅크리고 있을 영유아들에게 겨울 풍경의 아름다움과 즐거운 놀이를 간접적으로 소개하는 재미있는 활동이다.
2. 본 게임은 다양하고 섬세한 교수자료가 영유아들의 흥미와 관심을 유발시킬 수 있는 교사의 사랑과 정성이 돋보이는 활동이다.
3. 선행학습으로 미술작품의 감상 활동에 이어서는 본 게임 활동을 통해 영유아들은 겨울에서 느끼는 정적·동적 놀이의 즐거움을 느낄 수 있다.

유의사항

눈길이기 때문에 눈을 잘 굴리는 것에도 점수를 줄 수 있다는 것은 교사의 의도가 들어 있는 발문이다. 눈길과 눈공을 만든 것은 영유아들의 게임에 대한 재미를 한층 높여주기 위한 것이기도 하지만 자칫 승부욕으로 영유아들의 안전사고를 예방하고 속도를 조절하기 위한 장치이기도 하다. 교사의 섬세한 배려이다.

활동자료

1. 도입자료(모네의 '아르장퇴유의 설경')

2. 장갑

3. 눈덩이

4. 게임 풍경판

5. 가슴에 눈 붙이기 도구

6. 게임판 설치

7. 게임 점수판

8. 바구니

9. 눈길용 눈 결정체

10. 눈공

11. 팀 나누기 통

12. 팀 나누기 도구

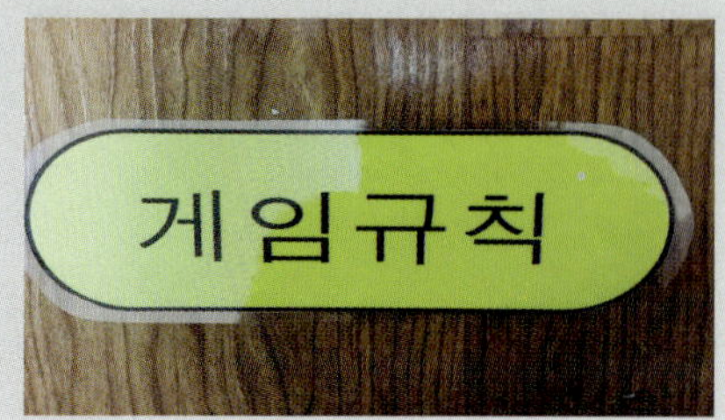

13. 규칙 정하기 명판

14. 게임방법 판

활동장면

준비물을 챙겨보아요

(지도학생 - 박미소)

생활주제	초등학교에 가요	대상연령	만 5세
활동목표	1. 초등학교에서 가져야 할 생활태도를 안다. 2. 초등학교에서 필요한 물건을 안다. 3. 친구들과 함께 규칙을 지키며 활동에 적극적으로 참여한다.		
교육과정 관련 요소	신체운동 · 건강 : 신체 활동에 참여하기 > 자발적으로 신체 활동에 참여하기 사회관계 : 나를 알고 존중하기 > 나의 일 스스로 하기 사회관계 : 다른 사람과 더불어 생활하기 > 친구와 사이좋게 지내기		
활동자료	1. 출발신호도구(호루라기) 1개 2. 게임방법 판 1개 3. 점수판 1개 4. 점수 스티커(유아 수) 5. 편 나누기 통 1개 6. 편 나누기 도구 - 막대(유아 수) 7. 편 나누기 팔찌(유아 수) 8. 준비물(국어 교과서, 수학 교과서, 가위, 풀, 지우개, 연필, 자, 색연필, 실로폰, 트라이앵글, 탬버린, 리코더) – 유아 수 고려 9. 주사위 2개 10. 알림장 판 2개 11. 알림장 카드(주황/노랑/초록) 12. 우측 보행 2개 13. 발바닥 스티커 4개 14. 화살표 4개 15. 책가방 판(분홍/하늘) 2개		

교수학습단계	활동 내용	관련 인성 덕목
도입	1. 주의집중 시키기 – 손유희로 주의집중을 유도한다. (도도도도 무릎입니다. 레레레레 배꼽입니다. 미미미미 가슴입니다. 파파파파 어깨입니다. 솔솔솔솔 머리입니다. 팔랑팔랑팔랑팔랑 손을 무릎에 짝) 2. 지난 시간 배운 내용을 상기시키기 – 우리 친구들은 유치원을 졸업하면 어디에 가지요? – 초등학교에 가면 달라지는 것이 있는데, 어떤 것들이 있을까요? – 오늘은 초등학교에 갈 때 준비물을 챙겨보는 게임을 해볼거예요.	예절, 경청, 청결, 존중

전개	3. 자료탐색 및 게임방법에 대한 이야기 나누기 – 준비물을 챙기려면 무엇이 필요할까요? – 책가방에 준비물을 넣으려면 무엇을 보아야 할까요? – 알림장 카드 뒷면에는 어떤 색깔이 보이나요? – 이 알림장은 어떻게 골라야 할까요? – 알림장에 있는 준비물을 각 팀의 가방에 붙이고 나서 어떻게 하면 점수를 얻을 수 있을까요? 4. 게임방법 판을 읽으며 게임방법 확인하기 (1) 출발선에 선다. (2) 출발신호를 듣고 주사위를 굴린다. (3) 주사위에 나온 색깔과 똑같은 색깔이 있는 알림장 카드를 뽑아 알림장 판에 붙인다. (4) 알림장 카드에 적힌 필요한 준비물들을 가지고 반환점으로 간다. (5) 출발점으로 돌아온 후 선생님과 손뼉을 친다. 5. 규칙 정하기 – 게임을 더 재미있고 안전하게 하려면 어떻게 해야 할까? – 선생님이 너희들의 소중한 의견을 적어 줄 거예요. 6. 팀 나누기 – 상자 안에 있는 막대를 뽑아서 같은 색이 나온 친구들과 같은 팀을 하는 것으로 하자. – 각 팀에 몇 명이 있는지 수를 세어보자. 7. 시범 보이기 – 어떤 친구가 선생님과 시범을 보일까요? 8. 게임 진행하기 – 게임을 시작해 보자.	공정, 책임감, 협력, 인내, 생명존중, 존중, 소속감, 자율성, 정직
마무리	9. 정리하기 – 누가 선생님을 도와서 게임자료를 정리해 줄까요? 10. 게임 결과에 대해 이야기 나누기 – 어느 팀이 이겼는지 숫자를 세어볼까요? – 우리 이긴 팀에게 박수 쳐 줄까요? – 규칙을 잘 지킨 팀에게도 박수를 쳐 줄까요? 11. 느낀 점 회상하기 – 오늘 게임에서 재미있었던 점이나 아쉬웠던 점은 있었나요? 12. 확장 활동 소개하기 – "초등학교에 가면 내가 가장 하고 싶은 것"에 관한 이야기 나누기를 하자.	청결, 수용, 타인존중, 자기존중

평가	1. 초등학교에서 가져야 할 생활태도를 아는가? 2. 초등학교에서 필요한 물건을 아는가? 3. 게임 규칙을 지키며 활동에 즐겁게 참여했는가?

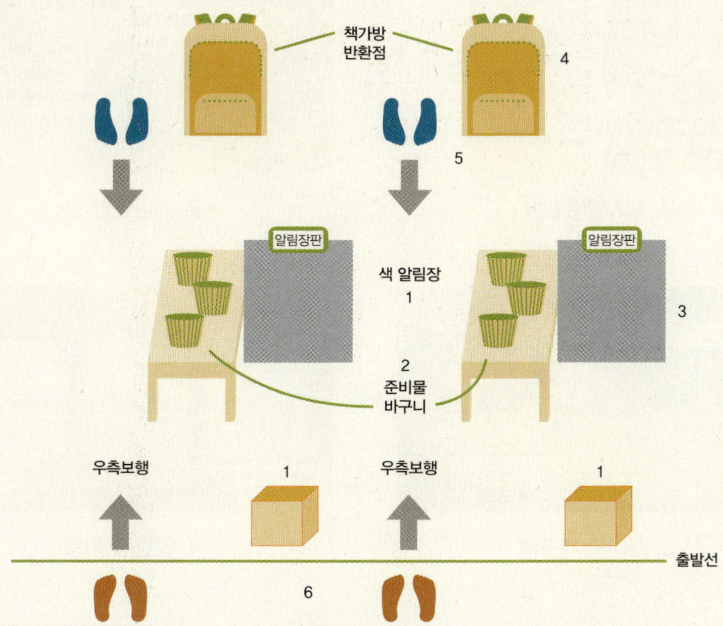

〈게임 진행도〉

"준비물을 챙겨보아요" 게임의 특징 및 지도 시 유의사항

● **특징**

1. 본 게임은 유치원이나 어린이집에서 자유롭게 놀이를 하다가 초등학교에 가게 되는 부담을 갖고 있는 취학 전 유아들에게 간접적으로 초등학교 생활을 소개하는 재미있는 활동이다.
2. 본 게임을 통하여 유아들은 준비물을 챙기기 위해서 꼭 보아야 하는 알림장의 중요성 및 학교생활에서 배우는 사회생활의 기초인 우측보행의 규칙을 배우기도 한다.
3. 준비물을 챙겨보는 활동을 통하여 초등학교에서 하는 활동에 대한 흥미와 긍정적인 태도를 갖도록 유도할 수 있는 게임 활동이다.

● **유의사항**

본 게임은 초등학교 입학을 준비하는 취학 전 유아들을 대상으로 하는 것이므로 초등학교 입학에 대한 관심과 기대감을 가질 수 있도록 교사의 세심한 언어적 발문이 필요하다. 초등학교 입학에 대한 긍정적인 사고를 할 수 있도록 돕는 것이 중요한 교육목표 중 하나이다.

활동자료

1. 책가방(반환점)

2. 게임방법 판

3. 준비물 바구니

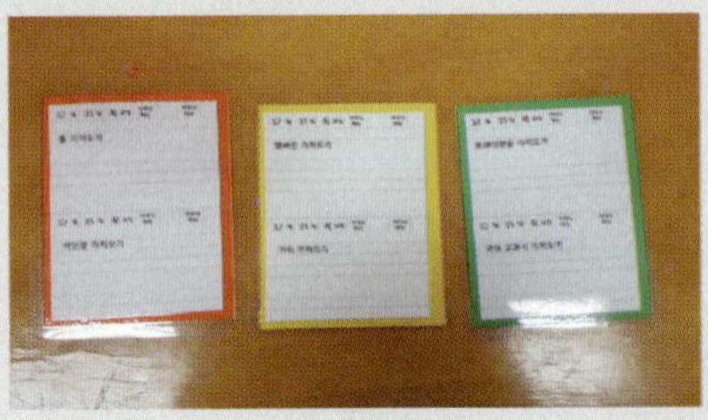

4. 알림장 카드

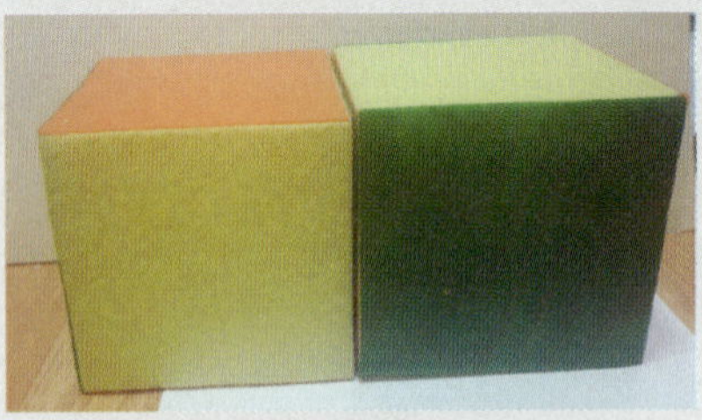

5. 알림장 색깔 주사위

6. 우측보행 화살표 · 실내화 발바닥

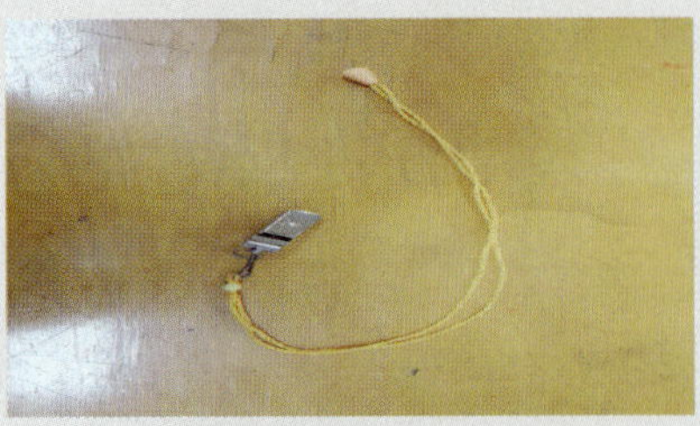

7. 신호도구 호루라기

8. 알림장 판

9. 지우개

10. 자

11. 탬버린

12. 가위

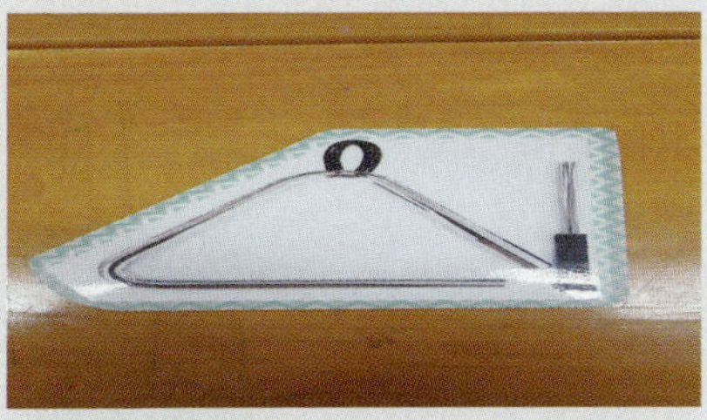

13. 트라이앵글

14. 실로폰

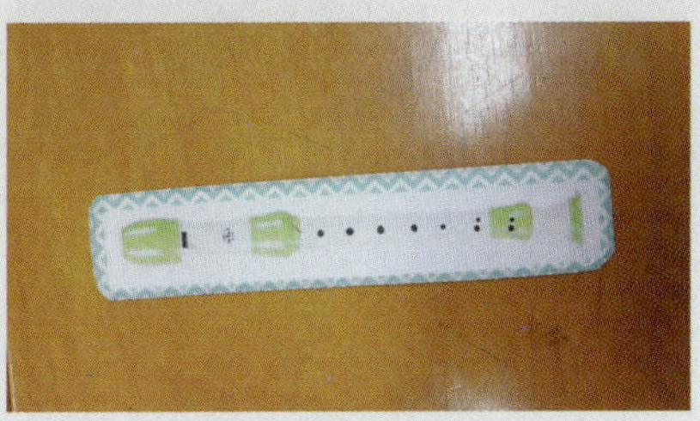

15. 리코더

16. 연필

17. 색연필

18. 풀

19. 국어 교과서

20. 수학 교과서

활동장면

가을 열매 따기

(지도학생 - 신은지)

생활주제	가을	대상연령	만 3, 4세
활동목표	1. 숫자에 관심을 갖는다. 2. 가을 열매의 종류에 대해서 안다.		
교육과정 관련 요소	신체운동 · 건강 : 신체조절과 기본운동하기 > 신체조절하기 자연탐구 : 수학적 탐구하기 > 수와 연산의 기초개념을 알아보기 사회관계 : 다른 사람과 더불어 생활하기 > 친구와 사이좋게 지내기		
활동자료	1. 신호도구 2. 돌림판 2개 3. 주사위 2개 4. 바구니 1개 5. 점수판 6. 점수 표시 스티커 7. 게임방법 판 8. 바구니 2개 9. 바구니와 가을열매가 있는 판 2개 10. 발판 20개 11. 편 나누기 도구 12. 편 나누기 통		

교수학습단계	활동 내용	관련 인성 덕목
도입	1. 주의집중 시키기 - 손유희로 주의집중을 유도한다. 2. 지난 시간 배운 내용을 상기시키기 - 지난 시간 어떤 계절의 열매에 대해 이야기했지요? - 오늘은 가을 열매를 이용하여 게임을 해볼 거예요.	예절, 경청, 청결, 존중
전개	3. 자료탐색 및 게임방법에 대한 이야기 나누기 - 이 바구니에 무엇이 있니? - 이 가을열매들을 가져올 건데 어떤 가을열매를 가지고 올지 정하려면 무엇이 필요할까요? - 돌림판으로 정한 가을 열매를 몇 개 가져와야 할지는 어떻게 정하면 좋을까요? - 이 가을 열매를 담아오려면 무엇이 필요할까요? - 가을 열매를 담으러 가는 길에 선생님이 징검다리 발판을 준비했어요. 그런데 이 발판에는 무엇이 있나요? - 발판을 밟고 가을 열매 바구니에서 필요한 만큼의 열매를 바구니에 담으면 어떻게 해야 점수를 얻을 수 있나요?	

전개	4. 게임방법 판을 읽으며 게임방법 확인하기 (1) 출발신호가 울리면 돌림판을 돌린다. (2) 주사위를 굴린다. (3) 발판을 놓으면서 가을 열매 바구니까지 간다. (4) 가을 열매를 작은 이동바구니에 담는다. (5) 발판을 가져오면서 들어온다. (6) 출발 지점에 있는 바구니 안에 가을 열매를 넣는다. (7) 선생님과 손뼉을 친ㄷ. 5. 규칙 정하기 – 게임을 더 재미있고 안전하게 하려면 어떻게 해야 할까? – 선생님이 너희들의 소중한 의견을 적어줄 거예요. – 규칙을 잘 지켜 준 친구에게 단풍잎과 은행잎을, 먼저 들어 온 친구에게도 단풍잎과 은행잎을 붙여줄 거예요. 6. 팀 나누기 – 오른쪽은 은행잎 팀, 왼쪽은 단풍잎 팀이 앉아보자. – 각 팀에 몇 명이 있는지 수를 세어보자. 7. 시범 보이기 – 어떤 친구가 선생님과 시범을 보일까요? 8. 게임 진행하기 – 게임을 시작해 보자.	공정, 책임감, 협력, 인내, 생명존중, 존중, 소속감, 자율성, 정직
마무리	9. 정리하기 – 누가 선생님을 도와서 게임자료를 정리해 줄까요? 10. 게임 결과에 대해 이야기 나누기 – 어느 팀이 이겼는지 숫자를 세어볼까요? – 우리 이긴 팀에게 박수 쳐 줄까요? – 규칙을 잘 지킨 팀에게도 박수를 쳐 줄까요? 11. 느낀 점 회상하기 – 오늘 게임에서 재미있었던 점이나 아쉬웠던 점은 있었나요? 12. 확장 활동 소개하기 – 다음 시간에는 "가을 열매 모자이크" 미술 활동을 해보자.	청결, 수용, 타인존중, 자기존중
평가	1. 숫자에 대한 관심을 가지는가? 2. 가을 열매의 종류를 아는가?	

〈게임 진행도〉

"가을 열매 따기" 게임의 특징 및 지도 시 유의사항

● **특징**

1. 본 게임은 가을의 풍성함을 열매 따기를 통해서 느껴보는 정서적이면서도 신체 활동을 통해 건강한 사고 함양도 아울러 돕는 게임이다.
2. 이 게임자료는 특히 교사의 배려가 돋보이는 매력적인 교구로 이루어져 있는데, 특히 징검다리 발판은 바닥에 영유아가 미끄러지지 않도록 장치하여 제작하였고 수에 대하여 영유아들이 자연스럽게 관심을 가질 수 있도록 발판에 숫자를 넣었다.

● **유의사항**

본 게임을 통해 영유아들이 다양한 과일의 종류를 알고 다양한 과일에 대한 호기심을 가질 수 있도록 교사의 긍정적인 발문과 흥겨운 게임 진행 기술이 요구된다.

활동자료

1. 주사위

2. 돌림판

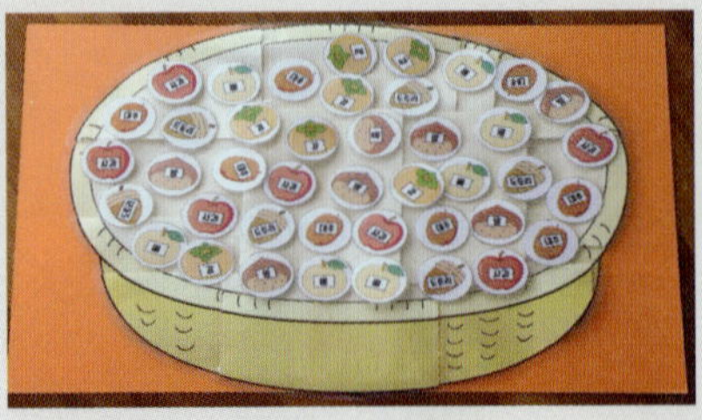

3. 게임 바구니판

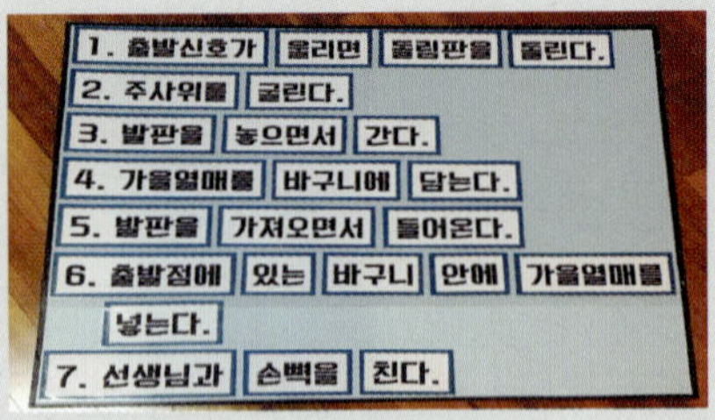

4. 게임방법 판

5. 게임 점수판

6. 나뭇잎 발판

7. 팀 나누기 도구

활동장면

투호놀이를 해보아요

(지도학생 - 전승희)

생활주제	우리나라 문화	대상연령	만 3, 4, 5세
활동목표	1. 우리나라 전통놀이에 관심을 갖는다. 2. 눈과 손을 협응하여 소근육을 조절해 본다. 3. 수의 여러 가지 의미를 안다.		
교육과정 관련 요소	신체운동 · 건강 : 신체조절과 기본 운동하기 > 신체조절하기 사회관계 : 사회에 관심 갖기 > 우리나라에 관심 갖고 이해하기 사회관계 : 다른 사람과 더불어 생활하기 > 친구와 사이좋게 지내기 자연탐구 : 수학적 탐구하기 > 수와 연산의 기초개념 알아보기		
활동자료	1. 화살 10개 2. 투호통 2개 3. 팀 분류 주머니 1개 4. 팀 분류 젓가락(유아 수) 5. 게임방법 판 6. 점수판 7. 점수 스티커		

교수학습단계	활동 내용	관련 인성 덕목
도입	1. 주의집중 시키기 - 손유희로 주의집중을 유도한다. 2. 지난 시간 배운 내용을 상기시키기 - 우리 지난 시간에 우리나라 전통놀이에 대해 이야기했었지요? - 오늘은 투호놀이 게임을 해볼 거예요.	예절, 경청, 청결, 존중
전개	3. 자료탐색 및 게임방법에 대한 이야기 나누기 - 투호놀이를 하려면 무엇이 필요할까요? - 투호놀이를 할 때 점수를 많이 얻으려면 어떻게 해야 할까요? 4. 게임방법판을 읽으며 게임방법 확인하기 (1) 선을 넘지 않고, 선 뒤에 선다. (2) "시작" 소리를 듣고 화살을 던진다. (3) 화살을 다 던지면 들어간 화살의 개수를 세고, 화살을 모두 주워온다.	

전개	5. 규칙 정하기 – 게임을 더 재미있고 안전하게 하려면 어떻게 해야 할까요? – 선생님이 너희들의 소중한 의견을 적어줄 거예요. – 이 화살은 어떤가요? 길고 딱딱하지요? 이 화살로 막 휘두르고 친구에게 던지면 어떻게 될까요? 6. 팀 나누기 – 이 뽑기 주머니에서 한 명씩 뽑아 보아요. – 각 팀에 몇 명이 있는지 수를 세어보자. 7. 시범 보이기 – 어떤 친구가 선생님과 시범을 보일까요? 8. 게임 진행하기 – 게임을 시작해 보자.	공정, 책임감, 협력, 인내, 생명존중, 존중, 소속감, 자율성, 정직
마무리	9. 정리하기 – 누가 선생님을 도와서 게임자료를 정리해 줄까요? 10. 게임 결과에 대해 이야기 나누기 – 어느 팀이 이겼는지 숫자를 세어볼까요? – 우리 이긴 팀에게 박수 쳐 줄까요? – 규칙을 잘 지킨 팀에게도 박수를 쳐 줄까요? 11. 느낀 점 회상하기 – 오늘 게임에서 재미있었던 점이나 아쉬웠던 점은 있었나요? 12. 확장 활동 소개하기 – 다음 시간에는 "팽이 돌리기"를 실외놀이터에서 하자.	청결, 수용, 타인존중, 자기존중
평가	1. 우리나라 전통놀이에 관심을 가지는가? 2. 눈과 손을 협응하여 소근육을 발달시키는가? 3. 수의 여러 가지 의미를 아는가?	

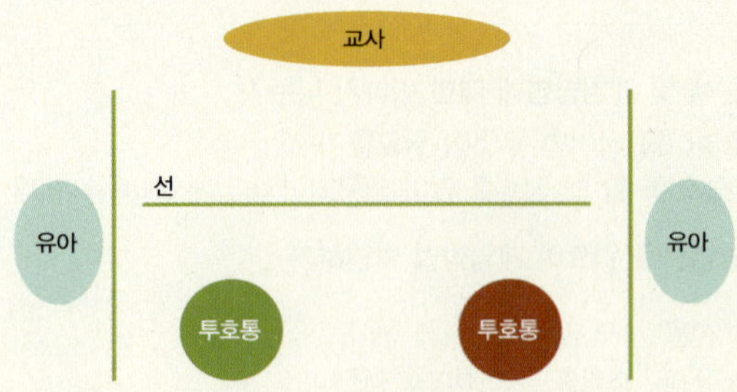

〈게임 진행도〉

"투호놀이를 해 보아요" 게임의 특징 및 지도 시 유의사항

● 특징

1. 본 게임은 영유아들이 현대사회에서 잊혀져가는 우리나라 전통놀이에 대하여 관심을 갖고 참여해 봄으로써 우리나라에 대한 자부심을 한층 높여보는 기회를 갖게 해준다.
2. 본 게임은 영유아의 눈과 손의 협응과 함께 소근육발달을 도울 수 있는 놀이이다.
3. 놀이를 통하여 수의 중요성과 효용성을 알아갈 수 있는 의미 있는 게임이다.

● 유의사항

본 게임은 기준선을 제시하는 것이 중요하다. 이 게임 활동 장비를 교육기관 내에 장기간 설치할 경우, 연령에 따라 기준선을 달리 하는 것도 필요하고 연령이 같더라도 영유아의 개인차에 따라 융통성 있는 기준을 제시하는 것이 요구된다.

활동자료

1. 투호통

2. 투호통과 화살

3. 게임 점수판

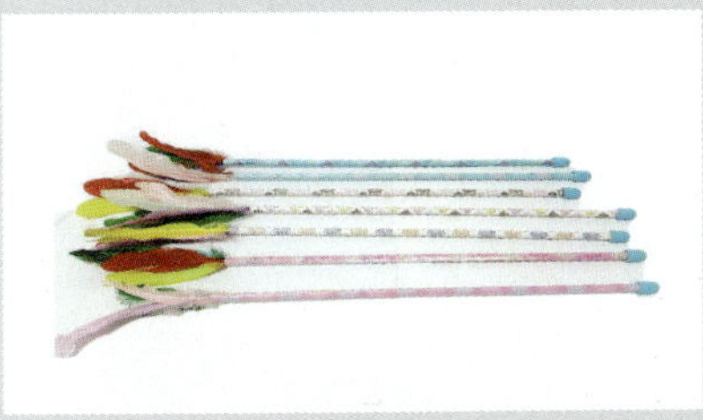

4. 화살

활동장면

꼬르륵 꼬르륵 배고픈 개구리

(지도학생 – 안보영)

생활주제	동물	대상연령	만 3, 4, 5세
활동목표	1. 개구리의 먹이와 먹이를 먹는 방법을 안다. 2. 기구를 활용하여 대근육과 소근육을 발달시킨다. 3. 게임의 규칙을 잘 지키며 즐겁게 참여한다.		
교육과정 관련 요소	신체운동 · 건강 : 신체 활동에 참여하기 > 기구를 이용하여 신체 활동을 한다. 사회관계 : 다른 사람과 더불어 생활하기 > 친구와 사이좋게 지내기 자연탐구 : 과학적 탐구하기 > 생명체와 자연환경 알아보기		
활동자료	1. 연못에 사는 동물 사진판 2. 개구리 통 2개 3. 파리(많을수록 좋음) 4. 연잎 6장 5. 발 지압판 2개 6. 파리채 2개 7. 개구리 머리띠 2개 8. 게임방법 판 9. 게임 점수판 10. 게임 점수 스티커 11. 팀 구별 시트지, 팀 나누기 수저 12. 호루라기 1개 13. 종 2개		

교수학습단계	활동 내용	관련 인성 덕목
도입	1. 주의집중 시키기 – 손유희('통통통')로 주의집중을 유도한다. 2. 지난 시간 배운 내용을 상기시키기 – 우리 지난 시간에 연못에 사는 동물에 대해 알아보았지요? – 이 사진의 동물 이름이 무엇이었나요? – 선생님은 이 개구리가 되려고 오늘 분장한 것이 있는데, 무엇일까요? – 왜 선생님이 개구리 분장을 하려고 했을까요? – 개구리가 되어서 배가 고프면 무엇을 먹어야 할까요? – 우리가 파리를 잡으려면 어떻게 잡을 수 있을까요? – 오늘은 우리가 배고픈 개구리가 되어서 파리를 잡는 게임을 하려고 해요.	예절, 경청, 청결, 존중

전개	3. 자료탐색 및 게임방법에 대한 이야기 나누기 - 개구리가 되려면 무엇이 필요할까요? - 우리가 개구리가 되어 잡아야 할 파리는 어디에 있을까요? - 우리가 파리를 잡을 파리채는 어디에 있을까요? - 우리가 파리 잡는 위치는 어디일까요? - 파리 잡는 곳까지 개구리가 된 우리는 어떻게 갈까요? - 몇 마리의 파리를 잡아야 할까요? - 잡은 파리는 누구에게 주어야 할까요? - 파리를 배고픈 개구리에게 주고 난 뒤 어떻게 해야 점수를 얻을 수 있을까요? 4. 게임방법 판을 읽으며 게임방법 확인하기 (1) 파리채를 들고, 개구리 머리띠를 쓰고 출발선에 선다. (2) 출발 신호에 맞춰 연잎을 두 발로 밟고 간다. (3) 지압판 위에서 파리를 2마리씩 잡는다. (4) 배고픈 개구리에게 먹이를 주고 온다. (5) 돌아올 때도 연잎을 밟고 온다. (6) 들어와서 종을 치고 파리채와 머리띠를 내려놓는다. 5. 규칙 정하기 - 게임을 더 재미있고 안전하게 하려면 어떻게 해야 할까? - 선생님이 너희들의 소중한 의견을 적어줄 거예요. - 지압판에서 아픈 친구는 그 옆에서 해도 좋아요. - 우리가 만든 규칙은 어떻게 해야 할까요? 6. 팀 나누기 - 같은 숟가락을 뽑은 친구끼리 한 팀이 되어보아요. - 각 팀에 몇 명이 있는지 수를 세어보자. - 선생님이 머리를 짚어주면 개구리처럼 폴짝 뛰어보자. 7. 시범 보이기 - 어떤 친구가 선생님과 시범을 보일까요? - 시범 보여준 친구에게 박수 쳐 줄까요? 8. 게임 진행하기 - 게임을 시작해 보자.	공정, 책임감, 협력, 인내, 생명존중, 존중, 소속감, 자율성, 정직
마무리	9. 정리하기 - 누가 선생님을 도와서 게임자료를 정리해 줄까요? 10. 게임 결과에 대해 이야기 나누기 - 어느 팀이 이겼는지 숫자를 세어볼까요? - 우리 이긴 팀에게 박수 쳐 줄까요? - 규칙을 잘 지킨 팀에게도 박수를 쳐 줄까요? - 모두 최선을 다 해주어 모두에게 박수해 주어요.	

마무리	11. 느낀 점 회상하기 – 오늘 게임에서 재미있었던 점이나 아쉬웠던 점은 있었나요? 12. 확장 활동 소개하기 – 다음 시간에는 "개구리 생김새 관찰하기"를 해 볼 거예요.	청결, 수용, 타인존중, 자기존중
평가	1. 개구리의 먹이와 먹이를 먹는 방법을 아는가? 2. 기구를 이용하여 대근육과 소근육을 발달시키는가? 3. 게임의 규칙을 지키며 즐겁게 참여하는가?	

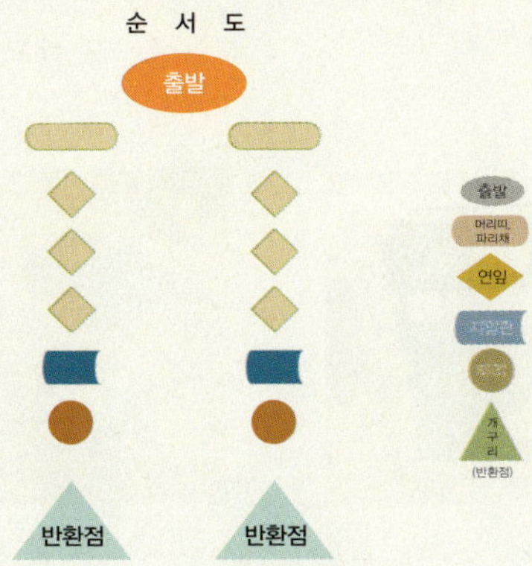

〈게임 진행도〉

"꼬르륵 꼬르륵 배고픈 개구리" 게임의 특징 및 지도 시 유의사항

● 특징

1. 본 게임은 영유아들에게 게임의 유쾌함과 즐거움을 만끽하게 해줄 수 있는 아주 재미있는 놀이이다.
2. 가정에서 파리채로 파리를 잡은 것을 개구리가 파리를 먹는 것과 비유하여 개구리의 생활상도 알 수 있도록 돕는 게임 활동이다.

● 유의사항

1. 본 게임에서 교사가 가지는 융통성은 매우 중요하다. 발 지압판이 교사로서는 교육적으로 영유아의 건강을 돕기 위한 장치이나 때로는 어떤 영유아에게는 게임을 하기 어렵 게 만드는 장치일 수 있다는 것을 고려해야 한다. 그래서 교사의 배려에 대한 언급 은 중요하다.
2. 게임에서 팀 원의 수를 세는 단계는 매우 중요하다. 게임을 동일한 수의 팀원을 가졌을 때 시작할 수 있으며 그것은 '공정' 의 원칙에 있어서 중요한 출발점임 을 알려 주는 기준이다. 교사가 재미있게 머리를 짚어주며 유아들이 개구리처럼 '폴짝' 뛰도록 한 점은 매우 재미있고 유아들의 운동성을 증진시켜 주는 교사의 위트 있는 수업 운영 방법이다.

활동자료

1. 게임방법 판

2. 배고픈 개구리 바구니

3. 게임 점수판

4. 점수용 개구리

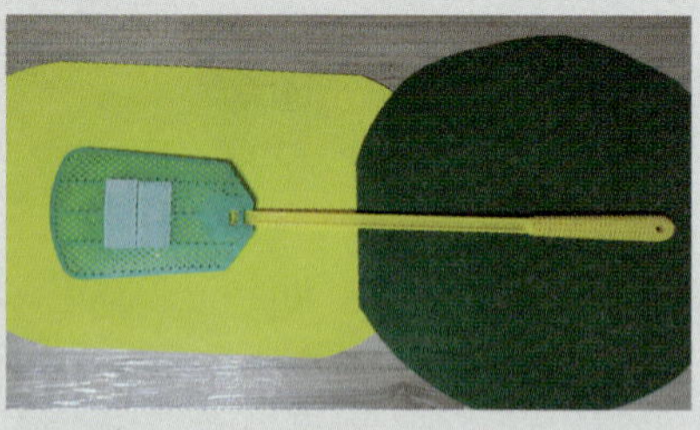

5. 파리채

6. 파리들

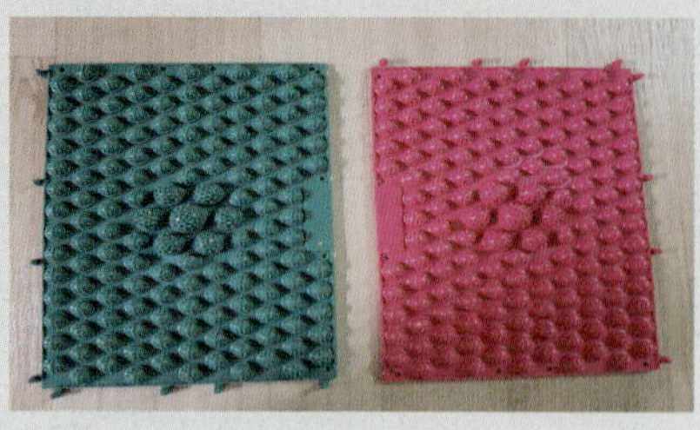

7. 발 지압판

8. 개구리 머리띠

9. 연잎 발판

활동장면

추수하러 가요!

(지도학생 - 송슬비)

생활주제	가을	대상연령	만 5세
활동목표	1. 추수의 의미를 안다. 2. 농부들의 마음으로 추수의 기쁨을 느껴보도록 한다. 3. 대 · 소근육을 발달시킬 수 있다.		
교육과정 관련 요소	신체운동 · 건강 : 신체 활동에 참여하기 > 기구를 이용하여 신체 활동을 한다. 사회관계 : 사회에 관심 갖기 > 우리나라에 관심 갖고 이해하기 자연탐구 : 과학적 탐구하기 > 자연현상 알아보기		
활동자료	1. 광주리 2개 2. 벼를 수확하는 사진 3. 곡식 주사위 2개 4. 나뭇잎 방석 2개 5. 점수판 6. 팀 구별 통, 팀 구별 스티커 7. 추수 곡식 8. 추수 가방 2개 9. 게임방법 판		

교수학습단계	활동 내용	관련 인성 덕목
도입	1. 주의집중 시키기 - 손유희('허수아비 아저씨')로 주의집중을 유도한다. 2. 지난 시간 배운 내용을 상기시키기 - 우리 지난 시간에 가을에 추수하는 곡식의 종류에 대해 알아보았지요? - 이 사진은 어떤 사진일까요? - 오늘은 농부들에게 고마운 마음을 가지면서 추수하는 게임을 하려고 해요.	예절, 경청, 청결, 존중
전개	3. 자료탐색 및 게임방법에 대한 이야기 나누기 - 우리가 추수하는 곳까지 가려면 그냥 걸어서 갈 수가 없대요. 선생님이 커다란 나뭇잎을 준비했어요. - 추수할 수 있는 곡식들은 무엇이 있을까요? - 추수할 곡식은 어떻게 정할까요? - 주사위에 나온 곡식을 가져오려면 나뭇잎을 어떻게 타고 가면 좋을까요? - 나뭇잎을 타고 오려면 곡식은 어떻게 가져와야 할까요? - 어떤 사람에게 선생님이 점수를 줄까요?	

전개	4. 게임방법 판을 읽으며 게임방법 확인하기 (1) 출발선에 선다. (2) 출발 신호에 맞춰 주사위를 굴린다. (3) 앞에서 나왔던 가을 곡식일 경우 주사위를 다시 던진다. (4) 나뭇잎을 타고 중간 지점까지 간다. (5) 주사위에 나온 가을 곡식을 가방에 담아온다. (6) 가을 곡식을 바구니에 옮겨 놓고 선생님과 손뼉을 친다. 5. 규칙 정하기 – 게임을 더 재미있고 안전하게 하려면 어떻게 해야 할까? – 선생님이 너희들의 소중한 의견을 적어 줄 거예요. – 친구들에게 응원을 해주어도 좋겠네요. – 우리가 만든 규칙은 어떻게 해야 할까요? 6. 팀 나누기 – 분홍색 농부팀과 노란색 농부팀으로 나누어 보아요. – 각 팀에 몇 명이 있는지 수를 세어보자. 7. 시범 보이기 – 어떤 친구가 선생님과 시범을 보일까요? – 시범 보여준 친구에게 박수 쳐 줄까요? 8. 게임 진행하기 – 게임을 시작해 보자.	공정, 책임감, 협력, 인내, 생명존중, 존중, 소속감, 자율성, 정직
마무리	9. 정리하기 – 누가 선생님을 도와서 게임자료를 정리해 줄까요? 10. 게임 결과에 대해 이야기 나누기 – 어느 팀이 이겼는지 숫자를 세어볼까요? – 우리 이긴 팀에게 박수 쳐 줄까요? – 규칙을 잘 지킨 팀에게도 박수를 쳐 줄까요? – 모두 최선을 다 해주었으니 모두에게 박수쳐 주어요. 11. 느낀 점 회상하기 – 오늘 게임에서 재미있었던 점이나 아쉬웠던 점은 있었나요? – 농부님들에게 어떤 마음이 드나요? 12. 확장 활동 소개하기 – 다음 시간에는 "곡식박물관 견학"을 해볼 거예요.	청결, 수용, 타인존중, 자기존중
평가	1. 추수의 의미를 아는가? 2. 농부들의 마음으로 추수의 기쁨을 느끼는가? 3. 대 · 소근육을 발달시키는가?	

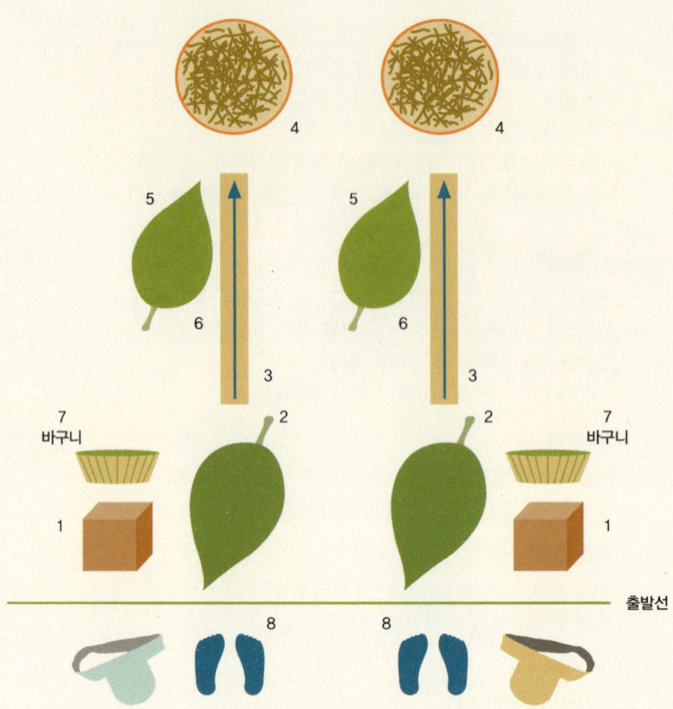

〈게임 진행도〉

"추수하러 가요!" 게임의 특징 및 지도 시 유의사항

● **특징**

1. 본 게임은 영유아들에게 게임의 활동성과 즐거움을 만끽하게 해 줄 수 있는 아주 흥미로운 놀이이다.
2. 교사는 영유아가 원활하게 운동능력을 발휘할 수 있도록 이동 나뭇잎을 푹신하게 제작하여 영유아들이 마치 가을 썰매를 타듯 신나게 이동할 수 있는 게임이다.
3. 우리가 당연하게 여기는 곡식의 추수과정을 재미있는 게임을 통해서나마 추수하는 농부의 마음과 그 농부에 대한 고마움을 느껴보고자 하는 중요한 교육적 목적이 있다.

● **유의사항**

규칙 정하기는 중요한 활동이다. 이 시간은 영유아들 자신의 의견이 활동에 직접 반영되는 시간이고 또 그것을 존중해 주는 교사의 마음과 자신들이 만든 규칙에 대해 책임감을 갖는 시간이기도 하다. 그래서 반드시 교사가 예쁜 글씨로 또박또박 적어 주어야 한다.

활동자료

1. 이동 나뭇잎

2. 곡식 주사위

3. 추수 곡식들

4. 도입자료 - 추수장면

5. 게임 점수판

6. 게임방법 판

7. 추수 바구니

8. 추수하는 가방

9. 팀 나누기 도구

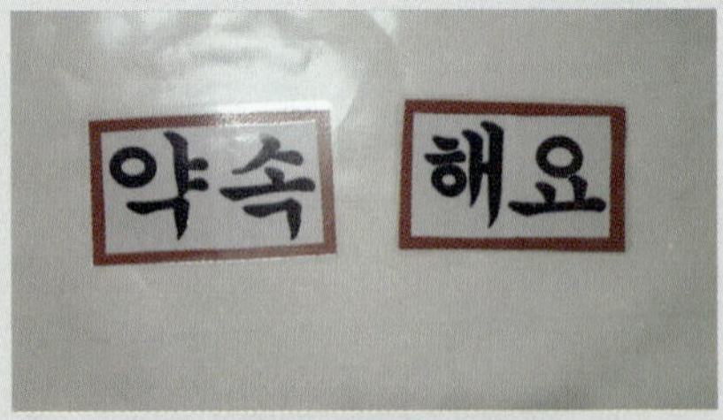

10. 규칙 정하기 명판

11. 곡식모음 추수 바구니

12. 팀 구별 스티커

활동장면

사과를 나누어 주어요!

(지도학생 - 양리비)

생활주제	동 · 식물과 자연	대상연령	만 5세

활동목표	1. 대근육발달을 돕는다. 2. 1~10까지 수를 셀 수 있다. 3. 규칙을 지키며 즐겁게 게임에 참여할 수 있다. 4. 나눔의 기쁨을 느낄 수 있다.
교육과정 관련 요소	신체운동 · 건강 : 신체 활동에 참여하기 > 기구를 이용하여 신체 활동을 한다. 사회관계 : 다른 사람과 더불어 생활하기 > 사회적 가치를 알고 지키기 자연탐구 : 수학적 탐구하기 > 수와 연산의 기초개념을 알아보기
활동자료	1. 뽑기 상자 2개 2. 전기 테이프(빨강, 노랑) 3. 동물판 2개 4. 사과나무 2개 5. 점수판 6. 게임방법 설명판 7. 펠트지 사과 8. 빨간 공 2개 9. 펠트지 가방 2개 10. 쥐모양 머리띠 2개 11. 호루라기 12. 편지 3통

교수학습단계	활동 내용	관련 인성 덕목
도입	1. 주의집중 시키기 - 손유희('사과 같은 내 얼굴')로 주의집중을 유도한다. 2. 지난 시간 배운 내용을 상기시키기 - 우리 지난 시간에 '욕심꾸러기 생쥐와 빨간 사과' 동화를 읽어 보았지요? - 생쥐가 사과 찾는 것을 다른 동물 친구들이 도와주었는데, 생쥐는 사과를 친구들에게 나누어 주었나요? - 오늘은 생쥐가 되어 동물 친구들에게 사과를 나누어 주는 게임을 하려고 해요.	예절, 경청, 청결, 존중
전개	3. 자료탐색 및 게임방법에 대한 이야기 나누기 - 우리가 생쥐가 되려면 무엇이 필요할까요? - 다른 동물 친구들에게 사과를 나누어주려고 하는데, 몇 개씩 나누어 주면 좋을까요? 그것을 어떻게 정할까요? - 뽑기 상자에서 나온 숫자대로 동물친구들에게 사과를 주려고 하는데, 동물 친구들에게 정말 사과하는 마음으로 여기 큰 사과를 굴리면서 가려고 해요. 어떨까요?	

전개	– 그런데 큰 사과도 굴려야 하고 동물 친구들에게 줄 사과 수대로 사과를 가져다주어야 하는데, 어떻게 해야 할까요? – 가방 속에 사과를 챙겨서 큰 사과를 잘 굴리려면 또 어떻게 해야 할까요? – 선을 따라 큰 사과를 굴려 동물 친구들에게 사과를 나누어 주고 나서 어떻게 하면 점수를 얻을 수 있을까요? 4. 게임방법 판을 읽으며 게임방법 확인하기 (1) 출발신호를 듣고 뽑기 통에서 그림을 뽑는다. (2) 뽑은 그림은 뽑기 통에 붙인다. (3) 동물 친구가 원하는 사과의 개수만큼 사과를 집는다. (4) 가방에 사과를 넣고 선을 벗어나지 않도록 공을 굴린다. (5) 반환점에 도착하면 공을 그릇에 넣는다. (6) 동물친구에게 사과를 나누어준 뒤, 공을 가지고 들어온다. (7) 선생님과 손뼉을 친다. 5. 규칙 정하기 – 게임을 더 재미있고 안전하게 하려면 어떻게 해야 할까요? – 선생님이 너희들의 소중한 의견을 적어줄 거예요. – 친구들에게 응원을 해 주어도 좋겠네요. – 우리가 만든 규칙은 어떻게 해야 할까요? 6. 팀 나누기 – 노랑팀과 빨강팀으로 나누어 보아요. – 각 팀에 몇 명이 있는지 수를 세어보자. 7. 시범 보이기 – 어떤 친구가 선생님과 시범을 보일까요? – 시범 보여준 친구에게 박수 쳐 줄까요? 8. 게임 진행하기 – 게임을 시작해 보자.	공정, 책임감, 협력, 인내, 생명존중, 존중, 소속감, 자율성, 정직
마무리	9. 정리하기 – 누가 선생님을 도와서 게임자료를 정리해 줄까요? 10. 게임 결과에 대해 이야기 나누기 – 어느 팀이 사과를 많이 동물 친구들에게 주었는지 수를 세어 볼까요? 많은 팀에게 스티커를 줄 거예요. – 어느 팀이 이겼는지 숫자를 세어볼까요? – 우리 이긴 팀에게 박수 쳐 줄까요? – 규칙을 잘 지킨 팀에게도 박수를 쳐 줄까요? – 모두 최선을 다 해주었으니 모두에게 박수쳐 주어요. 11. 느낀 점 회상하기 – 오늘 게임에서 재미있었던 점이나 아쉬웠던 점은 있었나요?	

마무리	- 오늘 동화 속 생쥐가 되어 동물친구들에게 사과를 나누어주었는데, 기분이 어땠어요? - 너희들도 서로 무엇을 나누면 기분이 좋을까요? - 오늘 너희들이 생쥐가 되어 동물친구들에게 사과를 주어서 동물친구들이 고맙다는 감사편지를 주었네요. 12. 확장 활동 소개하기 - 다음 시간에는 "동물친구들에게 답장 쓰기"를 해볼 거예요.	청결, 수용, 타인존중, 자기존중, 나눔
평가	1. 대근육을 발달시켰는가? 2. 1~10까지 수를 셀 수 있는가? 3. 규칙을 지키며 즐겁게 게임에 참여하였는가? 4. 나눔의 기쁨을 느꼈는가?	

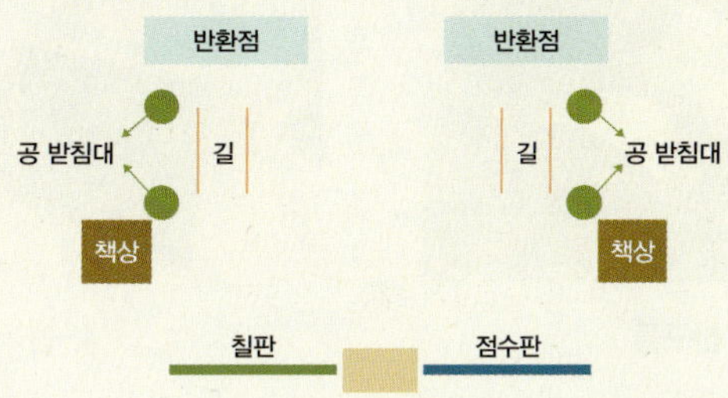

〈게임 진행도〉

"사과를 나누어주어요!" 게임의 특징 및 지도 시 유의사항

● **특징**

1. 본 게임은 동화를 읽고 확장 활동으로 수행하는 놀이로서, 욕심과 나눔의 의미를 함께 생각해 보게 하는 동화 "욕심꾸러기 생쥐와 빨간 사과"에 대한 적용을 재미있게 해 보는 기회를 갖게 한다.
2. 특히, 사과를 찾는 데 도움을 준 동물친구들에게 사과하는 의미로 사과를 준다는 "스토리"는 재미있는 발상의 전환이기도 하다. 그리고 큰 사과를 굴려가며 사과의 마음을 적극적으로 표현하고자 하는 게임의 의도가 흥미롭다.
3. 역할놀이와 또 다른 의미에서 게임을 하며 동화의 주인공 생쥐의 입장이 되어 보면서 조망능력도 키워볼 수 있다.

● **유의사항**

많은 인성 덕목이 부담이나 훈계의 주제가 되지 않도록 하고 영유아들이 즐거운 생활의 지혜이며 행복한 마음을 얻는 원천이 될 수 있도록 하기 위해서는 본 게임에서 알려 주고자 하는 '나눔' 등의 인성 덕목들을 영유아들에게 "좋은 것"으로서 선택할 수 있도록 도와야 한다. 먼저 교사의 긍정적인 마음가짐의 준비가 필요하다.

활동자료

1. 사과

2. 생쥐 머리띠

3. 동물 친구들

4. 뽑기 상자

5. 점수용 스티커

6. 게임 점수판

7. 팀 팔찌

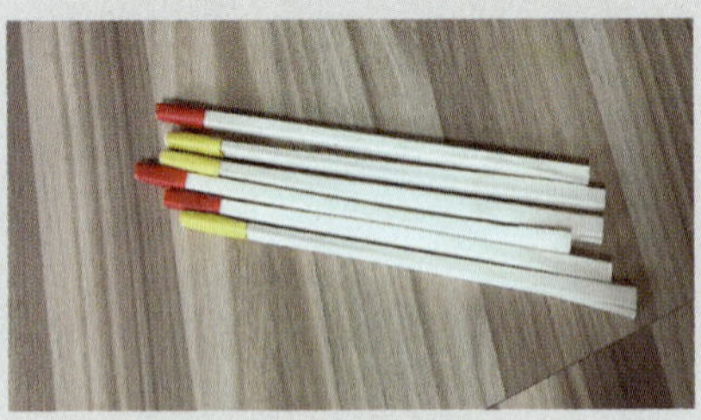

8. 팀 나누기 막대

9. 사과 주기 수 카드

10. 감사편지

11. 호루라기

12. 가방

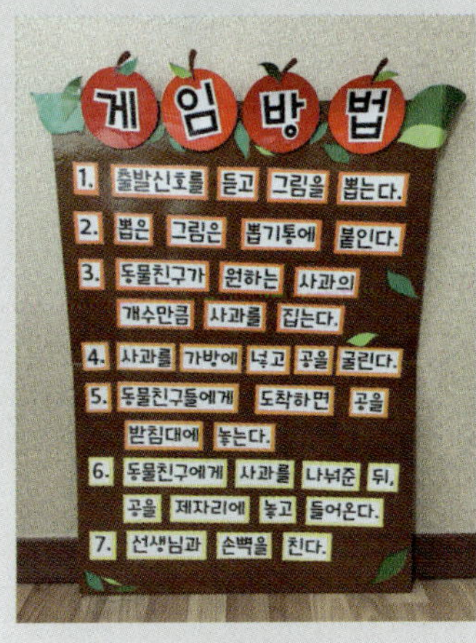

13. 게임방법 판

활동장면

맑은 공기가 좋아요!

(지도학생 – 허은영)

생활주제	지구와 환경	대상연령	만 5세
활동목표	1. 자전거를 이용하면 대기오염이 줄어드는 것을 안다. 2. 친구와 함께 규칙을 지키며 게임을 즐긴다.		
교육과정 관련 요소	사회관계 : 다른 사람과 더불어 생활하기 > 사회적 가치를 알고 지키기 자연탐구 : 과학적 탐구하기 > 생명체와 자연환경 알아보기		
활동자료	1. 자전거 말 2개 2. 자전거 길 게임판 3. 정류장 팻말 4. 지구 주사위 1개 5. 대기오염 판 2세트		

교수학습단계	활동 내용	관련 인성 덕목
도입	1. 주의집중 시키기 – 손유희로 주의집중을 유도한다. 2. 지난 시간 배운 내용을 상기시키기 – 우리 지난 시간에 대기오염에 대해 이야기를 나눈 것을 기억하나요? – 대기오염이 무엇인가요? – 공기가 깨끗해지기 위해서 우리가 할 수 있는 일 중에 무엇이 있나요? – 선생님이 오늘 자전거를 타고 공기를 깨끗하게 만드는 게임을 준비했어요.	예절, 경청, 청결, 존중
전개	3. 자료탐색 및 게임방법에 대한 이야기 나누기 – (대기오염 판을 보여 주면서) 여기 하늘이 있는데, 이 아이의 표정이 어떤가요? 왜 울고 있지요? 이 아이가 웃도록 어떻게 도와줄까요? 우리가 게임을 하면서 도와주도록 하자. – (자전거 말을 보여 주며) 선생님이 준비해 온 자전거를 어디서 타면 좋을까요? – 자전거를 탈 수 있는 길을 만들었어요. 자전거 길이 몇 개가 있나요? 길 말고 또 무엇이 보이나요? – 주사위와 역에는 왜 숫자가 있을까요? – 선생님은 이런 규칙을 만들어 보았어요. 주사위에서 나온 숫자대로 자전거가 역으로 가는 거예요. 어때요? – 선생님이 주사위에서 1번이 나왔어요. 그럼 1번 역으로 가는 거예요. 그러면 정말 하늘이 깨끗해졌는지는 어떻게 알 수 있을까요?	

전개	– 대기오염판에도 주사위하고 역하고 똑같은 숫자가 있네요. 그럼 1번 역에 자전거가 갔으니까 대기오염판에서 1번을 뽑아 보면 어떻게 될까요? – 대기오염 판의 1~6까지의 판을 모두 뽑는다면 이 아이의 표정은 어떻게 될까요? 왜 그럴까요? – 그럼 두 명의 친구가 이 게임을 했을 때 어떤 친구가 이기는 게임일까요? **4. 게임방법 판을 읽으며 게임방법 확인하기** (1) 자전거 길 판의 가운데에 있는 주사위를 굴린다. (2) 주사위에 나온 역으로 자전거 말을 움직인다. (3) 대기오염 판에서 그 역의 필름을 뺀다. (4) 모든 필름을 뺄 때까지 1~3번을 반복한다. (5) 모든 필름을 뺀 영유아가 이긴다. **5. 규칙 정하기** – 게임을 더 재미있고 안전하게 하려면 어떻게 해야 할까요? – 자전거 말에 뾰족한 것이 있는데, 이것을 가지고 있을 때는 어떻게 해야 할까요? – 주사위를 돌릴 때 마구 흔들면 어떻게 될까요? – 주사위를 던져서 같은 숫자가 나오면 어떻게 할까요? **6. 시범 보이기** – 어떤 친구가 선생님과 시범을 보일까요? – 시범 보여준 친구에게 박수 쳐 줄까요?	공정, 책임감, 협력, 인내, 존중, 소속감, 자율성, 정직, 질서
마무리	**9. 활동영역 소개하기** – 이 교구는 어느 영역에 두어야 할까요? – 함께 교구를 갖다 놓을까요? **10. 자유선택 활동 격려하기** – 오늘 소개해 준 '맑은 공기가 좋아요!' 놀이를 하고 싶은 친구는 수 · 조작영역에서 재미있게 놀이하세요.	청결, 수용, 존중, 나눔
확장활동	수질오염에 대한 이야기 나누기를 한다.	

활동자료

1. 전체 게임판

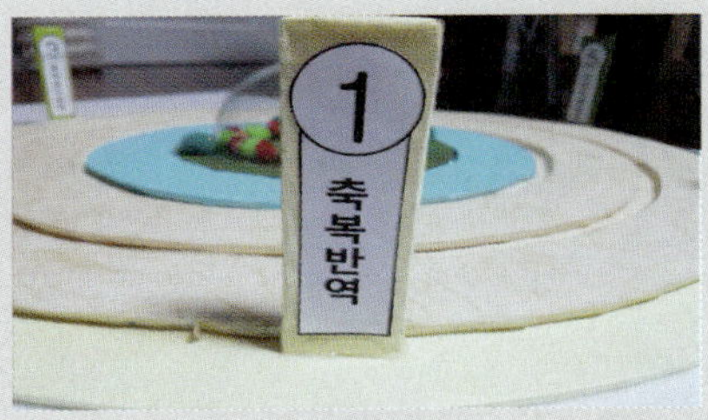

2. 역 이름

3. 대기오염 판

4. 대기오염 판 2

5. 자전거 말

6. 지구 주사위

"맑은 공기가 좋아요!" 게임의 특징 및 지도 시 유의사항

● **특징**

1. 본 게임은 자전거를 이용함으로써 맑은 하늘을 보게 되는 변화를 시각적으로 확인하는 과정을 통하여 영유아들에게 대기오염 예방을 위한 교육적 효과를 높일 수 있는 활동이다.
2. 특히, 대기오염 필름을 빼기 전, 울고 있던 아이의 표정이 모든 필름을 제거한 후 밝게 웃는 표정으로의 변화는 본 게임교구가 가지고 있는 창의적 아이디어에 한 몫을 더한다.

● **유의사항**

1. '깨끗한 공기를 마시고 싶다! 깨끗한 하늘을 보고 싶다!' 이런 소망이 유아들 마음에 저절로 자연스럽게 생길 수 있도록, 게임의 내용을 주입하기보다, 과학실험을 하듯이 예측해 보도록 하는 것이 유아들의 흥미를 더 유발시킬 수 있다.

나무를 심어요

(지도학생 - 천사라)

생활주제	환경과 생활	대상연령	만 4, 5세
활동목표	1. 자연을 보호하려면 어떻게 해야 하는지 안다. 2. 자연을 훼손하는 행동이 어떤 것인지 안다. 3. 순서와 규칙을 지키며 게임을 한다.		
교육과정 관련 요소	사회관계 : 다른 사람과 더불어 생활하기 > 사회적 가치를 알고 지키기 자연탐구 : 과학적 탐구하기 > 생명체와 자연환경 알아보기		
활동자료	1. 뽑기 통 상자 2. 나뭇잎 뽑기 통 3. 산 모형 2개 4. 울타리 5. 쓰레기통 6. 게임방법 판 7. 자연을 보호하는 행동과 자연을 아프게 하는 행동 예시		

교수학습단계	활동 내용	관련 인성 덕목
도입	1. 주의집중 시키기 - 손유희로 주의집중을 유도한다. 2. 지난 시간 배운 내용을 상기시키기 - 우리 지난 시간에 자연을 보호하는 행동과 자연을 아프게 하는 행동에 대해 이야기를 나눈 것 기억하나요? - 자연이 아프지 않게 하고 자연을 보호할 수 있는 아주 중요한 일이 무엇이라고 했나요? - 오늘은 나무를 심는 게임을 하려고 해요.	예절, 경청, 청결, 존중
전개	3. 자료탐색 및 게임방법에 대한 이야기 나누기 - 이것이 무엇일까요? 보통 산하고 무엇이 달라보이나요? - 왜 산이 이렇게 되었을까요? - 이 산에 나무를 심기 위해서 여기 나무가 심어져 있는 울타리를 가져왔어요. - 이 산에 나무를 심는 방법은 무엇일까요? - 이 검은색 상자 안에는 무엇이 들어 있을까요? - 이 갈색통을 어떻게 사용해야 산에 나무를 심을 수 있을까요? - 이 갈색통을 반으로 나누니 안에 나뭇잎이 있구나. 그리고 그 나뭇잎 위에 어떤 그림들이 붙어 있나요? - 이 안의 그림이 작으니까 큰 그림으로 보여 줄게요. - 자연을 보호해 주는 그림이 나무를 어떻게 해줄까요? 자연을 아프게 하는 그림이 나오면 어떻게 해줄까요?	

전개	– 자연을 아프게 하는 그림이 나오면 쓰레기통에 넣자. – 그럼 이 게임은 두 친구가 하게 될 때 어떻게 해야 이기는 것일까요? 4. 게임방법 판을 읽으며 게임방법 확인하기 (1) 두 명이서 각자 산과 뽑기 통을 하나씩 가져간다. (2) 가위바위보를 한다. (3) 가위바위보에서 이긴 사람이 자신의 뽑기 통에서 뽑기를 하나 꺼내서 연다. (4) 자연을 보호하는 카드가 나오면 울타리에 있는 나무를 빼서 산에 심어준다. (5) 자연을 아프게 하는 카드가 나오면 쓰레기통에 나뭇잎을 버린다. (6) 서로 돌아가면서 뽑기를 한 개씩 뽑는다. (7) 산에 9개의 나무를 먼저 심는 사람이 이기게 된다. 5. 규칙 정하기 – 게임을 더 재미있고 안전하게 하려면 어떻게 해야 할까요? – 나무 끝이 뾰족한데, 이것을 가지고 있을 때는 어떻게 해야 할까요? – 갈색 뽑기는 반을 나누어 본 다음에 어떻게 해야 할까요? 6. 시범 보이기 – 어떤 친구가 선생님과 시범을 보일까요? – 시범 보여준 친구에게 박수 쳐 줄까요?	공정, 책임감, 협력, 인내, 존중, 소속감, 자율성, 정직, 질서
마무리	9. 활동영역 소개하기 – 이 교구는 어느 영역에 두어야 할까요? – 함께 교구를 갖다 놓을까요? 10. 자유선택 활동 격려하기 – 오늘 소개해준 '나무를 심어요' 놀이를 하고 싶은 친구는 수 · 조작 영역에서 재미있게 놀이하세요.	청결, 수용, 존중, 나눔

확장활동	'화단에 나무 심기' 협동 활동을 한다.

"나무를 심어요" 게임의 특징 및 지도 시 유의사항

● 특징

1. 본 게임은 영유아들이 일상생활에서 접할 수 있는 많은 행동들이 산에 나무가 잘 자라게도 또는 못 자라게도 할 수 있는 중요한 영향을 끼치는 것임을 일깨우는 놀이이다.
2. 자칫 나무의 중요성을 잊어버릴 수 있는 스마트폰 시대에 영유아들에게 흥미로운 게임 활동을 통하여 나무가 인간에게 주는 유익함과 좋은 가치들을 생각해 볼 수 있는 기회를 가질 수 있다.

● 유의사항

씨앗 속에 있는 작은 행동들은 매우 큰 의미를 지닌다. 우리가 무의미하게 지나쳐 버릴 수 있는 행동들이 씨앗이 되어 큰 영향을 미칠 수 있다는 중요한 의미가 숨어 있음을 교사도 간과해서는 안된다.

활동자료

1. 산 모형

2. 나무

3. 나무 화분 울타리

4. 도입자료

5. 씨앗 상자

6. 씨앗 통과 나뭇잎

7. 예시자료

8. 예시자료-내부

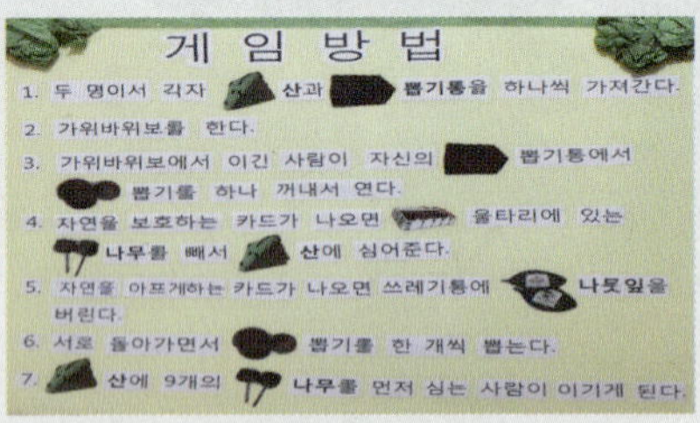

9. 게임방법 판

10. 쓰레기 통

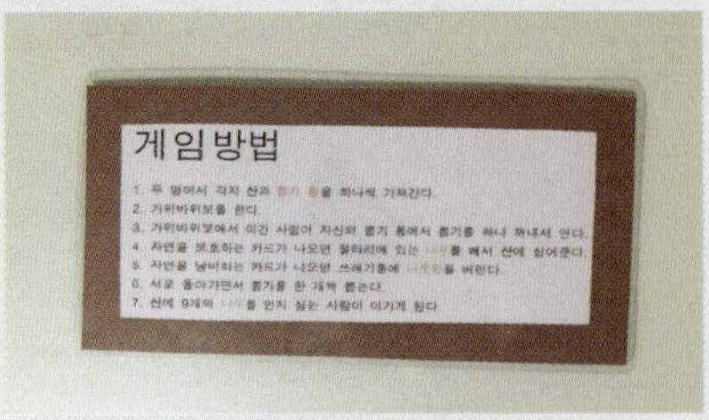

11. 교구장용 게임방법

참고문헌

강상조, 신선식(1983). 아동체육의 이론과 실제. 서울: 형설출판사

강인향(2009). 어머니의 특성변인이 유아의 창의적 인성과 정서지능에 미치는 영향. 관동대학교 대학원 박사학위논문.

계영애, 강정원(2001). 유아인성교육을 위한 인성적 덕목과 교수전략에 대한 교사들의 인식 연구. 유아교육학논집. 5(1). 55–75.

고흥환(1988). 體育測定評價. 서울: 연세대학교출판부

교육과학기술부(2011). 유치원 기본과정 내실화를 위한 인성교육 프로그램. 서울: 교육과학기술부.

국립특수교육원(2009). 특수학교(유치원)1급 정교사 과정. 안산: 국립특수교육원.

김만곤, 신재한, 최정빈, 송영기, 손재윤, 김재광, 김진희, 서우철, 신연수, 김현진, 김수경, 박선영, 유은진, 최미란, 한정선, 노훈준, 윤영식(2016). 모두가 행복한 인성중심 배움수업 이야기. 경기도: 교육과학사.

김보영(2015). 유아의 실행기능, 자아존중감, 정서지능이 또래유능성에 미치는 영향. 이화여자대학교 대학원 박사학위논문.

김선진(2015). 유아의 창의 · 인성 함양을 위한 창의적 문제해결 프로그램 개발 및 효과. 성균관대학교 박사학위논문.

김수진(2014). 인성교육의 주요 접근 미 쟁점 분석. 이화여자대학교 대학원 박사학위논문.

김신영(2003). 판 게임 참여에 따른 유아의 사고력 및 조망수용능력에 관한 연구: 만 5세 유아를 중심으로. 성신여자대학교 대학원 석사학위논문.

김어진(2016). 유아인성교육에 대한 교사들의 경험 및 어려움. 성신여자대학교 대학원 석사학위논문.

김연희(2014). 순환적 공감모형에 기초한 유아인성교육 프로그램 구성 및 적용 효과. 유아교육학논집. 20(4). 261–293.

김영옥(2014). 유아 인성교육의 이론과 실제. 경기도: 공동체.

김용옥(2000). 김용옥의 노자보기. 철학적 분석. 2, 21–44.

김용채(2012). 프랑스의 학교재건과 도덕교육. 교육정책네트워크 정보센터.

김형재, 김형숙, 구성수, 박지현, 강현미, 박진희(2016). 유아 창의 · 인성교육. 경기도: 공동체.

김형재, 최지현, 현혜정, 이순애, 김형숙, 송민서, 강현미(2016). 영유아교사론. 서울: 창지사.
도홍찬(2008). 내러티브 도덕과 교육과정의 체계화 방안 연구. 서울대학교 대학원 박사학위논문.
류현강(2015). 어머니의 애정적 양육태도와 인성지향적 언어통제유형이 유아공감능력에 미치는 영향 : 자아존중감의 매개효과. 전남대학교 대학원 박사학위논문.
문미옥(2008). 교육과 보육을 위한 영유아교육과정. 서울: 창지사.
문미옥, 이혜상, 민행난(2006). 한국전통문화와 유아교육. 서울: 양서원.
박 경(2013). 교사의 직무만족도와 효능감이 유아의 내 · 외현적 행동문제와 자아존중감에 미치는 영향. 광주여자대학교 대학원 박사학위논문.
박지현(2010). 유아의 자기조절능력 증진 프로그램 개발 및 적용 효과. 성균관대학교 대학원 박사학위논문.
박현진(2013). 공존지향 유아 인성교육 프로그램 모형 개발. 한국교원대학교 대학원 박사학위논문.
박희숙(2015). 전통문화에 기초한 유아인성교육 프로그램 개발 및 효과. 조선대학교 박사학위논문.
범대진(2014). 리더의 인성교육. 상상나무.
서강식(2007). 피아제와 콜버그의 도덕교육이론. 경기도: 도서출판 인간사랑.
성백효(2002). 대학 · 중용집주. 서울: 전통문화연구회.
신춘희(2013). 유아기 부모와 전문가가 인식한 부모의 인성리더십 특성에 관한 연구. 숙명여자대학교 대학원 박사학위논문.
안영인(2006). 리코나(Thomas Lickona) 도덕이론의 인격 교육적 함의 연구. 전북대학교 대학원 석사학위논문.
안영진(2014). 유아인성교육. 서울: 창지사.
안은정(2008). 3세 유아를 위한 자율성 프로그램 구성 및 적용. 중앙대학교 대학원 박사학위논문.
양옥승, 최경애, 이혜원(2011). 영유아교육과정. 서울: 학지사.
오새니(2016). 배려중심의 유아 인성교육 프로그램 개발 연구. 덕성여자대학교 대학원 박사학위논문.
오영희, 엄정애(1997). 부모와 자녀. 서울: 동현출판사.
오진혁(2014). 신경과학적 접근을 통한 내러티브의 도덕교육적 방향 탐색. 한국교원대학교 대학원 석사학위논문.

옥태순(2016). 유아의 자아존중감, 정서지능, 창의적 인성이 유아 리더십에 미치는 영향. 카톨릭 관동대학교 대학원 석사학위논문.

우영효(2010). 영유아 인성교육의 이론과 실제. 파주: 양서원.

우은주(2016). 유아의 자기조절능력 증진을 위한 음악극 프로그램 개발 및 적용효과. 건국대학교 대학원 박사학위논문.

유인종, 전병식(2012). 한국교육의 리모델링 –아이들이 행복한 학교– 경기도: 교육과학사.

유지연(2010). 콜버그의 인지발달이론을 통한 도덕성 함양에 관한 연구. 인천대학교 교육대학원 석사학위논문.

윤미혜, 김정준(1992). 인지발달이론에 기초한 유아 도덕교육의 이론적 기초연구. 기전여자전문대학논문집.

이미선(2016). 부모의 언어통제유형과 유아의 자아개념 간의 관계. 숭실대학교 교육대학원 석사학위논문.

이미순(2001). 부모의 언어통제 유형에 따른 유아의 도덕성 발달수준 연구. 숙명여자대학교 교육대학원 석사학위논문.

이병석, 이찬숙, 김경윤, 조경선, 조메리, 송은혜(2010). 영유아 인성교육. 서울:양서원.

이순형, 이성옥, 이완정, 권해진, 황혜신, 이혜승, 이영미, 정윤주, 성미영, 권기남(2005). 영유아 보육 · 교육 프로그램의 이해. 서울: 학지사.

이은진(2015). 영아인성교육에 대한 교사의 인식과 실태 : 만 0, 1세를 중심으로. 경기대학교 교육대학원 석사학위논문.

이은화, 배소연, 조부경(2007). 유아교사론. 서울: 양서원.

이재연, 김경희(2000). 부모교육. 서울 : 양서원.

이정금(2016). 유아의 인성과 개인 변인 및 교사–유아 관계 간의 관계분석. 고신대학교 교육대학원 석사학위논문.

임미혜, 장미아, 신혜영, 김영애, 심은희(2014). 쉽게 풀어쓴 영유아교육과정. 경기도: 양서원.

임옥희(2006). 보육교사–영아 상호작용과 보육교사 신념 및 효능감과의 관계. 전북대학교 대학원 박사학위논문.

임은영(2015). 가치명료화 교수모형에 기초한 유아인성교육 프록램 개발 및 적용. 광주대학교 대학원 박사학위논문.

임재택(1992). 현대유아교육과정. 서울: 양서원.

장명림, 장혜진, 이환기, 이승미, 송신영, 최미미(2012). 5세 누리과정과 초등학교 교육과정 및 3, 4세 연계방안연구. 육아정책연구소. 4-13.
장영은(2010). 유아 · 초등교육 내에서의 인성교육 활성화 방안. 교육과학기술부.
전경화, 나정숙, 김영주, 엄정례, 한은숙, 우혜진(2014). 누리과정에 기초한 유아교육과정. 경기도: 교육과학사.
정다우리(2015). 유아 책임감 형성 프로그램 개발 및 적용효과. 중앙대학교 대학원 박사학위논문.
정명자(2016). 유아교사의 인성 및 교사효능감과 행복감 간의 관계분석. 가천대학교 박사학위논문.
정문숙(2013). 캐나다의 학업중단 방지 정책. 교육정책네트워크 정보센터.
정미화(2014). 가정과 연계한 유아인성교육이 유아의 자기조절력 및 유아인성교육에 대한 부모 인식에 미치는 영향. 연세대학교 교육대학원 석사학위 논문.
정범모(1968). 교육과 교육학. 서울: 배영사.
정선영(2015). 음악활동을 통한 유아인성교육 프로그램 개발 및 적용. 경성대학교 대학원 박사학위논문.
정옥분(2002). 아동발달의 이해. 서울: 학지사
정옥분(2014). 영아발달. 서울: 학지사.
정창우(2016). 인성교육의 이해와 실천. 경기도: 교육과학사.
정창우, 김 란, 이경은, 황광원(2010). 교사, 인성교육을 생각하다. 경기도: 교육과학사.
조연경(2016). 주제극놀이를 통한 유아인성교육 프로그램의 구성 및 적용효과. 성신여자대학교 일반대학원 박사학위논문.
최민수(2011). 학부모측면에서 본 글로벌 시대의 유아교육 트랜드 분석. 미래유아교육학회지. 15(4). 467-496.
최원호(2016). 인성교육개론. 서울: 학지사.
최유경(2016). 유아인성교육을 위한 연령간 교류 프로그램 개발 및 적용효과. 배재대학교 일반대학원 박사학위논문.
최은주(2016). 인물화를 활용한 유아 인성교육 프로그램 개발 및 적용. 중앙대학교 대학원 박사학위논문.
최혜영(2004). 아동의 또래 상호작용과 교사신념 및 교사행동 간의 관계. 연세대학교 대학원 석사학위논문.

한국교육과정평가원(2011). 교과교육과 창의적 체험활동을 통한 인성교육 활성화 방안. 연구보고 RRC 2011-7-1.

한국교총 한국교육연구소(2013). 인성교육활성화를 위한 민간단체의 역할, 기능 수행방안. 한국교원교육학회 제67차 춘계학술대회 '인성교육을 위한 교원역량의 실태와 과제'

한미양(2013). 미술활동을 활용한 유아 인성교육 프로그램 개발. 강남대학교 대학원 박사학위논문.

한순미, 김선, 박숙희, 이경화, 성은현(2005). 창의성. 서울:학지사

현주, 임소현, 한미영, 임현정, 손경원(2014). 초 · 중등 학생 인성수준 조사 및 검사도구의 현장활용도 제고 방안 연구. 한국교육개발원.

홍순정, 강경희, 박정자, 전방실, 정미자, 조경선(2011). 인성교육의 기초: 유아 품성지도. 서울: 창지사.

황산성(2013). 영아인성교육에 대한 보육교사들의 인식과 지도. 한국방송통신대학교 대학원 석사학위논문.

Barron, F. X. & Harrington, D. M.(1981). Creativity, Intelligence, and personality, *Annual Review of Psychology*. 32, 439-476.

Baumeister, R. R. & Leary, M. R.(1995). The need to belong: Desire for interpersonal attachments as a foundamental human motivation. *Psychological Bulletin*, 117(3), 407-529.

Blatt, M., & Kohlberg, L.(1975). "The Effects of Classroom Noral Discussion upon Children's Moral Judgment.", *Journal of Moral Education. 4.* 129-161.

Bowlby, J.(1969). *Attachment and loss: Vol. 1. Attachment.* New Youk: Basic Books.

Bronfenbrenner, U., & Morris, P.(1998). The ecology of developmental processes. In W. Damon & R. Lerner(Eds.), *Handbook of child psychology: Volume 1.*

Cassidy, J.(1990). *Theoretical and methodological considerations in the study of attachment and the self in young children.* In M. T. Greenberg D. Cicchetti. & E. M.

Conger, R. D., Conger, K. J., & Elder Jr. G. H.(1997). *Family economic hardship and adolescent adjustment : Mediating processes.* In G. J. Duncan & J. Books-Gunn(Eds.), Consequences of growing.

Connell, J. P., & Wellborn, J. G.(1991). Competence, autonomy and relatedness: A motivational analysis of self-system processes. In M. Gunnar & L. A.

Sroufe(Eds.). *Minnesota symposium on child psychology*(Vol. 22, pp. 43–77). Hillsdale, NJ: Erlbaum.

Cooper, P. J., & Simonds, C. J.(2010). 교실 의사소통. 이창덕, 진인숙, 이정우(역). 서울: 교육과학사.

Davids, A.(1973). Self–concept and mother–concept in black and white preschool children. *Child Psychiatry and Human Development. 4*(1), 30–43.

DeVries, R., & Zan, B.(1994). *Moral Classroom, Moral Children: Creating a Constructivist Atmosphere in Early Education.* 유아를 위한 사회 도덕성 교육. 이은화 · 이경우 · 곽향림 옮김. 서울: 창지사(2005).

DeVries, R., Hildevrandr, C. & Zan, B.(2000). Constructivist Early Education for Moral Development. *Early Education and Development. 11*(1). 9–35. Intern

Edwards, Caolyn P.(1986). *Promoting Social and Moral Development in Young Children – Creative Approaches for the Classroom.* New York: Teachers College Press.

Ford, D. H., & Ford, M. E.(1987). Humans as self–constructing living systems. Hillsdale, NJ: Erlbaum.

Goleman, D.(1995). *Emotional Intelligence.* New York: Bantam Books.

Gumperz, J. C.(1973). *Social control and socializations.* Boston: Kgan Paul.

Harter, S.(1999). *The construction of the self: A developmental perspective.* New York, NY: Guilford Press.

Higgins, A.(1995). "Education for Justice and Community", In W. W. Kurtins & J. I., Gewirtz(Eds.), Moral Development: An introduction, Allyn & Bacon.

Hoffman, M. L(1987). The contribution of empathy to justice and moral judgement. In N. Eisenberg & Strayer(Eds.). *Empathy and Its Development,* New York : Cambridge University Press.

Hoffman, M. L.(1984). Empathy, guilt and social cognition. In W. F. Overton(ED.). *The Relationship Between Social and Cognitive Development.* Hillsdale, New Jersey : Lawrence Erlbaum Associates Publishers.

Howard, R. W., Berkowitz, M. W., & Schaegger, F. F.(2004). Politics of character education. *Educational Policy.* 18(1). 188–215.

Howes, C., Hamilton, C. E., & Matheson, C. C.,(1994). Children's relationships with peers: Differential associations with aspects of the reacher–child relationship. *Child Development*. 65. 253–263.

Hughes, J. N., Timothy, T. A & Jackson, T.(1999). Influence o teacher–student relationships on aggressive children's development: A prospective study. *Journal of Clinical Child Psychology, 28*. 173–184.

Jossephson, M.(2002). *Making ethical decision*. Los Angeles. CA: Josephson Institute of Ethics.

Kagan,S. L., Moore, E., & Bredekamp, S.(Eds.). 1995). *Reconsidering children's early development and learning: Toward shared beliefs and vocabulary*. Washington, DC: National Education Goal Panel.

Katz(1995). *Talks with teachers of young children: A collective*. CT: Ablex.

Kohlberg, L., Levine, C., and Hewer, A.(1983). *Moral Stage : A Current F ormulation and a Response to Critics*, 문용린(2000), 콜버그의 도덕성 발달이론. 서울: 아카넷.

Kontos, S., & Wilcox–Herzog, A.(1997). Influences on children's competence in early childhood classrooms. *Early Childhood Research Quarterly, 12*(3), 247–262.

Kopp, C. B.(1987). *The growth of self regulation*. In N. Eisenberg(Ed.), Contemporary topics in developmental psychology. New York: Wiley.

Koselnik, M. J., Whiren, A. P., Soderman, A. K., & Gregory, K. M.(2009). 영유아의 사회정서 발달과 교육(박경자,김송희,권연희 역). 서울: 교문사.

Kostelnik, M. J., Whiren, A. P. Soderman, A. K., & Gregory, K. M.(2006). *Guiding children's social development: Theory in practice*(5th ed.) Chilfton Park. NY: Thomson Delmar Learning.

Lewis, D., & Carpendale, J.(2004). Social cognition. In P. K. Smith & C. H. Hart(Eds.). *Childhood social development*(pp. 375–393). Malden. Ma: Blackwell.

Lickona, T.(1991). *Educating for character : How our schools can teach respect and responsibility*. New York: Bantam.

Lickona, T.(1996). Eleven principles of effective character education. *Journal of Moral Education. 25*(1). 93–100.

McLoyd, V. C.(1998). Socioeconomic disadvantage and child development. *American*

Psychologist. 53(2), 185–204.

Neizel, C., & Stright, A. D.(2003) Parenting behaviors during child problem solving : the roles of child temperament, mother education and personality, and the problem–solving context. *International Journal of Behavioral Development, 28*(2). 166–179.

Noddings(2003a). *Caring: Feminine approach to ethics & moral* education(2nd ed.). Berkeley: University of California Press.

Noddings(2003b). *Happiness and Education.* 이지헌 외 역(2008). 행복과 교육. 서울: 학이당.

Pallas, A. M., Entwiste, D. R., Alexander, K. L., & Cadogan, D.(1987). Children who do exceptionally well in first grade. *Sociology of Education.* 60. 257–271.

Parke, R. & Buriel, R.(2006). Socialization in the family: Ethnic and ecological perspectives. In W. Damon & r. Lerner(Series Eds.) & N. Eisenberg(Vol. Ed.). *Handbook of child psychology. Vol. 3 Social, emotional, and personality development*(6th ed. pp. 429–504). New York: Wiley.

Pianta, R. C.(1991). *The student-teacher relationships scale.* Chriottesville. VA: University of Virginia.

Schwartz, S. L. & Robinson, N. F.(1982). *Designing curriculum for early childhood.* Boston: Allyn & Bacon Inc.

Shaffer, D. R.(2005). *Social and personality development*(5th ed.).Australia: Belmont, CA: Wadsworth/Thamson Learning.

Shonkoff, J. P.(2010). Building a new biodevelopmental framework to guide the future of early childhood policy. *Child development. 81*(1), 357–367.

Spodek, R.(1991). Early childhood curriculum and cultural definitions of knowledge. In B. Spodek & O. Saracho(Eds) Issues in early childhood curriculum, *Yearbook in Early Childhood Education*(vol.2) New York. Teachers College Press.

Sternberg, R, J.(1995). *The Nature of Creativity: Contemporary Psychological Perspectives,* CambridgeUnv. Press.

Sternberg, R. J. & Lubart, T. I.(1991). An investment theory of creativity and its development. *Human Development, 34*(1). 1–32.

Tangney, J. P., Bauneister, R. F., & Boone, A. L.,(2004). "High self-contol predicts good adjustment, less pathology, better grades, and interpersonal success" *Journal of personality, 72*, 271-322.

Thomas, A., & Chess, S.(1986). The New York Longitudinal Study: From infancy to early adult life. In R. Plomin & J. Dunn(Eds.), *The study of temperament Change, Contunuities, and challenges*. Hillsdale, NJ: Erlbaum.

Walker, S., Berthelesesn, D., & Irving, K.(2001). Temperament and Peer Aceptance in Ealy Childhood : Sex and Social Status Differences. *Child Study Journal. 31*(2). 177-192.

Woodfolk, A. E.(2011). *Educational psychology active learning education*(11th ed.). Australia: Belmomont, CA: Wadsworth/Thomson Learning.

찾아보기

인명

강기수 15
강상조 75
강석규 162
강선보 13
강정순 19
강정원 13
계영애 13
고홍환 75
권하나 76
권희정 19
김경숙 75, 84
김길례 14
김만곤 127
김민성 31
김민수 12
김선월 11
김수진 31
김숙자 104
김연우 19
김영옥 12, 13, 15, 139
김완순 39, 42
김용옥 55
김은정 19
김정준 27, 58
김정훈 19
김현정 104
김희선 116
남궁달화 13, 15
도홍찬 46
문미옥 56
박경 139
박병기 42
박병춘 38, 41
박은혜 213
박찬옥 11, 13
박희숙 139
백혜정 19
손봉호 15, 96
송영인 66
신극범 15
신선식 75
신은수 177
신춘희 76
심성보 39
심재하 104
안귀덕 231
안영진 81, 97
양선미 19
엄정애 164
오영희 164
우영효 27, 97
유광찬 182
유병렬 45
유희정 13
윤미혜 58
윤현진 13
이명준 13
이병석 86
이윤옥 13
이은화 220
이재봉 39
이창배 19
임미혜 181
임옥희 173
장명림 13, 191
전경화 183
전혜성 19
정범모 13, 95
정옥분 76
정창우 11, 12, 15
조난심 13, 15
조성민 39
조인숙 19
주건성 102
지성애 139
차나림 174
차우규 13
최민수 97
추병완 42
한명숙 19
한상태 19
허경철 15
홍순정 82
홍용희 27

Alexander 171
Bandura 102
Baumeister 164

Bennett 105
Berkowitz 13, 34, 37, 40
Bernstein 165
Bier 34
Bigner 164
Blatt 63
Bowlby 171
Bredekamp 138
Bronfenbrenner 206
Bruner 46
Buriel 164
Buss 216
Buzzelli 27
Cadogan 171
Carpendale 138
Carr 228
Cassidy 138
Chess 216
Cooper, P. J. 172
Coser 179
Covey 12
Dalron 230
Demon 230
DeVries 37, 38
Dewey 105
Durkheim 38, 96
Edwards 76
Eisenberg 218
Elder 118
Enwisle 171
Erasmus 54
Erikson 13, 102
Flavell 147
Freud 102
Gelbert 162
Gestwicki 159
Goleman 42
Greenawalt 105
Grych 13
Guilford 13
Halliday 76
Hamilton 171
Hanson 162
Harter 139
Higgins 38, 147
Hildebrandt 38, 39
Hoffman 153
Howard 37, 40
Hughes 171
Jackson 171
Johnson, D. W. 108
Kaczala 146
Kagan 138
Kant 105
Katz 228
Kazt 211
Kindlon 229
Kochanska 118, 227
Kohlberg 38, 57
Kopp 74
Koselnik 86
Kreidler 174
Kuczunski 227
Leary 164
Leming 105
Lewis 138
Lickona 13, 15, 39, 40
Locke 13, 54
Maccoby 218
Matheson 171
Mayer 42
McCellan 228
Meece 146
Miller 175
Moore 138, 153
Morris 206
Murphy 15, 105
Mussen 218
Mussen et al. 218
Narvaez 35
Narvaze 32
Noddings 41
Nucci 32, 35
Pallas 171
Parke 164
Parson 146
Peters 105
Piaget 37, 57
Plomin 216
Rogers 13

Rubbin 79
Rushworth 44
Ryan 32
Salovery 42
Sarason 80
Schaeffer 37, 40
Schaps 32, 34, 35, 38, 39
Selman 148
Shantz 152, 176
Shonkoff 158
Simonds, C. J. 172
Smelser 139
Socrates 60
Stoner 179
Sullivan 13
Tappan 45
Tayor 227
Thomas 216
Thompson 229
Timothy 171
Tyler 184
Underwood 153
Vygotsky 156
Walker 227
Watson 230
Williams 32, 34, 38, 39
Willliams 35
Woolfolk 138
Wortham 116
Zan 38, 39

내용

ㄱ

가상놀이 79
가정과의 연계 35
가정교육 19
가족구조 18
가치 37
가치관교육 14
가치관 형성교육 15
가치교육 14, 15
갈등 27
갈등관리 역량 29
갈등 양상 175, 176, 177
갈등 해결 176
감정의 관리 25
감정이입 34
개방적 학급 분위기 100
개별화수업 100
개성 13
개인적 갈등 19
개인적 자질 219
개인적 측면 27
거울 뉴런 45
게임 112
게임놀이 152
게임 활동순서 114
결정적 기제 59
결정적 시기 25, 28
경력교사 214
계획자 230
고객 168
고위험 직업 17
공간적 조망수용 149
공감 25
공감능력 검사 117
공감에 기초한
역할 채택의 원리 47
공감의 뿌리 135
공감자 229
공경 정신 28
공동체 구성원 14
공동체 역량 29
공동체의식 28
공생공존 56
공정성 13, 33
공정한 분배 58
공중도덕성 104
공평의 원리 58
관계 19, 23, 36, 55, 161
관계성 41
관점 채택 39
관점 채택능력 34
관찰자 228
교사 201
교사발달단계 211
교사-영유아관계 170
교사의 역할 230
교사 지배적 접근 34
교수자료 203
교수학습방법 106
교실공동체 문화 37
교실 · 행동관리 168

교육 95
교육개혁 24
교육과정 26, 181
교육과정 구성요소 184
교육 내용 184
교육목표 115, 184
교육방법 184
교육적 신념 224
교육 패러다임의 변화 207
교육 평가 184
교화(indoctrination) 34, 41
구성주의적 접근 37
국가 경쟁력 28
국가 · 사회적 기반 28
국가안보 22
국가 자살률 비교 23
권리 41
권위자 58
규칙 58, 75
근육의 분화 73
긍정적 언어환경 141
긍정적인 자아개념 75
기본개념 설명자 230
기본생활습관 187
기본생활습관교육 14, 26
기술융합 16
기질 13
김나지움 132

ㄴ

나-전달법 159
낙관주의 172
남성적인 가치 37
내면화 37
내적인 동기 36
노장사상적 관점 54
놀이 27
놀이영역 100
뇌가소성의 원리 45
뇌간 45
뇌발달 44
뇌 신경세포 44
누리 191
눈높이 226
능동적 59

ㄷ

담론 45
대가족 18
대뇌피질 45
대인관계 104
대인 관계 기술 43
대화 41
덕목 중심의 접근 37
덕성 15
도구적 역할 162
도덕 134
도덕교육 14, 15
도덕발달 57
도덕적 가치 13, 34
도덕적 인성 127
도덕적 인지 13, 39
도덕적 자아 검사 118
도덕적 자질 13
도덕적 정체성 34
도덕적 철학자 37
도덕적 추론 34
도덕적 판단 27
도덕적 행동 27, 34, 39
도서 활용 106
독립 65
동반자 168
동일시 110
동정 15
동학사상적 관점 56
또래 174
또래 갈등 174

ㄹ

로봇기술 16
리더십 검사 117
리비도 102

ㅁ

마음 13, 15, 69
만족지연능력 87
무교적 관점 56
무의식 102
문제 상황 27
문제해결력 104
물리적인 세계 16
물질만능주의 탈피 104
미국 발달연구센터 36

미국 인성교육협회 31
미래사회 29
민주시민정신 98
민주적 가치 15
민주적인 교실 38
민주적 중재자 227
민주적 태도 25

ㅂ

바람직한 관계 15
발달심리학적 측면 27
배려 33, 35
배려 공동체 35
배려관계 36
배려윤리 41
버디 활동 36
벌 58
범죄 발생 22
범주적 자아 83
법 준수 101
변연계 45
변화 137
병리현상 113
보살핌 13
보편적 가치 134
본보기 101
부모 19
부모역할 161
부정적 언어환경 143
부정적인 정서 27
불교사상 55
불교사상적 관점 55
불성 55
불인지심 52
블래트 효과 63
비언어적 친밀감 172
비인지적 역량 25
비행 23

ㅅ

사견 136
시비지심 52
사람 53
사려성 104
사물지능시대 17
사양지심 52
사이버물리시스템 16
사이버 세계 16
사자소학 56
사회관계영역 187
사회구성원 19
사회국가적 측면 28
사회도덕적 지식 77
사회불안증 23
사회성 15, 80
사회성교육 26
사회성발달 80
사회의식 15
사회의 안전상태 20
사회인지능력 검사 117
사회적 가치지향의 단계 59
사회적 기술 82
사회적 능력 82
사회적 맥락 39
사회적 문제 19
사회적 불안 19
사회지능 42
사회화 164
산업혁명 18
삼위일체 뇌 45
상호작용 27, 41
생명과학 16
생명존중 56
서사화 45
선 53
성격 12
선악설 54
성선설 52
성품 12, 13
소양 15
소유개념 83
수오지심 52
수용 65
수행 인성 127
순한 영유아 216
순환적 공감 모형 126
스마트폰 113
스토리 45
스펀지 234
습관 32
시냅스 44
시민교육 134
시민의식 33
신뢰 13

신뢰관계 35
신생아 44
실천 41
실천적 환경조성자 231
심리 사회적 위기 13
심리적인 반응시스템 12
심리적인 특징 34

ㅇ

아동기 34
아동발달적 관점 34
아동발달 프로젝트 36
안정성 104
애정 보이기 36
애착관계 34
애착이론 170
약속 98
양심 39
언어적 상호작용 77
역동성 172
역량 12, 24
역할 227
역할극 38
역할 놀이 106
역할 모델 35, 228
연결성 17
연계 35
열정 39
영아 인성교육 97
영유아 인성교육 25
예 104
예방 113
예절 28, 98
용기 15, 105
유능감 35
유아기 34
윤리강령 209
윤리적 가치 13
윤리적 판단력 15
의도 58
의사소통 39
의식 102
이타주의 172
이해 15
이혼 23
인 104
인간관계 15
인간교육 14
인간존중사상 56
인간중심주의 202
인격 12, 13
인격교육 15, 66
인공지능 16
인도적인 가치 36
인성 11, 13, 14, 51
인성교육 11, 14, 15, 26
인성교육파트너십 128
인성역량 24
인정 101
인지적 발달 39
인지적 불균형 63
인지적 역량 25
인지적 조망수용 149
인지적 판단능력 39
인지적 행동 39
일관된 가치관 101
일련의 코스 182
일반적 체계이론 170
일자리 변화 17
일탈행동 23
임상적 면담 57

ㅈ

자기 관리 43
자기관리 역량 29
자기 인식 43
자기인식 138
자기조절기술 74
자기조절능력 137
자기존중 39
자기주도적 학습 112
자기 중심성 15
자기중심적 단계 59
자기중심주의 58
자기통제 34
자기통제능력 74
자동화 17
자살 22
자아 81
자아개념 75
자아개념의 발달 82
자아발견 15
자아실현 14
자아존중감 137

자아통제단계 157
자율 25
자율성 35, 36
자율적 도덕성 38
자율적인 행동 역량 24
자제력 15
자존감 15
자질 219
잠재적 교육과정 198
저위험 직업 17
저자의식의 원리 47
전두엽 44
전문성 208
전문적 자질 220
전문직의 특성 209
전인적 인성 95
전통가족 18
전통적 접근 32
절약 104
절충적 관점 39
정리정돈 104
정보 수혜자 168
정보통신기술의 융합 16
정사 15
정서 13, 15
정서교육 15
정서적 유대 23
정서적 조망수용 149
정서조절능력 85
정신분석이론 27
정의 41
정의적 능력 51
제1차 산업혁명 16
제2차 산업혁명 16
제3차 산업혁명 16
제3차 표준보육과정 187
제4차 산업혁명 16
제한 설정 159
조망수용 82
조화 56
존재론적 기능 46
존중 13, 27, 33
종합적 접근 40
좋은 교사 219
좋은 인성 15, 32, 85
좋은 인성습관 32
좋은 자아상 75
죄책감 34
주도성 104
주임교사 215
주입식 16
중용 52
지능화 17
지배성 104
지속 가능성 104
지식교육 14
지적 능력 51
지적도구 활용 역량 24
지혜 105
직위 212
직접 참여 민주주의 38
진실성 33
질서 75

ㅊ

창의성 15
책무성 206
책임감 13
청소년기 34
초기방지 135
초인지 157
충동성 104
치유 113
친사회적 행동 13, 82

ㅋ

칼 프리드리히 김나지움 132
쿠레레 182
클러스터 학교 38
키부츠 38

ㅌ

타율적 도덕성 38
타인사고조망 152
타인의도조망 151
타자 45
탈중심화 78
토의 38, 106
토의 활동 27
통제단계 157
통합교육 113
통합성의 원리 47
통합적인 인성교육 35

ㅍ

판단력 15

편안한 자아 172

평가 115

평등교육 133

표면적 교육과정 198

표면화 22

표준보육과정 186

표현적 역할 162

품성 14

품성교육 15

ㅎ

화성기위 53

하인즈 이야기 60

학교-학부모 연계방안 169

학습자 182

학업중단방지 프로그램 135

해소 27

핵가족 23

핵심 역량 29

행동 13

행복감 27

현장 학습 106

협동

학습 106

협력 39

협력 역량 24

협력적인 또래 상호작용 38

홍익인간 27

확증 41

활동성 104

효 104

훈육 163

희생 정신 15

+1효과 63

1인 가족 18, 19

4단7정론 52

4차 산업혁명 17

4단(四端) 52

7정(七情) 52

9가지 기질 구성요인 217

21세기 글로벌 인재 15

DeSeCo 24

Johnson방법 107

Lickona의 2R 70

narration 46

OECD 22, 24, 25

story-telling 46

저자 소개

김 승 희

- 건국대학교 미생물학 전공(석사)
- 중앙대학교 유아교육학 전공(박사 수료)
- 전) 한국과학기술원(KIST) 도핑콘트롤 센타 연구원, 해나라유치원, 고은유치원 교사
  HANDS 영유아 지원연구센타 선임연구원, 백석문화대학교 유아교육과 겸임교수
- 현) 백석문화대학교 유아교육과 조교수

| 주요논문 및 저서 |

- "나"를 주제로 한 통합적 교육활동 경험이 유아의 자아개념 변화에 미치는 효과
- 도덕교육에 대한 유아교사의 인식과 실태에 관한 연구
- 사람을 세우는 14가지 말(2017)

실천중심

영유아인성교육 이론과 실제

1판 1쇄 인쇄 2017년 2월 18일
1판 1쇄 발행 2017년 2월 22일

저　　자 | 김승희
발 행 인 | 강철원
발 행 처 | 양성원
주　　소 | 경기도 파주시 월롱산로 71(야동동)
전　　화 | 031-946-3861(代)
팩　　스 | 031-946-3864
이 메 일 | tnwpub@naver.com
홈페이지 | tnwpub.co.kr
출판등록 | 2015년 8월 31일 제2015-000211호

ISBN 979-11-6126-001-3

정가 18,000원